Rainer Specht

Innovation und Folgelast
Beispiele aus der neueren Philosophie- und Wissenschaftsgeschichte

problemata
frommann-holzboog 12

In der Reihe *problemata* kann zum selben Problem eine Monographie, eine Anthologie und ein Essay-Band erscheinen.

Stuttgart-Bad Cannstatt 1972
ISBN 3 7728 0377 6 (Ln.) — ISBN 3 7728 0378 4 (Br.)

P. E.
D. S.

Rainer Specht (1930), Professor Dr. phil., Ordinarius für Philosophie an der Universität Mannheim.*

Theorie und Welt sind nicht scharf voneinander getrennt. Jede Welt enthält theoretische Entitäten und bietet Probleme, die sich durch theoretische Veränderungen lösen lassen. Diese können durch Angabe der betroffenen Theorieelemente beschrieben werden. Die nähere Untersuchung zeigt, daß sie nicht allein gegebene Probleme lösen, sondern gleichzeitig neue Probleme erzeugen. Die Philosophie- und Wissenschaftsgeschichte ist eine Geschichte der Problemerzeugung durch Problembewältigung. Es empfiehlt sich daher, auch vor der Akzeptierung bloß theoretischer Veränderungen die Frage zu stellen, ob bei ihnen ein zumutbares Verhältnis zwischen erzeugten und bewältigten Problemen, zwischen Innovation und Folgelast besteht.

Theory and world are not sharply separated. Every world contains theoretical entities and reveals problems which can be solved by theoretical alterations. These in turn can be described by indicating the theory elements concerned. Closer analysis shows that they not only solve the given problems but create new problems at the same time. The history of philosophy and science is a chronicle of problem creation through problem solution. Therefore, prior to accepting theoretical alterations it is wise to ask whether they yield a tolerable relationship between problems mastered and problems created, between innovations and consequences.

Inhaltsverzeichnis

Viertes Kapitel
Spinoza: Umgestaltung der Grundthesen

Fünftes Kapitel
Das neue Wirklichkeitskriterium

Vorwort

Die Umgangssprache verwendet Ausdrücke wie „die Welt der Magier", „die Welt der Wissenschaft" oder „die Welt Goethes". Dabei scheint kaum an eine astronomische *pluralité des mondes* gedacht zu sein, denn die grammatischen Regeln gestatten es beispielsweise zu sagen, daß Goethe und ein Magier zu derselben Zeit dasselbe Haus bewohnen, obgleich ihre *Welten* verschieden sind. Es ist vielmehr, soweit ich sehen kann, daran gedacht, daß Personen oder Gruppen, z. B. Goethe, Wissenschaftler oder Magier, ihre Anschauungen von der Welt gleichsam vergegenständlichen oder aus sich hinausprojizieren und sich dadurch Eigenwelten bauen. Um solche Eigenwelten von der wirklichen Welt (was immer man über sie wissen mag) terminologisch zu unterscheiden, benutze ich in diesem Buch das künstliche Substantiv „S-Welt". Ich gehe davon aus, daß Individuen und Gruppen in S-Welten leben, die veränderlich sind, und daß sie eine andere Welt nicht haben.

Der Buchstabe „S" in dem Substantiv „S-Welt" soll einerseits daran erinnern, daß es sich um Eigenwelten von Subjekten handelt. Er soll aber andererseits zum Ausdruck bringen, daß zwischen der Gestalt solcher Eigenwelten und den ihnen zugeordneten theoretischen Systemen, die unterschiedliche Grade von Primitivität oder Vollkommenheit besitzen können, ein Zusammenhang besteht. Man kann daher den Ausdruck „S-Welt" sowohl mit „Subjektwelt" als auch mit „systembedingte Welt" oder „theoriebedingte Welt" übersetzen. Ich nenne die den S-Welten zugeordneten theoretischen Systeme „Erklärungskontexte". In diesem Buch versuche ich, in eher zwangloser Form Vermutungen und Beobachtungen über den Zusammenhang von S-Welten und Erklärungskontexten zu äußern.

In Hinsicht auf S-Welten darf man sinnvoll behaupten, daß das Subjekt seine Welt hervorbringt. Man kann aus einer solchen These einigermaßen unsinnige Schlüsse ziehen. Man kann aus ihr aber außerdem Schlüsse ziehen, die auf den ersten Blick unsinnig scheinen, in Wirklichkeit aber sehr sinnvoll sind. Wir gehen gewöhnlich zu unbefangen von der Regel aus, daß sich die Theorie nach der Welt zu richten hat, und neigen deshalb dazu, die Behauptung, daß eine Theorie die Welt verändert, für sonderbar zu halten (manchmal verwirrt uns dabei die Erinnerung an Phänomene wie die Wissenschaft oder wie Entwicklungspläne). Versteht man aber unter „Welt" und „Theorie“ dasselbe wie „S-Welt“ und „Erklärungskontext“ und macht man sich außerdem klar, daß S-Welten sozusagen vergegenständlichte Theorien sind, dann liegt es auf der Hand, daß nicht allein Veränderungen der Welt für die Theorie Konsequenzen haben, sondern daß darüber hinaus und vor allem Veränderungen der Theorie zu Veränderungen der S-Welt führen. Macht man sich ferner klar, daß Individuen und Gruppen keine andere Welt als ihre S-Welt haben und deshalb gezwungen sind, in ihr zu leben, dann gewinnt man möglicherweise den Eindruck, daß die Veränderung von Theorien etwas ziemlich Gravierendes ist, das man aufmerksam registrieren sollte. In der Terminologie des Marxismus heißen solche Veränderungen „Bewußtseinsänderungen“. Sie unterscheiden sich in mancher Hinsicht von physischen Veränderungen der Welt. Ich werde aber später Gründe dafür nennen, daß man diese Unterschiede unter dem Gesichtspunkt der Effizienz in einem gewissen Umfang vernachlässigen darf, sofern die neue Theorie von einer wichtigen Gruppe oder von einer ganzen Gesellschaft akzeptiert worden ist. Innerhalb einer Theorie der Theorien ist daher die Theorie der Diffusion ein wichtiges Kapitel.

Ich werde im Zusammenhang mit der Diffusion zwei verschiedene Wörter benutzen. Als „Rezeption“ bezeichne ich die Übernahme eines Erklärungskontextes oder bestimmter Elemente eines Erklärungskontextes durch einen einzelnen Autor oder durch eine noch nicht gewichtige Gruppe. Als „Akzeptierung“ bezeichne ich die Übernahme eines Erklärungskontextes oder bestimmter Elemente eines Erklärungskontextes durch eine ganze Gesellschaft oder durch eine maßgebliche Gruppe. Die Unterscheidung ist in dieser Form nicht sehr präzise, genügt jedoch, um gegebenenfalls an den Unterschied zu erinnern, der beispielsweise zwischen der Diffusion des Cartesianismus und des Spinozismus oder zwischen der Diffusion des lockeschen Empirismus und des berkeleyschen Immaterialismus besteht. Dagegen werde ich in Hinsicht auf den Gegenstand der Diffusion den Unterschied zwischen „Invention“ und „Innovation“ terminologisch vernachlässigen und für beider Signifikat fast immer den Ausdruck „Innovation“ benutzen. Damit folge ich einer inzwischen verbreiteten Übung, die mir dem Sachverhalt bei Veränderungen im Bereich der Philosophie gerecht zu werden scheint.

Im übrigen empfiehlt es sich meines Erachtens, bei Innovationen an S-Welt und Erklärungskontext trotz der grundsätzlichen Theoriebedingtheit aller S-Welten zwischen Veränderungen am Kontext oder theoretischen Veränderungen und Veränderungen an der S-Welt oder praktischen Veränderungen zu unterscheiden. Theoretische Veränderungen kann man beschreiben, wenn man die Elemente kennt, aus denen der Erklärungskontext besteht. Bei praktischen Veränderungen, die auf theoretischen Veränderungen beruhen, unterscheide ich vier Arten. Erstens verändert sich durch die Projektion einer Kontextänderung die S-Welt unmittelbar. Zweitens verändert sich nach einer Veränderung der S-Welt das Handeln in ihr, weil sich ein Teil der Bedingungen des Handelns verändert hat. Drittens können theoretische Erwägungen uns unmittelbar zu Handlungen bewegen, und veränderte theoretische Erwägungen bewegen uns gewöhnlich zu anderen Handlungen; und das verändert wiederum die Welt. Viertens können Veränderungen des Erklärungskontextes wie auf sie folgende Veränderungen der S-Welt den Widerstand von Individuen und Gruppen erregen, die gegen diese Änderung etwas einzuwenden haben. Das sind, obgleich es sich jeweils um die Folgen theoretischer Veränderungen handelt, sehr unterschiedliche Dinge. Weil aber solche Folgen intendiert, bewußt in Kauf genommen oder unerwartet sind, empfiehlt es sich darüber hinaus, im Zusammenhang mit theoretischen Innovationen sowohl über deren intendierte Folgen als auch über ihre Nebenfolgen zu sprechen, von denen einige erwünscht und andere unerwünscht sind. Weil das Verhältnis von intendierten Folgen und unerwünschter Folgelast fast immer als unangemessen empfunden werden kann, begegnet man bei der Beobachtung von Gruppenkonkurrenzen neben innovationsgeneigten auch innovationsfeindlichen Kräften, die Traditionen zu behaupten wünschen.

In diesem Buch wird nun zunächst von theoretischen Veränderungen die Rede sein. Untersucht man, aus welchen Elementen sich Erklärungskontexte zusammensetzen, dann legt sich die Vermutung nahe, daß es nicht nur eine endliche, sondern näherhin nur eine kleine Anzahl verschiedener Klassen solcher Elemente gibt. Operationen mit diesen Elementen bewirken Veränderungen des Erklärungskontextes. Man könnte eine kohärente Folge solcher Operationen als ein Spiel verstehen, in dem versucht wird, durch bestimmte Züge theoretische Innovationen durchzusetzen oder zu verhindern. Dieses Spiel könnte man als „Kontextspiel“ bezeichnen. Ich bin nicht sicher, ob für das Kontextspiel genaue Regeln bestehen und ob sie gegebenenfalls einfach genug sind, um praktikabel zu sein. Wenn es sie geben sollte, dann könnte jemand, der sie beherrscht, im voraus wissen, wie bestimmte Züge die Spielsituation verändern und mit welchen Zügen man diesen Veränderungen begegnen kann. Ich habe mich, da ich Genaueres bislang nicht weiß, im ersten Kapitel damit begnügt, eine grobe Skizze des Spielverlaufs und möglicher Situationen zu entwerfen. Ich bin also nicht der Ansicht, ich hätte dort das Spiel durch Mitteilung seiner Regeln beschrieben. Außerdem betrachte ich in den späteren Kapiteln ein paar Einzelspiele: Was ist geschehen, als Ockham ein Verknüpfungsmuster, Descartes eine Kontextregion, Spinoza die Grundthesen und Locke das Wirklichkeitskriterium veränderte? Wenn es hier allgemeine Spielregeln geben sollte, dann dürfte man sie am ehesten bei der Untersuchung vieler Einzelbeispiele entdecken. Ich werde aber nur auf einige Beispiele verweisen, und es kommt mir dabei allein auf die Spielsituation und auf den Spielverlauf an. Um nicht einmal andeutungsweise den Eindruck zu erwecken, ich möchte in diesem Buch historische Untersuchungen über bestimmte Ereignisse publizieren, habe ich auf Belege und Anmerkungen fast völlig verzichtet. Die überprüfbaren Aussagen dienen allein der Illustration und der Konkretisierung. Ich nehme an, daß sie wahr sind – sie sollten es jedenfalls sein. Aber was mir im Folgenden v. a. erwägenswert scheint (Vorschläge, Philosophien zu interpretieren und Dinge einzuschätzen), läßt sich durch Tatsachen weder erhärten noch entkräften, denn Vorschläge sind nicht wahr oder falsch, sondern nützlich oder unnütz. In der Möglichkeit, daß sich meine Vorschläge als unnütz erweisen (nicht in der Möglichkeit, daß diese oder jene überprüfbare Aussage falsch ist), liegt bei diesem Buch mein Risiko.

Es hat den Anschein, als gäbe es beim Kontextspiel, dessen Züge zu theoretischen Veränderungen oder zu ihrer Unterbindung führen, auch etwas wie Prämien und Strafen – die praktischen Veränderungen, die durch Veränderungen am Erklärungskontext oder durch Maßnahmen zu ihrer Unterbindung hervorgerufen werden. Ein Erklärungskontext hat, wie sein Name andeuten soll, u. a. die Funktion, die S-Welt zu erklären. Man erklärt jedoch die S-Welt zwar einerseits, weil man ein theoretisches Verlangen hat, sie zu verstehen, aber andererseits, weil geeignete Erklärungen die Praxis zu verbessern pflegen. Erklären hat also eine theoretische und eine praktische Seite. Interesse an einer verbesserten Praxis besteht immer dann, wenn man Probleme hat und sie gern lösen möchte. Weil Menschen fast immer Probleme haben, die sie lösen möchten, richten sie meist schon von vornherein ihre S-Welten so ein, daß sie erklärbar sind und ihnen Prognose und Planung erlauben, auch helfen sie gegebenenfalls durch eine Kontextveränderung nach. Betrachtet man jedoch die Fälle genauer, in denen theoretische Innovationen der Lösung praktischer Probleme dienen (bisweilen scheint es keine andere Lösungsmöglichkeit gegeben zu haben), dann macht man fast immer die Erfahrung, daß diese Art, Probleme zu lösen, nicht harmlos ist. Zwar kann es sein, daß eine theoretische Innovation ein bestimmtes Problem erstaunlich gut löst. Gewöhnlich stellen sich außer dieser erwünschten Folge jedoch auch Nebenfolgen ein, die nicht erwünscht sind. Soweit ich sehe, sind sie bisweilen gravierender als die zunächst vorhandenen Probleme, durch deren Lösung sie entstanden. Gewinne beim Kontextspiel pflegen also Gewinne zu sein, von denen man einiges zu subtrahieren hat. Sie stellen wegen ihrer Nebenfolgen in der Regel keine optimalen Lösungen dar. Das wird das zweite Thema dieses Buches sein.

Die Entstehung neuer Probleme im Zusammenhang mit der Lösung bereits bestehender ist ein wichtiger Stimulus des Fortschritts, weil sie zu weiteren Lösungsversuchen provoziert und ein Appell zu progressiver Optimierung ist. Unterstellt man aber andererseits, daß sich bei der Vermehrung der Zahl erfolgreicher Problemlösungen zugleich die Zahl der lösungsbedingten Neuprobleme vermehrt, dann liegt die Frage nahe, an welchem Punkt ein solcher Prozeß beginnt, nicht mehr rentabel zu sein. Ich vermute, daß dies in den bedeutenderen Fällen bereits die Frage jener Autoren war, die sich in den letzten Jahrhunderten unter Berufung auf diese oder jene Tradition gegen theoretische Innovationen wandten. Was immer man über solche Autoren denken mag — zum angemessenen Sprechen über theoriebedingte praktische Veränderungen gehört die Erwähnung des Phänomens der Problemerzeugung durch Problembewältigung. Zum angemessenen Sprechen über Innovationen gehört die Erwähnung der Folgelast. Die Freude am Progreß, die progressiven Generationen selbstverständlich ist, wird offenbar nur einer Seite der Angelegenheit gerecht. Fortschritt bedeutet Positionsveränderung, und Positionsveränderung bedeutet nicht nur Positionsgewinn, sondern auch Positionsverlust. Es gibt keinen Fortschritt, bei dem man nur gewinnt. Es gibt nur Fortschritt, bei dem man mindestens *auch* verliert. Deshalb kann Schmerz am Progreß eine genauso angemessene Emotion sein wie Freude am Progreß. Die Bekämpfung von Innovationen kann ein genauso angemessenes Verhalten sein wie der Kampf um Innovationen. Die Entscheidung darüber ist nur aufgrund der Beurteilung von Einzelfällen möglich. Wer Progressismus zum Prinzip macht, der denkt abstrakt (und das auch nur im besten Fall). Er hat vor jemandem, der Konservativismus zum Prinzip macht, nicht das Geringste voraus (und das auch nur im besten Fall).

Das Kontextspiel führt zu theoretischen Veränderungen, die ihrerseits zum Anlaß praktischer Veränderungen werden. Das Risiko, die Folgen solcher Veränderungen zu tragen, ist gleichsam der Einsatz, mit dem man spielt. Mit diesen Sätzen ist der Gegenstand meines Buches skizziert. Es hat zu erwägen, inwiefern „die Welt interpretieren" dasselbe bedeuten kann wie „die Welt verändern". Ich neige zu der Ansicht, daß in der Geschichte theoretische Veränderungen, die erst von Individuen erdacht und dann von Gruppen vergesellschaftet werden, das eigentlich Wichtige und Initiative sind. Doch habe ich für diese Ansicht nicht zwingendere Gründe, als es die vielen Menschen, die heute behaupten, „reale" Veränderungen oder Veränderungen der Produktionsverhältnisse seien das eigentlich Wichtige, für ihre Ansicht haben. Deshalb ziehe ich es vor, aus meiner Ansicht keine Behauptung zu machen und nur die vagere These zu äußern, daß theoretische Veränderungen oder Veränderungen bei der Interpretation der Welt (wie wichtig im übrigen eine Veränderung der „Realität" oder der Produktionsverhältnisse sein mag) beachtliche Wirkungen haben. Die Welt zu interpretieren, galt bis vor wenigen Jahren als das Geschäft der Philosophie – das Kontextspiel bestand im Philosophieren. Inzwischen ist die Interpretation der Welt zum Geschäft der Wissenschaften geworden, die im Lauf der letzten Generationen aus der Philosophie hervorgegangen sind. Seitdem besteht das Kontextspiel im Betreiben von Wissenschaft oder bestenfalls im Betreiben von Wissenschaft im Verein mit Philosophie. Denn die Philosophie hat nach dem Verlust fast aller ihrer traditionellen Territorien wie z. B. Naturwissenschaft, Psychologie und Ökonomie erstaunlicherweise doch noch so etwas wie ökologische Nischen gefunden. Einige davon pflegen als honorig zu gelten, z. B. Logik und Wissenschaftstheorie, Sprachanalyse und Philosophiegeschichte (die in fast allen Kapiteln auch Wissenschaftsgeschichte ist). Andere pflegen als nicht honorig zu gelten, v. a. der Bereich nicht entscheidbarer Aussagen, den man als „Metaphysik" bezeichnet. Nachdem man in den vergangenen Jahren zu neuen Ansichten darüber gekommen ist, wie wissenschaftliche Theorien entstehen, erscheint jedoch die Metaphysik in einem anderen Licht. Nach langer Zeit erhebt sich wieder der Verdacht, sie könnte nicht allein ein Mittel zur Produktion von Nonsens, sondern auch ein Mittel zur Produktion und zur Verwandlung von Welten sein. Das Unbehagen, das dieser Verdacht erregt, ist nur ein Spezialfall des allgemeinen Unbehagens an dem Gedanken, daß Theorien die Welt verändern können.

Man wird sich eines Tages wieder einigen, welche Stellung der Philosophie im Rahmen des Kontextes zukommt. Inzwischen tut man vermutlich klug daran, diese Frage ohne Not gar nicht aufzuwerfen und sich mit der Angabe zu begnügen, daß sie ein Teil des Erklärungskontextes ist – in welcher Weise auch immer. Der Erklärungskontext hat aber nicht allein eine theoretische, sondern auch eine praktische Seite. Insofern müßte auch die Philosophie zur Erzeugung praktischer Veränderungen in der Lage sein. Dann wäre es aber eine etwas unvollständige Beschreibung der Philosophie, wenn man lediglich sagte, sie sei eine Krankheit der Sprache. Es mag zwar bisweilen geschehen sein, daß sie die Sprache bis an die Grenze des Zumutbaren strapaziert hat. Aber selbst der Leib wird bei der Bewältigung der Probleme, die er zu lösen hat, gelegentlich bis an die Grenze des Zumutbaren strapaziert, und die wichtigste Frage lautet in solchen Fällen wahrscheinlich nicht, ob jetzt eine Krankheit des Leibes beginnt, sondern ob die Arbeit, bei welcher er sich so strapazieren mußte, in irgend einer Hinsicht nützlich war. In der Philosophie scheint die entsprechende Strapazierung der Sprache bisweilen nützlich gewesen zu sein.

Wenn Philosophieren tatsächlich eine Spielart des Kontextspiels ist, das die Welt verändern kann, dann trifft man weiterhin vermutlich die Pointe nicht, wenn man die Regel aufstellt, Philosophie dürfe nur aus Aussagen über Aussagen, aus Aussagen über Tatsachen sowie aus Aussagen, die sich auf Aussagen über Tatsachen zurückführen lassen, bestehen. Nach dieser Bestimmung könnte sie Tatsachen lediglich zur Kenntnis nehmen. Wenn sie jedoch ein Teil des Erklärungskontextes ist, dann kann sie Tatsachen auch erzeugen. Die Bescheidung mit der Rezeption, die in der genannten Bestimmung von ihr verlangt wird, kann in gewissen Situationen (nämlich immer dann, wenn es darauf ankommt, „die Welt zu verschonen") sehr nützlich sein. Doch bringt dieselbe Bestimmung unter anderen Bedingungen die Philosophie in die Situation, daß sie die Tatsachen bloß zur Kenntnis nimmt und nicht bemerkt, daß gleichzeitig andere die Tatsachen machen.

Im übrigen trifft man vermutlich die Pointe auch nicht, wenn man sich darauf versteift, die Philosophie habe nur der Betrachtung des wahren Seins zu dienen. Denn Menschen scheinen gezwungen zu sein, es in Kauf zu nehmen, daß ihnen das wahre Sein (was immer es sein mag) nur unter den Bedingungen einer S-Welt zugänglich ist. Wenn man die Philosophie als einen Teil des Erklärungskontextes versteht, dann wird man also zu der Unterstellung neigen, daß sie nicht die Theorie schlechthin, sondern Theorie zu einer S-Welt ist — entweder zu der bestehenden oder zu einer, die sie heraufbringen soll. Auch wird man zu der Unterstellung neigen, daß eine frei schwebende Metaphysik, die nicht als Fundierungswissenschaft gelten, sondern rein das Sein betrachten und anders nichts tun will, ein etwas verwirrendes Unternehmen ist. Wenn man dagegen die Philosophie als einen Teil des Erklärungskontextes versteht, der neben theoretischen auch praktische Funktionen hat, dann wird man bei der Betrachtung beliebiger philosophischer Veränderungen geradezu routinemäßig unterstellen, daß möglicherweise mit ihrer Hilfe bestimmte praktische Veränderungen hervorgerufen werden sollten und daß mit hoher Wahrscheinlichkeit durch sie auch in der Tat irgendwelche prakti-

schen Veränderungen (wenn auch nicht immer gerade die gewünschten) hervorgerufen worden sind.
Bedenkt man dies, dann bekommt der für die letzten europäischen Jahrhunderte so charakteristische Widerstreit philosophischer Befürworter der Innovation und philosophischer Befürworter der Tradition, der unter den Voraussetzungen des Progressismus bloß als absurdes, degoutantes Spiel erscheinen kann, zumindest die Chance, erwägenswert zu sein. Auf diese Chance setzt mein Buch ein paarmal. Der genannte Widerstreit ist wohl, soweit man heute sehen kann, entschieden. Aber zu den Dingen, die seine Betrachtung vermitteln kann, gehört das Wasser für unseren Wein. Wasser in den Wein zu gießen, hat lange als eine philosophische Beschäftigung gegolten. Denn Philosophie galt u. a. als die Kunst, Grenzen von Wissen und Erfolg zu zeigen und zu lehren, wo man trauern muß. Wir stehen ohne Zweifel längst im Zugzwang, und zahlreiche Innovationen sind unvermeidlich geworden. Es schadet aber weder der Theorie noch der Praxis zu wissen, daß Innovationen zwei Ergebnisse haben, nämlich Folgen und Nebenfolgen, und daß eins davon ein wenig unangenehm zu sein pflegt, und zwar auf die Dauer allseits unangenehm. Wer diese Tatsache ruhig und habituell ins Auge faßt, der treibt wahrscheinlich Prophylaxe gegen *future shock*. Er wird darüber hinaus veranlaßt sein, in jedem Fall nach Alternativen für Innovationen zu suchen, und damit etwas sehr Nützliches tun, das unter den Voraussetzungen eines abstrakten Progressismus unvorstellbar wäre.

Die meisten Dinge, die in den folgenden Kapiteln stehen, habe ich bei meinen Lehrern gelernt. Bei Josef *Höfer* (Paderborn) und später bei Richard *Walzer* (Oxford) lernte ich, was Lehrüberlieferung ist. Heinz *Schürmann* (Erfurt) und später Henry *Deku* (München) erklärten mir, was *«spiritualité»* bedeutet. Bei Heimo *Dolch* (Bonn) begann ich zu sehen, wie viele Spuren von Theologie die neuzeitlichen Wissenschaften tragen. Alois *Dempf* (München) zeigte mir, daß theoretischer Monismus unzweckmäßig ist und daß man in der Geschichte nach einem roten Faden suchen muß. Hans *Rheinfelder* (München) führte mich in die literarische Welt des 17. Jahrhunderts ein. Carl *Schmitt* (Plettenberg) machte mir in vielen Gesprächen klar, daß philosophische Theorien auf dem Sprung sind, Instrumente politischer Auseinandersetzung zu werden, und daß es unterschiedliche Grade der Gefährlichkeit bei solchen Instrumenten gibt. Auch hat er mich mehrfach auf Fährten gesetzt, die ich sonst mit Sicherheit übersehen hätte und die für die Entstehung dieses Buches wichtig wurden. Bei Joachim *Ritter* (Münster) begann ich zu lernen,

was Hegel meint, wenn er „wirklich" sagt. Carl Friedrich *Freiherr v. Weizsäcker* (Starnberg) zeigte mir, wie sehr Realitäten theoriebedingt sein können, wie unmittelbar in der Geschichte des westlichen Denkens Spekulation und Wissenschaft zusammengehören und wie wenig fundiert der Glaube an die Disparatheit beider ist. Günther *Ralfs* (Hamburg) verdanke ich meine erste Begegnung mit aristotelischer Biologie. Ernst *Kapp* (München) legte in seinen Platonvorlesungen dar, wie eine Philosophie aus einer Situation entsteht. Bei Hans *Liebeschütz* (Liverpool) sah ich, wie eng politische Geschichte und Philosophiegeschichte ineinandergreifen können.
Ich habe viel in Büchern von Hans *Blumenberg* gelernt. Auch war es hilfreich, daß ich Arbeiten von Karl *Popper*, Thomas *Kuhn* und Stephen *Toulmin* kennen lernte. Ich vermute eine große strukturelle Ähnlichkeit zwischen der Epochenlehre Friedrich *Gundolfs*, die mich seit langem beschäftigt, und den Epochenlehren *Kuhns* und *Toulmins*. In Mannheim konnte ich mit Harald *Delius* und Hans-Werner *Arndt* über Analytische Philosophie und mit Hans *Albert* über Kritischen Rationalismus sprechen; das hat die Fragestellung des Buches mitbestimmt. Auch finden sich darin die Spuren vieler Gespräche mit Hans-Martin *Pawlowski* während einer gemeinsamen Amtszeit. Zahlreiche Hinweise auf Parallelen und Implikationen verdanke ich Friedrich *Ebel*. Wolfgang *Detel* hat sich der Mühe unterzogen, das Manuskript des Ersten Kapitels durchzuarbeiten und mir eine Anzahl von Irrtümern auszureden. Den Anregungen und den Gegenargumenten der Teilnehmer meines Kollegs und meines Colloquiums verdanke ich sehr viel.

Einzelne Abschnitte aus den folgenden Kapiteln sind in etwas anderer Gestalt schon früher veröffentlich worden. Teile des Dritten Kapitels erschienen in der Festschrift für José *Gaos*[1]. Ein Teil des Fünften Kapitels erschien in den *«Archives de Philosophie»*[2]. Über Polignacs *„Antilucretius"* habe ich in der Festschrift für Carl *Schmitt*[3] ausführlicher geschrieben.

1 „Descartes. Un ejemplo de ciencia natural en los albores de la época moderna". DIANOIA XVI, México 1970, S. 20—41.

2 „Les idées innées chez Locke". Archives de Philosophie 34/2, Paris 1971, S. 245—264.

3 „Über Polignacs ‚Antilucretius'". EPIRRHOSIS. Festgabe für Carl Schmitt, Berlin 1968, S. 697—707.

1. Kapitel

Zur Deskription philosophischer Innovationen

I S-Welt

Man hat bis vor wenigen Jahren die Philosophie als eine Bemühung verstanden, das, was ist, sein Wesen und seine Zusammenhänge zu erkennen. Eine solche Bemühung liegt nahe, denn die Welt, in der sich die Menschen befinden und deren Teil sie sind, kann ihnen nicht gleichgültig sein. Sie müssen sie z. B. deshalb beobachten, weil sie anders nicht überleben können: man hat zu wissen, wem man ausweichen muß und was eßbar und trinkbar ist. Doch pflegt es bei bloßer Beobachtung nicht zu bleiben. Die meisten Menschen sind geneigt, nicht nur zu lernen, wie es sich verhält, sondern außerdem eine Erklärung dafür zu finden, weshalb es sich so verhält, und sie mit den Erklärungen für andere Tatsachen in Einklang zu bringen. Auch diese Neigung ist nicht nur von theoretischer Bedeutung, denn erfolgreiche Erklärungen der Welt knüpfen nicht etwa zwischen gegebenen Fakten ein abstraktes Netz, das genauso gut fehlen könnte, sondern übernehmen außer der Erklärung auch Orientierungsfunktionen. Die Strahlen des Netzes haben die Eigenschaft, den Weg zu anderen Fakten zu zeigen. Erklärung und Prognose hängen eng zusammen; das zeigt sich auf der einen Seite an der Spekulation, die Columbus zu seiner Entdeckung führte, an der Geschichte des Systems der Elemente und Planeten, und andererseits an der Wichtigkeit der Vorstellung von Zusammenhängen für die Bestimmung unseres Verhaltens.

Bis heute ist aber die Philosophie ein eher unkonstantes Phänomen, weil immer mehrere einander widerstreitende Philosophien konkurrieren und sich nach einiger Zeit als konkurrenzunfähig erweisen. Dies ist auf den ersten Blick verwunderlich, denn was bis vor wenigen Jahren allgemein als Gegenstand philosophischer Bemühungen galt (was ist, sein Wesen und seine Zusammenhänge), dürfte für alle Philosophien dasselbe sein. Wie kann aus demselben eine solche Vielfalt und Widersprüchlichkeit hervorgehen? Man könnte diese Frage durch den Hinweis beantworten, daß man denselben Sachverhalt auf vielerlei Weise erklären kann. Erklärungen von uns nicht selbst hervorgerufener Sachverhalte sind (obgleich von ihnen unser Verhalten und unser Erfolg mitabhängt) in der Regel kein sicherer und unumstrittener Besitz. Sie behaupten gewöhnlich aufgrund von Vermutungen (mehr oder weniger wohlmotiviert) eine nicht erwiesene Verknüpfung der Fakten oder geben eine bestimmte Abfolge von Aussagen darüber für die richtige aus. Solche Erklärungen sind geradezu das Ergebnis eines Ratespiels, das man mit verschieden guten Gründen und unterschiedlichen Erfolgen spielt. Das Rätsel fragt in der Regel, ob und auf welche Weise ein Sachverhalt p mit einem Sachverhalt q zusammenhängt, gleichgültig, ob es sich um die Ermittlung der Stelle, an der am Abend das Wild heraustritt, um den Benzolring oder um die mögliche Existenz eines zehnten Planeten jenseits von Pluto handelt. Dabei kann es um einzelne Sachverhalte, aber auch um Klassen von Sachverhalten gehen; in der Wissenschaft geht es fast immer um Klassen von Sachverhalten, die freilich manchmal Einerklassen sind. In einigen Fällen kann man sogleich oder später entscheiden, ob eine Erklärung richtig war; in anderen Fällen kann man es nur indirekt, vorerst nicht oder nie entscheiden. Prinzipiell nicht entscheidbare Aussagen sind aber für die Wissenschaft (entgegen früheren Behauptungen) von konstitutiver Bedeutung.

Es gibt in den einzelnen Epochen auch Abmachungen darüber, wann eine Behauptung als widerlegt zu gelten hat; diese Abmachungen sind historisch variabel. Das zeigt sich z. B. daran, daß früher Dinge als bewiesen galten, die heute als falsch oder unbewiesen gelten. Denn bestimmte Beweisverfahren, deren Gültigkeit man damals voraussetzte, wurden inzwischen durch andere ersetzt, deren Gültigkeit nunmehr vorausgesetzt wird. Das gilt z. B. für Schrift- und Autoritätsbeweise in der Physik. Erklärungen, die noch nicht widerlegt sind, bleiben in der Regel im Spiel. Gelegentlich bleiben selbst widerlegte Erklärungen im Spiel, weil die Betroffenen die Widerlegung nicht anerkennen mögen. In jedem Fall sind die Antworten, die auf verschiedenen Stufen zu Erklärung und Prognose führen sollen, von unterschiedlicher Qualität. Jemand könnte z. B. die Meinung vertreten, in den vergangenen zwanzig Jahren hätten Fehlwuchs, schlechtes Wetter und Erkältungskrankheiten rapide zugenommen. Er könnte diese Erscheinungen mit Störungen im kosmischen und organischen Magnetismus begründen und zu deren gemeinsamer Ursache die Atombombe erklären. Auf der anderen Seite dürften einige Menschen der Ansicht sein, daß eine Flüssigkeit verdampft, weil bei ihrer Erwärmung die kinetische Energie der Moleküle, die bereits eine Anzahl von anderen Phänomenen erklärt, dermaßen zunimmt, daß sie die Oberflächenspannung durchbrechen können. In beiden Fällen werden nur Vermutungen geäußert, aber Vermutungen, die nach der herrschenden Ansicht, nach der Konsistenz der sie enthaltenden Kontexte und nach ihrer Fruchtbarkeit an Erklärungen und Prognosen ein unterschiedliches Maß von Vertrauen verdienen. Allerdings sind nicht nur solche Kriterien im Spiel. Weil bei der Akzeptierung von Vermutungen durch eine Gruppe vielfältiger Faktoren auf seiten der Akzeptierenden und nicht die sogenannten Sachgründe allein eine Rolle spielen, ist es schwer, vorauszusagen, ob dieses oder jenes Angebot erfolgreich sein wird.

Das Entstehen von Konkurrenzen wird dadurch begünstigt, daß im Bereiche dessen, was heute „Philosophie" heißt, die Überprüfung von Behauptungen gewöhnlich schwieriger ist als im Bereiche dessen, was heute „Wissenschaft" heißt. Man könnte nun zur vorläufigen Beantwortung der Frage sagen, daß die Vielfalt konkurrierender Vermutungen eine Vielfalt konkurrierender Philosophien bedingt, die sich als Komplexe von solchen Vermutungen deuten lassen. Bei dieser Begründung ergibt es sich als etwas ganz Normales, daß man eine Anzahl einander widerstreitender Vermutungskomplexe findet, die Individuen oder Gruppen aus unterschiedlichen sachlichen oder persönlichen Gründen zusammenraten oder übernehmen und die sich dennoch auf eine einzige Welt beziehen, obgleich von widerstreitenden Ansichten über dasselbe im besten Falle eine zutrifft. Dem ist zu entnehmen, daß diese eine Welt den Menschen nicht im gleichen Maße, sondern entsprechend dem Maß und Ansatz ihres Zugangs in unterschiedlicher Weise verfügbar ist, und daß man insofern bei Streitigkeiten über die Welt zugleich über dasselbe und über Verschiedenes spricht. Jeder spricht über die Welt, wie er sie sieht, und jeder sieht sie auf eine andere Weise – so sehr, daß die Welt eines Parsen, Calviners und Szientisten oder die Welt eines Cromagnons, Karthagers und Sowjetrussen geradezu verschiedene Welten sind. Die gewöhnliche Sprache redet von der „Welt der Griechen" oder von der „Welt Goethes", als ob es sich um verschiedene Welten handelte. Sie nimmt also Welten von Individuen und Welten von Gruppen an. Fast alles spricht für die Annahme, daß den Subjekten „ihre Welt" zunächst von ihrer Gruppe vermittelt wird. Diese „Gruppenwelt" wird freilich ihrerseits von jedem Individuum modifiziert und hat für jedes Auge andere Nuancen. Auch scheint ihre jeweilige Gestalt auf kreative Individuen zurückzugehen und ständig signifikante Veränderungen von solchen Individuen zu erfahren.

Der Umgang mit dem Ausdruck „Welt" ist heute schwierig geworden. In der Philosophie hat sich seit etwa zweihundert Jahren die Ansicht durchgesetzt, daß die Welt als Totalität des Erfahrbaren für uns nicht selbst ein Gegenstand möglicher Erfahrung ist. Daraus kann man unterschiedliche Folgerungen ziehen – von dem Verbot, den Ausdruck „Welt" zu verwenden, bis hin zu der Behauptung, was einzelne Individuen als „Welt" bezeichnen, sei jeweils von ihnen hervorgebracht, repräsentiere nichts Vorgegebenes und fungiere, um mit Locke zu reden, nur als sein eigener Archetyp. Die erste Folgerung weist den theoretisch sichersten Weg, ist aber nicht praktikabel, wenn man über Autoren zu sprechen hat, die mit dem Ausdruck „Welt" oder mit Synonymen für ihn ganz unbefangen operieren. Gegen die zweite Folgerung läßt sich einiges sagen – schon dies, daß sie das Sprechen, selbst wenn es nur halbwegs korrekt bleiben soll, außerordentlich kompliziert. *Il y auroit en cela trop d'embarras*, sagt Descartes in einer vergleichbaren Situation (Principes II, 30). Ich wähle deshalb ein etwas anderes Verfahren und bezeichne die einer Gruppe oder einem Einzelnen verfügbare Welt (zum Unterschied von der sogenannten „wirklichen Welt") als „Eigenwelt" oder „S-Welt". Die S-Welt ist die systembedingte Eigenwelt eines Subjektes oder seiner Gruppe. Die Verwendung dieser Art zu sprechen empfiehlt sich, weil es schwer ist zu entscheiden, wie die Welt in Wirklichkeit ist, aber relativ leicht zu entscheiden, ob A oder B überzeugt sind, sie sei so oder so beschaffen. Die S-Welt einer Gruppe A oder eines Individuums B ist das, von dem A oder B überzeugt sind, es sei die Welt. Jede S-Welt ist ein Komplex aus unterschiedlichen Sachverhalten und Sachverhaltsverknüpfungen, die ein Individuum oder eine Gruppe für faktisch halten; und diese S-Welt begleitet – als Reden über sie – ein Kontext von Zeichen und Erklärungen, der nicht allein von ihr bestimmt wird, sondern sie auch seinerseits bestimmt.

Die Einführung des neuen Ausdruckes „S-Welt" ist also durch Erwägungen der Zweckmäßigkeit veranlaßt. Die Handlungen von Individuen und Gruppen sind unmittelbar bedingt durch das, was sie für wirklich, wünschenswert und realisierbar halten, dagegen zumindest nicht nachweisbar durch das, was an sich wirklich, wünschenswert und realisierbar sein mag, denn das ist niemals oder zur Zeit nicht entscheidbar; auch in der Regel nicht durch das, was *wir* für wirklich, wünschenswert und realisierbar halten, so daß es bei uns die Bedingungen des Handelns darstellt. Der Ausdruck „S-Welt" bezeichnet also (ohne metaphysisches Präjudiz in Hinsicht auf die „wirkliche Welt") die offensichtlich unterschiedlichen Komplexe von Sachverhalten, auf die sich Individuen und Gruppen beziehen, wenn sie Aussagen über die Welt zu machen glauben. Solche Aussagen pflegen voneinander abzuweichen oder einander zu widersprechen, aber das ist ein verständliches Phänomen, solange sie nicht unmittelbar als Aussagen über „die Welt" gedeutet werden.

Die Bedeutung des in unserem Sprachbereich schon eingeführten Ausdrucks

„Weltbild“ dürfte der des neugebildeten Ausdrucks „S-Welt“ nahekommen. Ich möchte ihn aber nicht verwenden, weil er die Assoziation eines Repräsentierens weckt, mit dem in der Regel die Individuen und Gruppen gar nicht rechnen. Diese begründen vielmehr ihre Aussagen und Handlungen nur in Ausnahmefällen mit der Behauptung, sie hätten eine Vorstellung von der Welt, die gerade diese bestimmten Aussagen und Handlungen besonders angemessen erscheinen lasse, und behaupten statt dessen gewöhnlich, die Welt sei eben so, daß diese Aussagen und Handlungen besonders angemessen sind. Sie orientieren die Angemessenheit ihrer Aussagen und Handlungen an etwas, von dem sie überzeugt sind, es sei die Welt, und nicht, es repräsentiere ihnen die Welt. Sie sehen keine andere Welt und argumentieren deshalb nur selten und nur unter speziellen Bedingungen mit der Einschränkung, daß diese Orientierung bloß an der ihnen verfügbaren Repräsentation der Welt erfolgt, da ihnen die Welt als solche nicht zugänglich sei. Der Ausdruck „Weltbild“ hat allerdings im Gegensatz zum Ausdruck „S-Welt“ den Vorzug, die Assoziation einer prinzipiellen Versubjektivierung der Welt zu unterbinden. Doch wird sich im fünften Abschnitt dieses Kapitels erweisen, daß auch die Einführung des Ausdrucks „S-Welt“ nicht einem schrankenlosen Relativismus Raum gibt, denn die schlichte Erfahrung zeigt, daß S-Welten, deren Annahme sich aus unterschiedlichen Gründen nicht mehr bewährt, nach einiger Zeit von den sie bewohnenden Gruppen oder Individuen verlassen werden.

Man könnte nunmehr sagen, daß sich die Vielfalt der Philosophien mit der Vielfalt der S-Welten und Erklärungskontexte begründen läßt. Die Vielfalt der S-Welten und Erklärungskontexte geht aber auf eine Vielzahl von Vermutungen zurück, über die man häufig überhaupt nicht oder nicht im Augenblick entscheiden kann. Im einfachsten Fall geht es dabei um Faktisches: A existiert oder nicht, ist so oder nicht so beschaffen und steht in dieser oder jener Beziehung zu B und C. Doch die Vermutungen können sich auch – bei Einigkeit wie Uneinigkeit im Faktischen – an dessen Erklärung entzweien. Jemand kann beispielsweise, was die Fakten selbst betrifft, der Meinung sein, der Chimborazo sei 6310 Meter hoch; aber jemand anders kann behaupten, er sei etwa 500 Meter niedriger. Ein solcher Streit ist relativ leicht zu entscheiden, solange es den Chimborazo gibt und Aussagen über ihn kontrollierbar bleiben. Schwierigkeiten bereiten aber Streitigkeiten über weniger leicht zugängliche Dinge. Jemand kann behaupten, daß im Loch Ness ein Ungeheuer lebt, ein anderer kann es bestreiten, aber keiner von beiden kann seinen eigenen Satz beweisen oder den des Gegners widerlegen, denn das Ungeheuer ist bislang noch nicht verfügbar. Daß seine Existenz nicht nach den Regeln empirischer Wissenschaften nachgewiesen wurde, beweist nicht seine Nicht-Existenz: es könnte sich erfolgreich verbergen. Ob man aber über nicht öffentlich Nachweisbares öffentliche Behauptungen machen darf, ist eine Frage der bestehenden Vereinbarungen.

Von ähnlichem Charakter waren die Streitigkeiten des 17. Jahrhunderts über die Behauptung, daß die Materie aus Atomen besteht. Denn niemand konnte Atome sehen, und wer für ihre Existenz optierte, tat es in der Regel mit Rücksicht auf die Erklärungsleistung, die sie zu ermöglichen versprachen. Von ähnlicher Art war auch der Streit darüber, ob Gott existiert oder nicht. In solchen Fällen läßt sich im Augenblick den Streit Beendendes nicht sagen, obgleich man gelegentlich Entscheidungen trifft oder treffen muß, bei denen man so tut, als wäre er beendet. Gott ist z. B. bislang nicht nach den Regeln empirischer Wissenschaften nachgewiesen. Nichtsdestoweniger verhalten sich zahlreiche Menschen bei ihren Entscheidungen so, als gäbe es ihn, und in der Tat ist seine Nichtexistenz nicht erwiesen. Andererseits gilt der Hinweis auf Kommunikationstechniken, die man zu lernen habe, um Gottes innerlich gewiß zu werden, aufgrund der gegenwärtig in der Wissenschaft bestehenden Vereinbarungen nicht als öffentlicher Nachweis seiner Existenz. Ein Streit, der sich nicht auf die Existenz, sondern auf die Erklärung von Gegenständen und Sachverhalten bezieht, ist in der Regel schwerer zu entscheiden als der in ihm potenzierte Streit um das Faktische selbst, von dem ich soeben gesprochen habe. Denn theoretisch gesehen sind fast immer verschiedene Lösungen möglich, wenn auch nur eine empirisch wahr sein dürfte. Das kann man sich an einem einfachen Beispiel klarmachen. Achmad hat vier Esel. Weshalb? Weil er zwei von seinem Vater erbte und zwei hinzuerwarb, weil er einen von seinem Vater erbte und drei hinzuerwarb, weil er sechs von seinem Vater erbte und zwei verkaufte oder weil er zwei von seinem Vater und zwei von seinem Onkel erbte? Dieses alles ist möglich, aber aus der Menge der Möglichkeiten pflegt nur eine wirklich zu sein, und in den meisten Fällen verfügen wir nicht über genügend viele Informationen für eine empirisch begründete Entscheidung und müssen optieren. Für dieses Optieren gibt es bewährte Regeln, die allerdings nichts daran ändern, daß man optiert und daß der Rest der Möglichkeiten noch nicht mit theoretischer Sicherheit ausgeschlossen ist. Weshalb der Chimborazo ein so hoher Berg ist, weshalb das Loch Ness-Ungeheuer sich nicht blicken läßt, weshalb die Materie kontinuierlich sein muß und weshalb man die Existenz eines obersten Wesens anzunehmen hat, darüber kann man schweigen, einstimmig optieren oder streiten. Aber Schweigen ist nicht immer praktisch möglich, und einstimmiges Optieren ist nicht häufig. Das läßt sich zunächst als Grund für die Vielzahl von Philosophien nennen, die man auf eine Vielzahl von S-Welten und Erklärungskontexten zurückführen kann. Wenn also zur Frage steht, wo in der Philosophie Innovationen ihren Anfang nehmen können, die die Zahl der Systeme vermehren, dann wäre die erste und etwas pauschale Antwort: an der S-Welt, am Erklärungskontext oder an der S-Welt und am Erklärungskontext zugleich. Auf Änderungen, die zunächst nur an der S-Welt ansetzen, folgen in der Regel Änderungen am Erklärungskontext, und auf Änderungen, die zunächst nur am Erklärungskontext ansetzen, folgen in der Regel Änderungen an der S-Welt.

II Erklärungskontext

Ein Erklärungskontext ist die Theorie zu einer S-Welt. Eine solche Bestimmung setzt voraus, daß nicht „die Welt", sondern unterschiedliche S-Welten der Gegenstand der Wissenschaft sind. Dies ist zumindest in Hinsicht auf die Wissenschaftsgeschichte eine zweckmäßige Art zu sprechen, weil sie verstehbar macht, daß Dinge wie Aetherphysik und Phlogistonchemie zwar Wissenschaften waren, der Aether und das Phlogiston nach den heute geltenden Kriterien aber nicht als Bestandteil der Welt zu gelten haben. Das früher übliche Verfahren der Verstehbarmachung mit Hilfe der Behauptung, es habe sich seinerzeit um falsche Wissenschaften gehandelt, während heute die wahre Wissenschaft zum Zug gekommen sei, ist ungesichert, denn es unterstellt ohne jede Begründung, daß die gegenwärtige Wissenschaft den Nachweis führen kann, mit ihr sei das Ende der Wissenschaftsgeschichte gekommen. Die Entwicklung der letzten Jahre scheint andere Extrapolationen nahezulegen. Das Verfahren, die frühere Wissenschaft mit falscher und die heutige Wissenschaft mit wahrer gleichzusetzen, dürfte auf einem Verkennen der Situation beruhen und erschwert nicht nur das Verständnis der Geschichte, sondern auch die Weiterentwicklung der Wissenschaft.
Man könnte provisorisch sagen, daß Wissenschaft eine an besondere Regeln gebundene Art von Nachdenken ist. Sie enthält Aussagen über Sachverhalte und denkt darüber nach, wie sie sich erklären lassen und was aus ihnen folgt. Den beiden Problemen der Feststellung von Sachverhalten und der Begründung von Aussagen über sie nähert sie sich mit ihren Operationen der Deskription, Erklärung und Prognose. Der Struktur nach sind Erklärung und Prognose nicht verschieden. Sie unterscheiden sich aber, sofern die eine Aus-

sagen in Hinsicht auf Vergangenes, Gegenwärtiges oder als zeitindifferent Betrachtetes, die andere aber Aussagen in Hinsicht auf Zukünftiges macht. Die Deskription umreißt den Kreis des Gegebenen, und die Prognose sagt, daß etwas faktisch wird. Wer prognostizieren kann, könnte auch erklären; wer erklären kann, könnte auch prognostizieren. Was aber heute „Wissenschaft“ heißt, ist gleichsam ein Spezialfall von Philosophie, sofern man seine Geschichte betrachtet. Es galt bis vor wenigen Generationen als Teil der Philosophie, hat sich aber dadurch, daß es sich für besonders strenge Verfahren der Faktenselektion und Erklärung entschied, von ihr abgesondert. Was inzwischen „Philosophie“ heißt, ist der verbliebene Restbestand mit weniger strengen Verfahren der Faktenselektion und der Erklärung. Daß man ein Faktum mit den besonders strengen Selektions- und Erklärungsverfahren der Wissenschaft nicht erfassen kann, bedeutet nicht, daß es kein Faktum ist oder daß man über es zu schweigen hat. Das Nachdenken kann gegebenenfalls gezwungen sein, sich mit ihm zu befassen. Wenn dabei Ergebnisse in der Form empirisch entscheidbarer oder analytischer Aussagen nicht zu erreichen sind, muß man mit einigermaßen vertrauenswürdigen nichtentscheidbaren zufrieden sein, denn häufig sind Entscheidungen zu treffen, bei denen irgend welche Informationen besser sind als keine. Das gilt für Aussagen über Gegenstände der Ethik und Politik, aber auch für Arbeitshypothesen, die empirische Untersuchungen zu leiten pflegen und in der Regel erst entscheidbare Aussagen verfügbar machen.

Erklären kann man beschreiben als das Ableiten von Aussagen über Gegenstände aus Aussagen über Klassen dieser Gegenstände bzw. als das Ableiten von Aussagen über Klassen von Gegenständen aus Aussagen über Klassen dieser Klassen nach jeweils zugelassenen Verfahren. Fast immer beruht Erklären auf Vermutungen, z. B. gewöhnlich auf der, man dürfe das Resultat der Beobachtung bestimmter Gegenstände auf die Klasse dieser Gegenstände und auf die Zukunft übertragen; daher sind in der Regel Erklärungen selbst Vermutungen. Solche Vermutungen sind außerhalb der Wissenschaft etwas sehr Gewöhnliches, denn jeder legt sie täglich Entscheidungen zugrunde, die er zu treffen hat, wenn er weiterleben will. In der Philosophie und in den Wissenschaften verhält man sich der Sache nach nicht anders, hat aber eine Reihe von Methoden entwickelt, die direkt oder indirekt erweisen oder nahezu erweisen sollen, ob eine Vermutung zutreffend ist, das heißt, ob richtig geraten wurde. In der Regel erscheinen dort Erklärungen in der Form von Sätzen über Klassen von Gegenständen oder in der Form von Funktionen aus Sätzen über Klassen von Gegenständen. „Funktion“ bedeutet hier

nicht „Wahrheitswertfunktion“, sondern viel allgemeiner „Verbindung von Sätzen mit Hilfe sprachlicher Zeichen“. Funktionen in diesem weiten Sinn wären also auch Kausalerklärungen im Sinne der Scholastik oder Analogieerklärungen im Sinne der Homöopathie. Entsprechend allgemein wird hier der Ausdruck „Funktor“ verwendet. Die genannten Sätze oder Funktionen von Sätzen heißen im Folgenden „Thesen“ bzw. „Hypothesen“, und Vermutungen, aus denen sich Thesen bzw. Hypothesen ableiten lassen, die aber ihrerseits nicht mehr abgeleitet werden, heißen „Grundthesen“ bzw. „Theorien“. Ich führe beide Ausdruckspaare ein, weil vorerst noch eine Tendenz besteht, die schwierigen Terme „Hypothese“ und „Theorie“ für die sogenannten „exakten“ Wissenschaften zu reklamieren. Eine S-Welt und ihr Erklärungskontext kann aus mehr oder weniger voneinander unabhängigen Regionen bestehen, die jeweils über Thesen und Grundthesen verfügen. Solche Regionen können z. B. der Bereich der unmittelbaren Erfahrung und der Bereich der durch Spezialtheorien und Instrumente vermittelten Erfahrung oder der Bereich des natürlich Verfügbaren und der Bereich des Himmlischen sein.
Der genannte Gebrauch der Ausdrücke „Hypothese“ und „Theorie“ setzt voraus, daß man eine Anzahl strittiger Annahmen macht, die ich hier auf sich beruhen lasse. Ein Erklärungskontext umfaßt zunächst Theorien (Grundthesen), aus ihnen abgeleitete Hypothesen (Thesen), aus Hypothesen (Thesen) abgeleitete Aussagen über Gegenstände oder Klassen von Gegenständen und den Bereich der Dinge abgrenzende Wirklichkeitskriterien. „Erklären“ bedeutet unter dieser Voraussetzung: das Einordnen von Aussagen in den Erklärungskontext (z. B., wie bei Aristoteles, von Aussagen über Wachsen, Laufen und Erkalten in den Zusammenhang der Bewegungstheorie oder, wie bei Newton, von Aussagen über die Planetenbewegung, die Gezeiten und den freien Fall in den Zusammenhang der Gravitationstheorie). Nach diesen Bestimmungen treten schon unterschiedliche Möglichkeiten der Innovation an Erklärungskontexten in den Blick: man kann die Gültigkeit der Wirklichkeitskriterien oder die Angemessenheit von Aussagen über Gegenstände und Klassen bestreiten; man kann eine, mehrere oder alle Thesen verwerfen, weil sie angeblich auf unakzeptablen Vermutungen beruhen; man kann eine, mehrere oder alle Thesen durch neue und auf anderen Vermutungen beruhende ersetzen; man kann den Grundthesenkomplex ganz oder teilweise verwerfen oder ersetzen und einzelne Grundthesen in neue Beziehungen bringen; und man kann schließlich den Bestand an Thesen ganz oder teilweise beibehalten, ihn aber aus neuen Grundthesen ableiten, oder den bestehenden Grundthesenkomplex beibehalten, aber neue Thesen aus ihm ableiten.

Es gibt jedoch noch weitere Möglichkeiten der Innovation, denn in jedem Erklärungskontext sind aufgrund entsprechender Vermutungen bestimmte Satzfunktoren zugelassen und andere nicht; „Funktor" hat hier den oben angedeuteten sehr weiten Sinn, bezeichnet also nicht nur Wahrheitswertfunktoren, sondern sprachliche Zeichen in einem viel weiteren Umfang. Einen der verbreitetsten Funktoren suchte beispielsweise David Hume als theoretisch ungesichert zu erweisen, die sogenannten Kausalverbindung, die umgangssprachlich durch Wörter wie „dadurch, daß" ausgedrückt wird. Man beobachtet wiederholt das Folgen des durch „S" beschriebenen Sachverhalts auf den durch „T" beschriebenen und vermutet deshalb, daß zwischen ihnen eine kausale Verknüpfung besteht; das heißt, daß immer deshalb der durch „S" beschriebene Sachverhalt auf den durch „T" beschriebenen folgt, weil dieser ihn hervorbringt. Wird die Möglichkeit oder Erkennbarkeit dieses Hervorbringens bestritten, so erfährt der Erklärungskontext charakteristische Veränderungen. Es gibt daneben Regeln dafür, welchen Gegenständen man unter bestimmten Bedingungen Wirkungen zuschreiben darf; auch diese Regeln können sich ändern. Weil alle Angehörigen eines Stammes sehen, daß ihre Frauen auf den Ahnensteinen sitzen und später schwanger werden, behaupten sie, daß Ahnensteine Schwangerschaft bewirken. Der Coitus erfüllt bei ihnen die Funktion, den Feten ihren ersten Weg gangbar zu machen, und diese Theorie wirkt sich praktisch in Operationen zur Vergrößerung des Phallus aus. Wir selber akzeptieren bis auf die Ahnensteine ungefähr dieselben Fakten, verknüpfen sie aber auf eine einfachere Weise. Ein solches Beispiel wirkt zwar sonderbar; daß aber in der Wissenschaft und in der Philosophie Vergleichbares geschieht, kann man bereits vermuten, wenn man die heute konkurrierenden Verknüpfungen von Denken und Sprechen und von Betrübtsein und Weinen vergleicht.

Jede Bestreitung der Zulässigkeit bestimmter Funktoren oder der bestehenden Regeln für ihre Verwendung und jede Einführung neuer Funktoren oder neuer Regeln ist eine Veränderung des Erklärungskontextes und mittelbar eine Veränderung der S-Welt, und zwar nicht nur im Sinn des Stammesbeispiels. Denn indem ich beispielsweise Sätze durch einen Kausalfunktor verbinde, erkenne ich den durch sie bezeichneten Sachverhalten wirkliche Ursächlichkeit und Bewirktheit zu, gehe also davon aus, daß es in der Welt so etwas wie Kraft und Erleiden gibt. Solche Verhältnisse wie Kraft-Erleiden, die Sachverhalte verknüpfen, nenne ich „Verknüpfungsmuster für Sachverhalte"; sie werden im Erklärungskontext durch Satzfunktoren abgebildet.

Im Zusammenhang mit den Funktoren sind weitere Veränderungen möglich, denn bisweilen werden nicht nur die durch sie dargestellten Verknüpfungen, sondern auch die Sachverhalte, deren Ausdrücke sie erst verbinden sollen, einfach erraten, indem man nicht erst bei der Prognose, sondern schon innerhalb des Erklärungsverfahrens *missing links* postuliert. Wenn jemand einen Stein in einen dunklen Brunnenschacht geworfen hat, vermutet man, daß der Stein jetzt auf dem Grund des Brunnens ruht, und wenn jemand morgens den Zug nach Paris besteigt, vermutet man, daß er am Abend dort ist. Vergleichbares geschieht bei allgemeinen Sachverhalten. In solchen Fällen hat man festgestellt, daß etwas Bestimmtes der Fall ist, und vermutet aufgrund der angenommenen Verknüpfung, daß etwas Weiteres der Fall sein muß. Entsprechend ist man in der Philosophie, wo die Verknüpfungsmuster gewöhnlich durch Gesetze beschrieben werden, bei der Behauptung des ersten Bewegers, bei der Lehre von den Samgeistern und bei der Seelenlehre verfahren. Veränderungen treten aber ein, wenn das im Erklärungsverfahren erschlossene *missing link* für unzulässig erklärt wird, weil es mit einem neuen Wirklichkeitskriterium nicht vereinbar ist, oder wenn sich neue Verfahrensregeln durchsetzen. In der Wissenschaft gibt es vergleichbare Fälle; eins der berühmtesten Beispiele ist das Phlogiston.

Diese Art des Vermutens, die den traditionellen Schlüssen von der Ursache auf die Wirkung bzw. von der Wirkung auf die Ursache entspricht, ist bloß in Glücksfällen noch indirekt zu kontrollieren, wenn nicht nur einer der verknüpften Sachverhalte, sondern alle beide bloß vermutet statt festgestellt sind. Solche Erklärungen gibt es im täglichen Leben, aber auch in der Philosophie, wie die Lehre von den kosmischen Unterbewegern, die Unterscheidung zweier Intellekte und die Behauptung göttlicher Mitwirkungen zeigt. Diese folgernden Vermutungen, die nicht einmal zum Teil von Wahrgenommenem, sondern nur von Vermutetem unmittelbar veranlaßt sind, könnte man „folgernde Vermutungen höheren Grades" nennen; und die Kontrolle ihrer Richtigkeit wird in der Regel um so schwieriger, je höheren Grades sie sind. Das bedeutet aber nicht, daß man diese Art des Vermutens unterlassen sollte. Z. B. war der gegenwärtige Stand der Wissenschaft ohne sie überhaupt nicht zu erreichen. In Wissenschaften, von denen es heißt, sie seien „in Bewegung", verknüpft man heute noch auf diese Weise, z. B. bei den Vorentwürfen zu einer Elementarteilchen-Systematik, bei denen die Frage nach ihrer Erklärungs- und Prognoseleistung zunächst viel interessanter ist als die nach ihrer empirischen Entscheidbarkeit. Auf der anderen Seite unterwerfen solche Verfahren den Kontext mannigfacher Veränderung.

Es wäre wenig zweckmäßig, wenn man solchen Veränderungen mit Hilfe der Vorschrift entgehen wollte, man dürfe in der Wissenschaft und sogar in der Philosophie mit weder analytischen noch empirisch gesicherten Aussagen, also mit sogenannten „Spekulationen", nicht operieren. Nähme man eine solche Vorschrift ernst, dann überlieferte man den Erklärungskontext der Stagnation und hätte seine Stabilität mit dem Verlust seiner Leistungsfähigkeit bezahlt. Daß auch früher der Stand der Wissenschaft nicht selten mit Hilfe von Spekulationen erreicht worden ist, läßt sich mit zahlreichen Fällen aus der Wissenschaftsgeschichte illustrieren. In der ersten Hälfte des 17. Jahrhunderts galt z. B. in der Entwicklungslehre noch offiziell die aristotelische Theorie, nach welcher der Embryo aus dem Material des mütterlichen Blutes durch die formende Einwirkung des Samgeistes gebildet wird, der als Beauftragter der Seele des Vaters durch Ejakulation in den mütterlichen Organismus gelangt. Nun fand aber William Harvey die Ovarien und stellte Vermutungen an, die in die Richtung der heutigen Überzeugungen gingen. Sein Vorstoß blieb zunächst fast völlig unwirksam, weil er nicht in den Horizont des Publikums paßte. Statt dessen nahm die Öffentlichkeit zur Kenntnis, daß Descartes aufgrund von metaphysischen Vorentscheidungen die aristotelische These durch eine rein mechanische Entwicklungstheorie ersetzte, nach der die Ausbildung der Organe durch gesetzmäßige Druck- und Gegendruckprozesse in dem geschlossenen System der Fruchtblase erfolgt.

Diese Vermutung wurde bald durch Gegenreden unglaubwürdig gemacht, die weniger aus naturwissenschaftlichen als aus metaphysischen Argumenten bestanden. Mit dieser Publikumssituation koinzidierte jedoch eine empirische Entdeckung, deren Andenken sich heute mit Leeuwenhoeks Briefen an die *Royal Society* verbindet und die ohne die Vorbereitung des Publikums durch die genannten metaphysischen Diskussionen wahrscheinlich genauso wirkungslos geblieben wäre wie die Einsicht Harveys: die durch die neuentwikkelten Mikroskope ermöglichte Entdeckung der Spermatozoen, der Blutkörperchen und des Planktons. Sie gab den Philosophen einen empirischen Freibrief zur Forcierung der Präformationstheorie, nach der alle Nachfolgeorganismen als Spermatozoen bereits im Sperma des Erstorganismus enthalten sind und nur noch in den mütterlichen Organismus befördert werden müssen, um optimale Entfaltungsbedingungen zu finden. Diese Meinung wurde bald von führenden Köpfen des Kontinents vertreten, z. B. von Malebranche, Leibniz und Boerhaeve, und führte zu fundamentalen Veränderungen in der Metaphysik. Zugleich entstand eine neue Art von Spekulationen über Makroorganismen als Verbände von Mikroorganismen, die in der Metaphysik von

Spinoza und Leibniz eine eindrucksvolle Darstellung fand. Diese Umsetzung der mikroskopischen Befunde von Männern wie Swamerdam, Hooke, Malpighi und Leeuwenhoek in Metaphysik provozierte aber wiederum einen Boom der Mikroskopie, und dieser führte schließlich zur Wiederbelebung der alten harveyschen Meinung und ihrer Diskussion auf einem höheren empirischen Niveau. Sie findet ihren klassischen Ausdruck in Vallisnieris *«Historia Generationis»* und in Bourgets dritter *«Epistola Philosophica»*; Bourget versteht sich dabei durchaus als ein Mann, der sich mit leibnizscher Metaphysik auseinandersetzt. An vielen ähnlichen Beispielen zeigt es sich, daß Spekulationen für die Entwicklung der Wissenschaft sehr nützlich sind.

Es gibt sehr unterschiedliche und auch verschieden komplizierte Verfahren des Konstruierens von Aussagen, die man zur Vervollständigung von Aussagenfunktionen braucht, und des dadurch bedingten Postulierens und Einordnens hypothetischer Gegenstände, das so viel Fluktuation in die Welt und den Kontext bringt. Bei solchen Konstruktionen hat man sich an bestimmte Regeln der Verbindung von Gegenstandszeichen mit Eigenschaftszeichen und der Bildung von Relationen zu halten, in denen die Überzeugung zum Ausdruck kommt, daß in der S-Welt Gegenstände mit Eigenschaften und anderen Gegenständen so und nicht anders verknüpft sind. Auch bei diesen Regeln für die Verbindung von Gegenstands- und Eigenschaftszeichen und den von ihnen dargestellten realen Verknüpfungsmustern für Gegenstände und Eigenschaften sind mannigfache Veränderungen möglich. Diese und die Veränderungen von Satzfunktoren bzw. realen Verknüpfungsmustern für Sachverhalte genügen manchmal schon, um etwas zu bewirken, das wir „Umbruch" nennen. So bildet sich der Erklärungskontext aus Wirklichkeitskriterien, aus Sätzen über Beobachtetes und Vermutetes, aus Satzfunktoren und Satzfunktionen, die sich auf Thesen und Grundthesen zurückführen lassen. In ihm, der aus verschiedenen Regionen bestehen kann, werden Aussagen über festgestellte und hypothetische Fakten unter Hypothesen geordnet, die aus integrierenden Grundthesen abgeleitet sind. Fast jeder Schritt bei der Bildung eines Erklärungskontextes beruht auf Vermutungen, die bestreitbar sind; und deshalb unterliegen Erklärungskontexte mannigfaltigen Veränderungen. Jeder Erklärungskontext erscheint zunächst als eine bloße Anordnung von Aussagen hinsichtlich der S-Welt. In Wirklichkeit aber ist er viel mehr, wie schon das Postulieren von *missing links*, die man beim Erklären in die S-Welt hineinprojiziert, vermuten ließ. Zwar gibt die S-Welt unablässig zur Entwicklung und Modifizierung des Erklärungskontextes Anlaß und bringt ihn insofern hervor. Er selber aber gestaltet die S-Welt um und schafft sie ständig neu: hier gibt es eine unauflösliche Verquickung von Theorie und Realität. Funktoren von Sätzen, die der Erklärungskontext nur vermutend verbindet, gehen als reale Verknüpfungen, z. B. als Kräfte, in die S-Welt ein und werden dort erlebt: man zittert vor Poseidon, die Handauflegung durch den König heilt, und ein Placebo bringt uns Linderung.

Die vorgefundene S-Welt (die ihrerseits auf früheren Theorien beruht) bestimmt zunächst, was sich interpretieren läßt. Doch diese Interpretation verändert die S-Welt, bereichert sie um Dinge, Wesen, Kräfte, führt neue Funktionen ein und läßt frühere unwirklich werden. Der Gläubige lebt z. B. in einer Welt, die ebensosehr der Archetyp seiner Theologie wie konkret gewordene Theologie ist. Nicht nur Gebet und Zuspruch Gottes, sondern auch die speziellen Weisen göttlicher Präsenz und Hilfe sind darin so wirklich wie das Brot: die Theologie ist ein Abbild der Wirklichkeit des Gläubigen und erschafft sie zugleich. Dieses Beispiel mag obsolet erscheinen, es verhält sich aber mit der Welt des Szientisten nicht anders. Weil allerdings die vermuteten Verknüpfungen und hypothetischen Fakten, die der Erklärungskontext postuliert, zu praktisch relevanten Bestandteilen der S-Welt werden, muß eine allzu unbefangene Scheidung von Theorie und Realität vermieden werden. Die Frage nach der Wirklichkeit verlangt eine differenzierte Antwort.

III Das Wirkliche

Die S-Welt als der Bereich des Wirklichen oder Existenten besteht aus Dingen, Dingklassen, Eigenschaften und Relationen, die nach bestimmten Mustern zu Tatsachen verknüpft sind, welche ihrerseits nach zugelassenen Mustern in Verknüpfung stehen. Ich benutze hier nicht lediglich den Ausdruck „Faktum", bestimme also die Welt nicht als die Gesamtheit der Tatsachen. Bei der Erarbeitung eines Instrumentars zur Deskription philosophischer Veränderungen ist nämlich zu berücksichtigen, daß ein großer Teil des Streites in der Philosophiegeschichte die Frage betrifft, ob diesem oder jenem Gegenstand Existenz zukommt, z. B. dem Vakuum, Gott oder den Engeln (von denen eine berühmte Tübinger Klausur erklärte: *«Angelos non dat»*). Muster für die Verknüpfung von Gegenständen mit anderen Gegenständen und mit Eigenschaften sind beispielsweise Tätigkeit und Inhärenz, die man sprachlich mit Sätzen wie „Peter ißt" oder „Grün liegt der Ausdehnung pflanzlicher Substanzen auf" ausdrücken kann. Muster für die Verknüpfung von Tatsachen, denen im Erklärungskontext Satzfunktoren entsprechen, sind beispielsweise Sukzession und Kausalität, die man sprachlich mit Satzfunktionen wie „Nachdem S der Fall gewesen war, war T der Fall“ bzw. „Wenn S der Fall ist, wird auch T der Fall sein“ abbilden kann. Im Erklärungskontext werden Dinge, Dingklassen, Eigenschaften und Relationen durch Dingzeichen und Klassenzeichen abgebildet, Verknüpfungsmuster für Dinge und Eigenschaften durch grammatische Regeln für die Verbindung ihrer Zeichen, Tatsachen durch Sätze, Tatsachenverknüpfungsmuster durch Satzfunktoren und Tatsachenverknüpfungen durch Satzfunktionen. In einer Anzahl von S-Welten gibt es als oberste Gegenstände Fakten erzeugende oder ordnende Prinzipien wie Götter und Mächte.

In den beiden bisherigen Abschnitten wurden die Dinge und Fakten, aus denen die S-Welt besteht, einfach wie feste Größen eingeführt, die im Prinzip nicht problematisch sind. Aber offenbar verläuft die Grenze der Strittigkeit nicht nur zwischen Dingen und Fakten, die man beobachten kann, und hypothetischen Dingen und Fakten, die man lediglich als *missing links* konstruiert, weil eine Hypothese es erfordert, und die zunächst genau so bestreitbar sind wie die Angemessenheit dieser Hypothese (solche Dinge sind z. B. die vier Elemente, die Feuertiere, der Äther, die Atome, das Phlogiston, die Rassen und die Anti-Xi-Teilchen). Die Schwierigkeiten mit der Wirklichkeit gehen über solche Phänomene weit hinaus.

Erstens pflegt keine Übereinstimmung darüber zu herrschen, nach welchen Kriterien man Gegenständen, Sachverhalten und Verknüpfungsmustern Wirklichkeit zusprechen darf. Zwar gibt es Dinge und Tatsachen, auf deren Bestreitung niemand verfällt, doch sind bei fast allen gegensätzlichen Behauptungen in mehr oder weniger alltäglichen Auseinandersetzungen offensichtlich unterschiedliche Kriterien für Wirklichkeit im Spiel, denen für den Erklärungskontext unterschiedliche Wahrheitskriterien entsprechen. Das sieht man bei Behauptungen wie: „Homöopathische Hochpotenzen besitzen eine spezifische Wirksamkeit“, „Aggressivität beruht auf einer seelischen Erkrankung“, „Ziel der Geschichte ist die Verwirklichung der Demokratie“, „Engelverehrung ist ein unsinniges Verhalten“. Es gibt vertrauenswürdige Individuen oder Gruppen, die einigen dieser Urteile zustimmen, und andere, die sie verneinen würden. An ähnlichen Beispielen läßt sich zeigen, daß es unterschiedliche Wirklichkeitskriterien gibt, die bestimmte Individuen oder Gruppen zu bestimmten Zeiten akzeptieren, z. B. Offenbarung, Gewöhnung, Bezeugung durch Autoritäten, Kompatibilität mit einer rezipierten Theorie oder Beobachtbarkeit. Je nach der Anwendung eines oder mehrerer dieser Kriterien, die übrigens gewisse Unschärfen besitzen, werden ganz unter-

schiedliche Gegenstände als wirklich akzeptiert oder als nicht-wirklich verworfen.
Mit den Wirklichkeitskriterien, die implizit oder explizit im Erklärungskontext enthalten sind, werden zugleich die Kriterien für Nichtwirklichkeit und für Unmöglichkeit gegeben. Das bedeutet, daß für jede S-Welt von vornherein festgelegt ist, was man in ihr erwarten darf und was in ihr auf keinen Fall geschehen wird. Dies ist nicht trivial, denn man kann sich keineswegs immer alles denken. In der S-Welt der Israeliten und Christen konnte man sich ohne weiteres denken, daß Elias in einem feurigen Wagen zum Himmel fährt; in unserer S-Welt dagegen kann man es schwerlich. Um diesen Punkt zu illustrieren, skizziere ich in den folgenden Kapiteln den Übergang vom scholastischen Wirklichkeitskriterium der Bezeugung durch Autoritäten bei Nichtwiderspruch zur gewöhnlichen Erfahrung zum cartesianischen Kriterium der klaren und deutlichen Erkenntnis sowie den Übergang von diesem zum lockeschen der Beobachtbarkeit oder Reduzierbarkeit auf Beobachtung. Das lockesche Wirklichkeitskriterium entspricht noch keineswegs den Kriterien der heutigen Experimentalwissenschaften, die man inzwischen als selbstverständlich hinnimmt, obgleich sie erst in der neueren Geschichte entwickelt wurden und zunächst theoretisch nicht einleuchtender waren als andere. Sie erwiesen sich aber in einer Wissenschaft, deren Ziel nicht mehr die Schau, sondern die Beherrschung der Natur war, als erfolgreicher und kamen dadurch in den Geruch der Evidenz. Nur allgemein und beliebig oft nach festgelegten Verfahren beobachtbare Sachverhalte, durch solche überprüfbare theoretische Sätze und streng definierte Verbindungsregeln wurden nun noch zugelassen, so daß sich der Bereich des Diskutablen außerordentlich verkleinerte. Der Streit um Wissenschaftlichkeit bestand fortan hauptsächlich in dem Streit darüber, was „allgemein beobachtbar" und „überprüfbar" bedeutet und unter welchen Bedingungen man Verbindungen herstellen darf. Neben so radikalen Veränderungen der Wirklichkeitskriterien gibt es aber auch partielle, z. B. ein zeitweilig stärkeres Betonen des Autoritätskriteriums gegenüber dem Erfahrungskriterium und umgekehrt.
Die Entscheidung, ob etwas innerhalb einer S-Welt als existent zu akzeptieren ist, erfolgt prinzipiell aufgrund von Wirklichkeitskriterien, die Individuen entwickeln oder Gruppen akzeptieren. In einigen Epochen waren aufgrund solcher Regeln Zauberer und substantielle Formen genauso selbstverständlich als wirkliche Dinge akzeptiert wie heute Kopfschmerztabletten oder Automobile. Wirklichkeit ist ein wenig stabiles Phänomen. Z. B. galt es bis zu Galileis *„Discorsi"*, spätestens bis zu Pascals *«Pesanteur de la masse de*

l'air» von 1663 im Anschluß an eine Aussage Herons als Faktum, daß man Wasser beliebig hoch pumpen kann. Bei den Generationen, die auf Pascals *«Pesanteur de la masse de l'air»* gefolgt sind, galt es aufgrund einer neuen Konvention, nämlich der Abmachung, man habe sich bei Behauptungen über die Natur allein auf die Beobachtung zu stützen, im Gegensatz dazu als Faktum, daß man Wasser nicht beliebig hoch pumpen kann und daß die erreichbare Höhe der Wassersäule mit der absoluten Höhe des Versuchsortes variiert. Das Letztere kann man beliebigen Personen beliebig oft vor Augen führen, und es wird zur Zeit aufgrund seiner allgemeinen Beobachtbarkeit als Faktum akzeptiert. Ein solches Kriterium für die Wirklichkeit von Gegenständen und Sachverhalten empfiehlt sich (obgleich es in vielen Fällen unanwendbar ist) nicht allein dann, wenn die Prognose für die technische Entwicklung eine größere Bedeutung bekommen soll als das bloße Probieren, sondern auch, wenn sich in einer Gesellschaft zahlreiche Gleichgestellte verständigen müssen. Daß man Wasser beliebig hoch pumpen kann, wurde dagegen unter anderen Bedingungen als denen der Neuzeit als Faktum akzeptiert, weil es Heron und alle Autoritäten behaupteten, weil es den angenommenen Kontext nicht störte und weil es der alltäglichen Erfahrung nicht widersprach, denn in dieser kamen nur Pumpen vor, deren Wirkung unterhalb des kritischen Punktes lag. Es wäre sicher unzweckmäßig, nun schlechthin zu sagen, man habe Wasser im Westen bis 1663 beliebig hoch und seit 1663 nur bis zu einer begrenzten Höhe pumpen können, denn in Wirklichkeit *meinte* man bis 1663, man könne es beliebig hoch pumpen (und irrte sich dabei). Auf der anderen Seite lebte man in dieser Überzeugung und verhielt sich entsprechend; daß man es in Wirklichkeit nicht konnte, spielte praktisch gar keine Rolle. In Hinsicht auf die S-Wirklichkeit wird man also sagen können, daß Wasser bis 1663 beliebig hoch gepumpt werden konnte, denn Heron hatte es geschrieben. Dergleichen war auch als Kriterium der Wirklichkeit in einer Gesellschaft geeignet und hinreichend, der es weniger um die Beherrschung als um die Betrachtung der Welt zu tun war und in der zahlreiche Personen zu Entgegenkommen gegenüber den Wünschen einer kleinen Anzahl anderer Personen neigten, die untereinander mühelos einen materialen Consensus über Einzelfakten erreichen konnte.

Zweitens: Selbst wenn in der Frage der Wirklichkeitskriterien und damit in der Frage der Existenz von Dingen und Tatsachen Übereinstimmung bestände, gäbe es vermutlich auch weiterhin Faktenstreit, und zwar in Hinsicht auf die Beschaffenheit der Dinge und Tatsachen, deren Existenz man zugibt. Denn wir begnügen uns nicht damit zu registrieren, daß wir in einer bestimmten Situation in dieser bestimmten Abfolge etwa Blau, Warm, Fest, Mittelgroß und Glänzend empfinden, sondern selektieren, interpretieren und kombinieren solche Daten entsprechend unserem Vorverständnis und geben ihnen in unserer S-Welt und in unserem privaten oder sozialen Erklärungskontext einen Sinn, der im Bereich der darin zugelassenen Erwartungen bleibt. Das heißt jedoch, daß selbst die nach den neuzeitlichen Feststellungsverfahren beobachteten Fakten nicht einfach festgestellt, sondern in einem bestimmten Umfang auch konstruiert sind. Nicht nur, weil jede Beobachtung oder Experimentanordnung das Ergebnis und jede Fragestellung die Antwort prädisponiert, sondern schon, weil alle Sinnesdaten bereits im Augenblick der Perzeption von unseren Vermutungen und Erwartungen gestaltet, beschnitten, ergänzt und gleichsam durchtränkt werden. Sofern solche Erwartungen spezifisch geworden sind, weil sie sich als artfördernd erwiesen, beachte ich sie in diesem Zusammenhang nicht.

Das hier belangreiche Vorverständnis, das im wesentlichen von der Gruppe übermittelt (also zivilisationsbedingt) ist und im einzelnen durch persönliche Erfahrungen der Individuen modifiziert wird, ist geradezu ein Apriori unseres Wahrnehmens und Vorstellens, das nicht „vor aller Erfahrung" ist, sondern im Verlaufe vieler Erfahrungen empfangen, ausgebaut und umgebildet wird. Ein Apriori, das nicht transzendental und unveränderlich ist, sondern das Gruppen und Individuen sich erschaffen, das sie beständig modifizieren und dessen Wesen durch den Ausdruck „Vorurteil" mit seiner großen philosophischen Geschichte insofern unzutreffend abgebildet wird, als dessen Grammatik es erlaubt zu sagen, man habe alle Vorurteile abzulegen, während es nach den bisherigen Erfahrungen zum Wesen dieses historischen Aprioris gehört, daß man es nicht verlieren, sondern allenfalls gegen ein anderes austauschen kann. Durch seine unablässige Wirksamkeit erblicken wir zum Teil, „was ist", zum Teil, was wir erwarten. Erfahren wird allein, was in der S-Welt zugelassen ist (bis auf die wenigen Fälle, in denen Individuen zu Innovationen an ihrem historischen Apriori bereits vor dieser Erfahrung entschlossen sind). „Hinzuerfahren" wird in der Regel über das in der Wahrnehmung tatsächlich Gegebene hinaus noch einiges, das nach bestehenden Erwartungen mit dem Gegebenen verbunden zu sein hat.

Durch dieses Apriori bekommt Beobachtbarkeit als Kriterium des Wirklichseins ein gewisses Handicap; auch abgesehen davon ist der Befund, es gebe dieses oder jenes nicht, stets im Zusammenhang mit dem ihm zugrundeliegenden Erwartungsspielraum zu würdigen. Z. B. geht aus der traditionellen Behauptung der Cartesianer und Empiristen, es gebe in der Umgangssprache

und in den Interessentensprachen Wörter, denen kein Ding entspricht, zunächst nur soviel hervor, daß ihnen in einer cartesianischen oder empiristischen S-Welt aufgrund der darin zugelassenen Erwartungen kein Ding entsprechen kann. Der Ausdruck „Ablegung aller Vorurteile“ bezeichnet denn auch in der Regel bloß den Versuch, das bisherige Vorverständnis abzulegen, um das einer konkurrierenden Gruppe zu übernehmen. „Entwicklung des Bewußtseins für die tatsächlichen Verhältnisse“ bedeutet in der Regel nur, daß man beginnt, Sachverhalte aus einer konkurrierenden S-Welt als Fakten zu akzeptieren, die freilich in der Folgezeit auch den bisherigen Erklärungskontext zu sprengen pflegen. Wer es erreicht, daß der Prozeß der Ausbeutung ein Faktum wird, verändert in der Tat die Welt.
Unter diesen Voraussetzungen ist nicht verwunderlich, daß es in einer Epochenwende strittig werden kann, ob einer bestimmten Empfindung eine Ungenauigkeit der Linse oder ein Mond entspricht, dessen Existenz der herrschenden Jupitertheorie widerstreitet. Daß später Bert Brecht die entsprechende Szene als komische Episode einführt, ist auch nicht verwunderlich. Darüber hinaus kann man aufgrund des Vorverständnisses zwar zu denselben Schlüssen über die Existenz von Wirklichkeiten gelangen, aber dennoch im Grund verschiedene Dinge meinen. So konnten Gelehrte des 18. Jahrhunderts einstimmig die Überzeugung äußern, irgend jemand sei ein exemplarischer Mensch, und damit Verschiedenes meinen: der eine einen vitalen und durchseelten Organismus, der andere ein kompliziertes mechanisches System. Man gelangt zu erstaunlichen Katalogen, wenn man verzeichnet, was europäische Wissenschaftler in verschiedenen Epochen unter „Mond“ oder unter „Atlantik“ verstanden haben, und noch Gelehrte des 19. Jahrhunderts meinten sehr verschiedene Dinge, wenn sie z. B. den Ausdruck „Licht“ benutzten. Die Kontinuität der sprachlichen Zeichen verleitet uns zu Unrecht zu dem Glauben, auch die bezeichneten Sachen müßten über Epochen hinweg dieselben bleiben. Aber „Blut“ meint für heutige Hörer etwas anderes als sein Äquivalent für galenische Mediziner oder sizilianische Rächer, und „Schwefel“ meint für uns etwas anderes als *„sulphur“* für einen Alchemisten oder für einen mittelalterlichen Interpreten der Geschichte Lots. Was etwas ist, bestimmt der Erklärungskontext; verändert sich der Erklärungskontext, dann verändern sich auch die Dinge.
Drittens: In vielen Fällen besteht ein speziell außertheoretisches Interesse daran, daß etwas als Faktum oder als Nichtfaktum akzeptiert wird, und dieses Interesse kann den Bereich des Wirklichen wie auch den Erklärungskontext modifizieren (dies ist im Grunde eine Zuspitzung der Vorverständnis-

These). Ein Medizinmann wird die Behauptung, daß es keinen Zauber gibt, oder ein Balneologe die Behauptung, daß seine Therapie keine adäquate Heilwirkung hat, viel seltener mit dem Hinweis auf ihm dadurch entstehende Schäden als mit geeigneten Sachargumenten zu widerlegen suchen, die er gegebenenfalls theoretisch begründen muß. Behauptungen, die uns aus praktischen Gründen wichtig sind, versuchen wir notfalls dadurch theoretisch zu begründen, daß wir ihnen unseren bisherigen Erklärungskontext akkomodieren, selbst wenn er dadurch zur Erklärung anderer Fakten wieder ungeeignet wird. Dies ist der heute in seiner Tragweite vielleicht überschätzte ideologische Faktor, über den ich im Zusammenhang mit den Institutionen ausführlicher spreche. Daß zwischen Erkenntnistheorie, Metaphysik und Theologie auf der einen und politischer Form und gesellschaftlichen Interessen auf der anderen Seite enge Beziehungen bestehen, ist im Westen spätestens seit dem Arianismus der Literatur zu entnehmen. Doch läßt sich kaum generell entscheiden, welche von beiden Seiten im Einzelfall maßgeblich ist. Wer generell behauptet, Erkenntnistheorien, Metaphysiken und Theologien seien nichts anderes als Projektionen politischer und gesellschaftlicher Interessen, begibt sich in eine Position, die weder gute Argumente noch gute oder zahlreiche Erklärungen ermöglicht. Individuelle Systeme haben sichtlich ihr eigenes Leben, ihre eigene Genese und ihre eigenen Finalitäten und lassen sich nicht pauschal erklären.

Wegen der Verschiedenheit der Wirklichkeitskriterien, Erwartungen und Interessen von Individuen und Gruppen ist also „wirklich“ eine strittige Bestimmung, und deshalb empfiehlt es sich, die Dinge und Fakten in einer S-Welt im Unterschied zu den „Dingen als solchen“ und „Tatsachen als solchen“, über die man nicht streiten kann, weil man nicht über sie verfügt, mit einem Subjektivitätsindex zu versehen und sie als „Subjektivitätsindex-Wirklichkeiten“ oder (abgekürzt) als „S-Wirklichkeiten“ zu bezeichnen. Als „Subjekte“ gelten dabei sowohl Gruppen als auch Individuen. Für die Zweckmäßigkeit dieser oder einer vergleichbaren Nomenklatur lassen sich Argumente nennen, die schon im Zusammenhang mit „S-Welt“ Verwendung fanden. Es ist schwer zu entscheiden, ob a oder b ein wirkliches, in der realen Welt tatsächlich vorhandenes Ding ist. Es ist aber relativ leicht zu entscheiden, ob A oder B davon überzeugt sind, das so und so beschaffene a oder b sei ein Bestandteil der Welt, und ob sie daraus für ihr Verhalten Konsequenzen ziehen. Es ist möglich, daß sie sich dabei wie Don Quijote irren, das ändert aber nichts daran, daß sie sich entsprechend ihrer Überzeugung verhalten. Auch ist es möglich, daß ihnen später jemand ihren Irrtum nachweist, das ändert aber nichts daran, daß sie bis dahin der genannten Überzeugung waren und daß sie gegebenenfalls zu praktischen Konsequenzen führte. In diesem Kapitel kommt es nur darauf an, zu überlegen, welche Faktoren bei der Bestimmung von Erklärungskontexten und S-Welten im Spiel sind. Selbstverständlich sind dabei auch Faktoren im Spiel, die man mit einiger Wahrscheinlichkeit als Irrtümer bezeichnen darf, und das ist kaum verwunderlich, denn Irrtümer haben fast immer Konsequenzen.

Der Ausdruck „S-Wirklichkeit" bezeichnet also solche Dinge und Eigenschaften, Dingklassen, Muster zur Verknüpfung von Dingen und Eigenschaften, Tatsachen, Muster zur Verknüpfung von Tatsachen und Tatsachenverknüpfungen, die innerhalb einer S-Welt nach Maßgabe des Erklärungskontextes als wirklich gelten. Im einzelnen beispielsweise: Inhärenz, Kausalität, Ehrlosigkeit, Felsen, Häuser, Pflanzen, Götter, Nymphen, substantielle Formen, Zauberer, Krieger, Samgeister, Äther, himmlische Sphären und anästhesierende Injektionen. Der S-Welt mit ihren Regionen entspricht ein erklärender Kontext, der Aussagen über S-Wirklichkeiten und über Klassen von S-Wirklichkeiten durch Satzfunktoren einander zuordnet und dabei die S-Welt unablässig modifiziert. S-Wirklichkeiten können mehr oder weniger komplex sein. S-Tatsachen bestehen aus S-Dingen und S-Eigenschaften. Z. B. besteht die S-Tatsache, die durch den Satz „Pflanzen sind beseelte Wesen" bezeichnet wird, bei einem bestimmten Stand der Wissenschaft aus Feuer, Wasser, Luft, Erde und einer mit vegetativem Vermögen begabten Form. S-Wirklichkeiten sind an geschichtliche Situationen gebunden, sofern sie in bestimmten Epochen für wirklich gelten, in anderen aber als unwirklich verworfen werden. Die Gesellschaft, der wir angehören, hält heute von den soeben genannten S-Wirklichkeiten Felsen, Häuser, Pflanzen, Krieger und anästhesierende Injektionen für akzeptabel, während ihr im 16. Jahrhundert außerdem substantielle Formen, Zauberer, Samgeister, Äther und himmlische Sphären als akzeptabel galten, anästhesierende Injektionen noch keinen Teil der bekannten Welt ausmachten und Götter und Nymphen als funktionslos gewordene Konstrukte verworfen waren. Das Verknüpfungsmuster „Inhärenz", nach welchem Gegenstände und Eigenschaften vereinigt sind, wurde von Ockham teilweise, nämlich in Hinsicht auf die Quantität, und vom Cartesianismus gänzlich verworfen, und das Sachverhaltsverknüpfungsmuster „Kausalität" wurde im Laufe der Geschichte von zahlreichen Autoren mit großem öffentlichem Erfolg für nicht wirklich erklärt, wie ich später erwähnen werde. Auf der anderen Seite können Individuen und Gruppen in bestimmten Situationen Dinge als s-wirklich einführen, die es vorher in keiner

S-Welt gab, z. B. Impetus, Blas, Archäus, Entfremdung und Neutronen. Die Gesamtheit der Tatsachen bietet also mit den sie konstituierenden Kriterien für Innovationen verschiedener Art einen großen Spielraum.

Infolge solcher Innovationen existieren mehrere S-Welten neben- und nacheinander, und zwischen ihnen besteht gewöhnlich kein Konsens darüber, was „wirklich" heißen darf und welche Verknüpfungen zwischen gemeinsam akzeptierten Wirklichkeiten bestehen: teils wegen ihrer verschiedenen Wirklichkeitskriterien, teils wegen ihres unterschiedlichen Vorverständnisses (historischen Aprioris) und schließlich wegen der Vielfalt der beteiligten Interessen. Weil alle S-Welten aus mehr oder weniger unstabilen S-Wirklichkeiten bestehen, wird es vermutlich zu jedem Zeitpunkt konkurrierende S-Welten als Ergebnis unterschiedlicher Erfahrungssituationen und unterschiedlicher Erfahrungsinterpretationen geben. Keine S-Welt ist konstant, jede wird entsprechend den Bedingungen der Situation und des Vorverständnisses von Individuen oder Gruppen hervorgebracht und modifiziert. Sie kann in überschaubaren Fristen entstehen und vergehen und ist rapider qualitativer und quantitativer Wandlungen fähig.

Die S-Welten der Steinzeit und der Garamanten sind vergangen, die europäischen S-Welten des 16. Jahrhunderts waren gegenüber den früheren z. B. um die sogenannte Neue Welt vermehrt. In den S-Welten des späten 17. Jahrhunderts leisteten mechanische Kräfte, was in fast allen S-Welten des 16. Jahrhunderts noch die den Dingen innewohnenden Formen bewältigen mußten. S-Welten bestehen aus weitgehend ungesicherten S-Wirklichkeiten in weitgehend ungesicherten Verknüpfungen. Man kann die S-Welten der Zukunft möglicherweise zweckmäßiger gestalten als irgend eine S-Welt der Vergangenheit und Gegenwart, doch kommt man unter den geltenden anthropologischen Bedingungen nicht über S-Welten hinaus und hat dadurch (im Vergleich zur Realitätsblindheit) den beträchtlichen Vorteil, daß man, solange man sich an ihnen orientiert, nicht etwa blind, sondern blindflugartig in der Welt operiert.

IV Einschränkungen des Innovationsspielraums

Die Wahl der Wirklichkeitskriterien, die Bestimmung der S-Welt und die Verwendung bestimmter Erklärungsverfahren ist nicht ein Gegenstand der schrankenlosen Willkür. Die Annahme oder Verwerfung von Innovationen durch Gruppen und Gesellschaften kommt nicht rein zufällig und ohne Kriterien zustande. Schon deshalb nicht, weil es im Bereich von Erklärungskontext und S-Welt nirgends so etwas wie jungfräulichen Boden gibt. Vor jeder aus der Geschichte bekannten Innovation war immer schon eine S-Welt und ein Erklärungskontext vorhanden, mit denen sie notwendig in Konkurrenz zu treten hatte, und es gibt keinen Grund zu der Annahme, daß es in Zukunft anders sein wird. Nur bei ganz abstrakter Betrachtung steht es also im bloßen Ermessen der Individuen und Gruppen, für welche S-Wirklichkeiten und für welche Thesen und Theorien sie sich entscheiden wollen. In Wirklichkeit gibt es nur eine relativ geringe Spekulations- und Konventionsfreiheit, weil immer eine Anzahl einschränkender Bedingungen im Spiel ist. Obgleich ich einige davon, nämlich Sprache, Tradition, geschichtliche Situation und Stand der Institutionen, getrennt erwähne, ist es doch klar, daß eine solche Trennung auf theoretischer Willkür beruht. Denn Sprache ist das Produkt von Tradition und zugleich die Bedingung für Tradition. Geschichtliche Situationen sind vom Stand der Sprachen und Traditionen mitbestimmt, und zwischen Institutionen, Traditionen, geschichtlicher Situation und Sprache besteht eine unablässige Wechselwirkung. Deshalb sind Hypothesen über das Gewicht, die Abgrenzung und das Zusammenspiel der einzelnen Momente nur schwer zu begründen. Einfacher ist eine unvollständige Aufzählung vereinzelter Faktoren, die einerseits der Phantasie und Perzeption der Erfinder und andererseits der Annahmefähigkeit der Individuen, Gruppen und Gesellschaften, von denen die Diffusion einer Veränderung abhängt, bestimmte Grenzen setzen.

Ein solcher Faktor pflegt sicher die Sprache der Gruppe zu sein, die eine gegebene Erfahrungsbreite registriert und der Erklärungsphantasie durch ihre Verbindungsverfahren von vornherein bestimmte Wege nahelegt. Die heute bekanntesten Beispiele dafür sind die strukturelle Ähnlichkeit der griechischen Sprache mit der griechischen Philosophie und die Schwierigkeiten der Hegelrezeption im angelsächsischen Bereich. Im sprachlichen Zeichenarsenal übermittelt aber die Gruppe ihren Wissensstand. Diese Tradition, in der ihre bisherigen Erfahrungen und Erwartungen gespeichert sind, ist eine weitere einschränkende Bedingung des Konventions- und Spekulationsspielraums, und zwar in mehrfachem Sinn. Auf der einen Seite ist die Tradition ein Arsenal verschiedenster Prinzipien und Sachverhalte, das jedes Glied der Gruppe mit einem Fundus an Selbstverständlichkeiten versieht. Dies ist von praktischer Bedeutung, denn der Gang einer Argumentation ist weitgehend durch das bestimmt, was beide Partner als selbstverständlich ansehen, denn bei ihm entfällt die Mühsal einer Einigung, und es kann seinerseits zur Grundlage neuer Einigungen werden. Jede erfolgreiche Innovation darf aber als das Ergebnis einer Einigung angesehen werden, wobei es sich von selbst versteht, daß Einigungen auch mit anderen Mitteln als Argumenten herbeigeführt werden können. Solche Einigungen werden häufig mit Selbstverständlichkeiten aus dem jeweiligen Stand der Tradition theoretisch begründet, die manchmal in den Augen späterer Leser keine Selbstverständlichkeiten mehr sind und daher der Interpretation beträchtliche Schwierigkeiten bereiten können.

Auf der anderen Seite hat die Mißachtung solcher traditioneller Selbstverständlichkeiten durch eine Innovation mit Widerstand zu rechnen. Deshalb und weil sie aufgrund ihrer Einigungs- und Entlastungsfunktion sehr nützlich sind, erfahren sie nur in den wenigen Fällen intensive Kritik, in denen ein Individuum aufgrund einer neuen Erfahrung oder eines neuen theoretischen Ansatzes zu der Überzeugung kommt, daß sie überhaupt nicht selbstverständlich sind und daß von der Verkündigung dieser Tatsache etwas Wichtiges abhängt. Selbst dann noch bleibt die Tradition ein prägender Faktor, denn jede Negation ist Negation von etwas Bestimmtem, und jede Alternative ist Alternative zu etwas. Auch wenn ein Autor aus der Tradition hinauszuspringen meint, bleibt er mit ihr verbunden: er steht auf ihren Schultern, denn sie vermittelt ihm den Wissensstock, von dem er ausgeht, und er nimmt Stellung zu ihr, ob er sie ablehnt oder bejaht. Das Anti-System trägt immer Züge des Systems, das er negiert.

Eine weitere einschränkende Bedingung des Spekulations- und Konventionsspielraums ist die geschichtliche Situation, in der traditionelle und neue Faktoren zusammenspielen. Sie bestimmt, welche Fragen gestellt und beantwortet werden können. Für bestimmte Gruppen stehen zu gegebenen Zeiten bestimmte Rätsel, Wünsche, Entbehrungen und Aufgaben im Vordergrund, und die Auswahl der Grundthesen, Thesen und Fakten eines Erklärungskontextes und einer S-Welt orientiert sich nicht zuletzt an ihnen. Man wird im China des 11. Jahrhunderts keine Theorie zur Bestimmung des Verhältnisses von geistlicher und weltlicher Gewalt und in der mittelalterlichen Schulphilosophie keine Darlegung des Impulssatzes erwarten. Im übrigen gibt es Fragen, die in einer bestimmten Situation, abstrakt gesehen, sehr nahelägen, die aber niemand stellt, weil es angesichts zeitlich bestimmter Vorgegebenheiten als untunlich, frevelhaft oder gefährlich gelten müßte. So denkt die aristotelische Tradition trotz Aristarch geozentrisch, weil sie sich u. a. weigert, die Erdgeschwindigkeit zu akzeptieren, die eine Heliozentrik in Kauf nehmen müßte. Bestimmte spätcartesianische Autoren sind antiszientistisch, weil sie

das Eindringen in die Geheimnisse Gottes für frevelhaft halten. Auch werden in verschiedenen Epochen Probleme wie Atheismus oder Sterblichkeit nicht zu Ende diskutiert, weil sonst mit staatlichen oder religiösen Sanktionen zu rechnen wäre.
Auf der anderen Seite beschränkt die Situation nicht nur die Möglichkeit der Entwicklung veränderter S-Welten oder veränderter Erklärungskontexte, sondern auch die Fähigkeit der angesprochenen Gruppe, solche Veränderungen zu akzeptieren. Denn sie ist weitgehend an ihren Erwartungshorizont gebunden, und deshalb pflegen erfolgreiche Argumentationen für Veränderungen an S-Welt und Erklärungskontext auch weniger in einem abstrakten Sinne „sachbezogen" als auf das Verständnis der Adressaten bezogen zu sein. Dies impliziert u. a., daß sie dort aussetzen können, wo die Bereitschaft zur Akzeptierung durch Ablehnung oder Furcht gefährdet wäre. Daß solche Überlegungen für die spätere Interpretation von Autoren Konsequenzen haben, liegt auf der Hand: man ist geneigt, hinzuzukonstruieren, was der Autor in der gegebenen Situation nicht sagen mochte. Solche Rekonstruktionen tragen dazu bei, daß bestimmte Interpretationen überhaupt nicht mehr zu kontrollieren sind. Interpretationen jedoch, die auf solche Konjekturen ganz verzichten, gibt es m. W. nicht, und daß sich trotz der beachtlichen Kontrollschwierigkeiten kein Individuum und keine Gesellschaft bei Interpretationen des Rekonstruierens enthalten kann, ist leicht zu zeigen. Wer nicht mehr in dieser Weise interpretieren will, weil er nichts Unkontrollierbares sagen möchte, wird weder weiterargumentieren noch weiterexistieren können. Die Methode, dergleichen für die Praxis zu tolerieren, doch aus der Theorie entschieden zu verbannen, verrät, wenn sie prinzipiell und nicht pragmatisch betrieben wird, das Streben nach einer beinahe kultischen Reinheit des Denkens, die jede Theorie steril macht.
Ein für die Selektion unter Innovationen besonders wichtiges Element der Situation ist der Stand der Institutionen. Gewöhnlich akzeptieren Gruppen, was ihre Institutionen gestatten. Weil Institutionen innerhalb der akzeptierten S-Welten und Erklärungskontexte ihre Legitimierung finden, pflegen sie von deren Ablösung oder Veränderung tangiert zu werden und schränken daher schon tendenziell den Innovationsspielraum ein. Die kopernikanische These war beispielsweise an sich für Theologen nicht unakzeptabel, denn sie wurde z. B. zunächst an der päpstlichen Universität Salamanca gelehrt. Mit der Verurteilung Galileis durch die römische Inquisition, die zu der Überzeugung kam, daß der Kopernikanismus ein *factum dogmaticum* tangierte, war aber dessen Anerkennung für mehrere Generationen behindert. Ich erwähne

in den folgenden Kapiteln eine Reihe solcher Widerstände und versuche, wahrscheinlich zu machen, daß eine negative Institutionsentscheidung über Innovationen gewöhnlich weniger durch Emotionen als durch die Voraussicht bestimmter Gefährdungen des *Status quo* bedingt war, die aus den Folgen der Innovation hervorzugehen drohten und denen man aus einleuchtenden Gründen entrinnen wollte.
In diesem Zusammenhang stellt sich das Problem der Ideologien. Ich werde den Ausdruck „Ideologie" benutzen, wenn ein Erklärungskontext von einer Institution zur Legitimierung verwendet oder mitverwendet wird. Daß dies geschieht, ist unvermeidlich und verdient die heute übliche Verwunderung nicht, denn Menschen leben in Institutionen und sind zugleich intelligente Organismen. Aufgrund der Intelligenz ist aber die menschliche Weise zu leben nicht schon im vorhinein ganz festgelegt. Menschen haben prinzipiell die Wahl zwischen unterschiedlichen Institutionen, und daher kommt es zunächst, daß Institutionen miteinander konkurrieren. Sofern sie in dieser Konkurrenz überhaupt Argumente benutzen, müssen es solche sein, die den vorhandenen Erklärungskontexten entnommen sind, denn andere gibt es nicht. Die Institutionen legitimieren sich also mit Teilen vorhandener Erklärungskontexte. Dadurch identifizieren sie sich mit ihnen. Die betroffenen Teile der Erklärungskontexte bekommen so ein anderes Gewicht, als es bloße theoretische Aussagen hätten: bei der Entscheidung über sie spielen plötzlich noch andere Dinge eine Rolle als die im Erklärungskontext vorgesehenen Entscheidungsverfahren für Theorien. Es handelt sich hier um einen völlig normalen Vorgang. Ursprünglich vielleicht bloß theoretische Aussagen werden mit Pragmatik gefüllt und entwickeln sich zu wichtigen Faktoren bei der Konkurrenz der Institutionen. Ihre ursprüngliche theoretische Relevanz tritt demgegenüber manchmal völlig in den Hintergrund. Eine Institution, die sie legitimierende Teile des Erklärungskontextes verteidigt, verteidigt denn auch primär nicht eine Theorie, sondern sich selbst. Personen oder Institutionen, die legitimierende Teile eines Erklärungskontextes angreifen, greifen ebenfalls primär nicht Theorien an, sondern die durch diese Theorien legitimierte Institution. Erklärungskontexte oder Teile von Erklärungskontexten, die dadurch, daß Institutionen sich ihrer bemächtigen, eine zusätzliche (und manchmal dominierende) Pragmatik bekommen, die sie als bloße Theorien nicht hätten, bezeichne ich im Folgenden als „Ideologien".
Es scheint, daß man größere Abschnitte der Philosophiegeschichte nur unzureichend versteht, wenn man meint, es gehe in ihnen allein um Theorien, und übersieht, daß dort im Ideologienstreit eine spezielle Form des Institutionen-

konfliktes verwirklicht wird. Lehrreiche Beispiele bietet dafür die sogenannte scholastische Philosophie, die heute den Ruf hat, besonders praxisfern und versponnen zu sein. In Wirklichkeit dürften die scholastischen Philosophien aber praxisnäher als viele heutige Philosophien gewesen sein, weil in ihnen Konflikte zwischen Institutionen ausgetragen wurden. Das zeigt sich z. B. bei den großen Kontroversen zwischen Franziskanern und Dominikanern und später zwischen Jesuiten und Dominikanern. Den Rang der von ihnen vertretenen Philosophien erkennt man daran, daß ihre Dispute auch theoretisch bedeutend sind, obgleich sie zunächst dem Kampf der Institutionen zu dienen scheinen. Ähnliches gilt für fast alle großen Dispute bis hin ins 18. Jahrhundert: Institutionen haben sich mit bestimmten Theorien identifiziert, und dadurch wird deren Bestreitung zu einem Angriff auf diese Institutionen. Das erklärt extreme Formen scheinbar nur-wissenschaftlicher Auseinandersetzungen, deren Heftigkeit heute nicht mehr verstanden wird, obgleich sie selbstverständlich ist, wenn man sich klarmacht, daß da, wo vordergründig Gelehrte streiten, in Wirklichkeit Institutionen einander gegenübertreten.

Der sogenannte Liberalismus versucht seit dem Ende des 17. Jahrhunderts (v. a. mit Hilfe empiristischer Programme), die Erklärungskontexte aus ihrer Bindung an konkurrierende Institutionen zu lösen und ihnen an neutralen Spezialinstituten, die selber nicht im Konkurrenzkampf stehen sollen, einen Freiraum zu verschaffen. Die Theorie Betreibenden sollen keine politischen Rücksichten zu nehmen haben und vor den Repressalien von Institutionen geschützt sein, deren Interessen von ihren Thesen betroffen sind. Die Erstrebung solcher entpolitisierter Großasyle für Gelehrte hängt eng mit dem wissenschaftlichen Fortschritt der letzten 150 Jahre zusammen. Sie partizipieren jedoch an der Zweideutigkeit der Neutralisierungen und haben im übrigen in Rechnung zu stellen, daß über die Diffusion von Theorien in der Regel wieder Institutionen entscheiden. Dies pflegt erst seit den letzten Generationen Verwunderung zu erregen, erklärt aber beispielsweise Descartes' Interesse an der Pflege enger Beziehungen zu geistlichen Genossenschaften und Dynastien, Polignacs Interesse an etwas wie einem unierten Cartesianismus und Lockes Reserve gegen Argumente staatskirchlichen Interesses. Oft suchen S-Welten und Erklärungskontexte, die von herrschenden Institutionen abgelehnt sind, bei anderen Institutionen Rezeption, gegebenenfalls bei neuen. Sie sind dadurch gezwungen, bei diesen Institutionen für sich zu werben, und das verändert ihr Gesicht. Ein Beispiel ist die Übernahme des Cartesianismus, der zunächst als Philosophie für katholische Schulen gedacht war, durch den liberalen Flügel der niederländischen Reformierten. Gerade dieser Fall macht deutlich, daß Auseinandersetzungen, die auf den ersten Blick bloß theoretisch wirken, in Wirklichkeit spezielle Verfahren zur Austragung von Konflikten zwischen Institutionen sind. Solche Konflikte werden mißdeutet, wenn man sie mit idealtypischen Kategorien für heutige akademische Auseinandersetzungen zu interpretieren sucht. Es ist kein Zufall, daß Pierre Bayle einen Teil seiner Erkenntnisse durch Analysen des reformierten Cartesianismusstreits gewonnen hat.

Theoretische Auseinandersetzungen können also, wenn in ihnen Institutionen einander gegenübertreten, genauso genuine Formen des Institutionenkonfliktes sein wie gewaltsame oder prozessuale Auseinandersetzungen. Dieser Aspekt ist bei der Beurteilung fast aller mittelalterlichen und frühneuzeitlichen theoretischen Auseinandersetzungen von Bedeutung. Die Lockerung des prinzipiellen Engagements der großen Wissenschaftsrichtungen bei Institutionen, die sich mit ihnen identifizieren, erfolgt erst außerordentlich spät und scheint in Frankreich mit der Schicht, der die Parlementaires zu entstammen pflegten, und in England mit politischen Bestrebungen zusammenzuhängen, bei denen der Erste Lord Shaftesbury und sein Arzt John Locke eine Rolle spielten. Im Augenblick ist eine gegenläufige Bewegung eingetreten: die aus ihrem Engagement bei Institutionen mühsam gelöste und sich als „wertfrei" definierende Wissenschaft beginnt, sich dennoch als „engagierte Wissenschaft" zu verstehen, und gerät dadurch, ob sie will oder nicht, von neuem ins Kraftfeld der Institutionen. Über die Tragweite dieser Entwicklung kann man im Augenblick noch keine abschließenden Aussagen machen, doch einiges spricht dafür, daß sie epochal ist.

Vermutlich wäre es falsch zu sagen, daß bei ideologischen Auseinandersetzungen das theoretische Material nur einen Vorwand zur Konflikteröffnung liefert, der beliebig austauschbar ist. In der Regel sind vielmehr bestimmte Theorien von vornherein dazu disponiert, von bestimmten Institutionen übernommen zu werden. So scheint eine innere Affinität zwischen empiristischen Programmen und Institutionen des expandierenden Bürgertums oder zwischen Arianismus und Kaisertum bestanden zu haben. In einigen Fällen sind denn auch solche Behauptungen noch zu abstrakt, denn Institutionen haben nicht nur die selektive Funktion des Unterdrückens ihnen feindlicher oder des Übernehmens ihnen förderlicher Thesen. Vielmehr wird in bestimmten Fällen bereits der Inhalt einer Theorie von dem Verhältnis ihres Urhebers zu einer Institution ganz positiv bestimmt. Das ist nicht immer auf den ersten Blick zu sehen. Ich zeige es später bei Berkeley, Locke und Polignac.

In diesem Zusammenhang führe ich einen weiteren Terminus ein. Infolge ihrer Identifizierung mit S-Welten und Erklärungskontexten kennt jede Institution Prinzipien und Sachverhalte, die für sie unabdingbar sind. Diese bezeichne ich im folgenden mit dem angelsächsischen Ausdruck *„essentials"*, der sich im deutschen politischen Jargon der letzten Jahre als Name für solche Punkte durchgesetzt hat, über die man nicht zu verhandeln bereit ist. Solche Essentials werden in neuen Erklärungskontexten, ob man sie mag oder nicht, nach Möglichkeit respektiert und eingebaut, weil andernfalls Konflikte das Risiko erhöhen und die Annahmechancen vermindern. Daher gehen in neue Kontexte außer den traditionellen Kriterien, Termen, Thesen und Verbindungen, die sie ohnehin übernehmen, weil sie ihnen nach wie vor für selbstverständlich gelten, in Gestalt der institutionellen Essentials noch weitere ein und schaffen gelegentlich unvorhergesehene Situationen. So geschah es z. B. im Cartesianismus durch die Übernahme der traditionellen These von der Substantialität der Einzelseelen, die später zu den bekannten systematischen Schwierigkeiten führte. Solche übernommenen Essentials können komplizierte Verknüpfungen erforderlich machen, die ohne sie dem System erpart geblieben wären. Essentials sind zu bestimmten Zeiten z. B. Gottes Existenz, die Unsterblichkeit der Seele, die Kontinuität der Materie, das göttliche Recht der Könige, die nationale Größe, der Fortschritt, die Zentralität der Erde oder die Demokratie. Gelegentlich schreiben Institutionen zur Abschirmung ihrer Essentials bestimmte Sprachregeln vor, die ihrerseits auch wieder zu Essentials werden; ein Beispiel erwähne ich im Zusammenhang mit der Quantitätslehre Ockhams.

Eine weitere Einschränkung der Spekulations- und Konventionsfreiheit bringen die Erfordernisse der Systematisierung. Eine neue S-Welt hat den Eindruck der Homogenität und ein neuer Erklärungskontext den Eindruck der Konsistenz zu wecken. Dadurch entsteht ein Zwang zur Ausscheidung störender Fakten und Thesen. Die Unterschiede zwischen dem „frühen System" und dem „reifen System" eines Autors gehen häufig auf solche Reinigungen zurück. Nur für den Idealfall gilt jedoch, daß Grundthesen, aus denen sich möglichst zahlreiche Thesen ableiten lassen, S-Wirklichkeiten, die keine zusätzlichen Wirklichkeitskriterien und keine neuen Thesen erforderlich machen, und Thesen, die das vorhandene Gefüge nicht strapazieren und möglichst zahlreiche S-Wirklichkeiten erklären, bei Bildungs- und Anreicherungsprozessen den Vorzug finden. In Wirklichkeit gibt es demgegenüber stets eine Anzahl von Störfaktoren, z. B. überkommene Selbstverständlichkeiten oder Essentials, auf deren Bezweiflung der Autor nicht kommt oder sich nicht einläßt. Wie kompliziert ein System werden kann, wenn es auf solche Essentials Rücksicht nimmt, und wie einfach dasselbe System sein kann, wenn es auf diese Art von Rücksichtnahme verzichtet, zeigt sich eindrucksvoll bei einem Vergleich der Philosophien Descartes' und Spinozas. Daß andererseits der Grad systematischer Perfektion für die Diffusion einer Philosophie von untergeordneter Bedeutung sein kann, zeigt sich an diesem Beispiel ebenfalls. Solche Faktoren beschränken schon im vorhinein die Entwicklung und Akzeptierbarkeit von Innovationen. „Akzeptierung" war oben als „Erzielen eines Konsenses" beschrieben. Wenn diese Beschreibung stimmt, beruht jedoch die Übernahme einer Innovation durch eine Gruppe auf etwas wie Konvention — wobei es klar ist, daß Konventionen nicht auf argumentativer Einigung beruhen müssen. Selbst in dem eher bescheidenen Rahmen der Konventionsfreiheit, den die genannten Faktoren zugestehen, scheint aber schließlich der Erfolg und Fortbestand einer Konvention von etwas abzuhängen, das gänzlich unabhängig von Konventionen ist: von ihrer Bewährung an der Wirklichkeit. Dies ist der Punkt, an dem vermutlich der Konventionalismus durchbrochen wird. Man kann zwar innerhalb des skizzierten Spielraums zu neuen Konventionen darüber kommen, wie man die Wirklichkeit erfahren und interpretieren will, aber nicht darüber, wie sie ist. Manchmal verändert eine neue Konvention über das Erfahren und Interpretieren der Welt den Zustand der S-Welt in einer Weise, die das Verlassen dieser Konvention ratsam erscheinen läßt. Trotz solcher Schwierigkeiten kann man sich über neue Arten der Weltbetrachtung und Welterklärung verständigen. Aber ob es zweckmäßig ist, die Welt gerade so zu erfahren und zu erklären, ist von dieser Einigung ganz unabhängig. Auch Vorschläge, die bereits akzeptiert worden sind, unterliegen einer strengen Nachselektion, dem Prozeß von Bewährung oder Quasibewährung. Das erkenntnistheoretische Facit, das nach den bisherigen Erwägungen nahe läge, wäre also weniger eine „konventionalistische" Theorie als etwas, das man „negativen Realismus" nennen könnte, weil die vertrauenswürdigen allgemeinen Auskünfte über die Welt, die es erreichbar scheinen läßt, nicht dem Typ „Die Welt ist so und so", sondern dem Typ „Die Welt ist *nicht* so und so" entsprechen.

V Bewährung und Quasibewährung

Mit den Wirklichkeitskriterien, die der Erklärungskontext enthält, sind systemimmanente Kriterien für die Wahrheit von Sätzen und Satzsystemen gegeben. Diese Bestimmung der Wahrheit und Falschheit von Sätzen nach in bestimmten Erklärungskontexten festgelegten Verfahren hat aber die Eigentümlichkeit, revidierbar zu sein. Z. B. war der Satz „Quellwasser ist aufgrund der Elementenfeindschaft im Sommer kälter als im Winter“ innerhalb peripatetischer und der Satz „Motorische Nerven sind Rohre zum Transport tierlicher Geister“ innerhalb cartesianischer Kontexte aufgrund dort geltender Kriterien als wahrer Satz zu akzeptieren. Nach den Kriterien aller heutigen wissenschaftlichen Kontexte sind beide Sätze falsch. Umgekehrt ist in heutigen Kontexten ein Satz wie „Das Licht bewegt sich mit einer Geschwindigkeit von annähernd 300 000 km/sec“ nach den geltenden Kriterien als wahr zu akzeptieren, der in peripatetischen und cartesianischen Kontexten aufgrund des (inzwischen aufgegebenen) Gesetzes von der Instantaneität der Lichtausbreitung als falsch bezeichnet werden müßte. Sätze, die aufgrund der in einem bestimmten Erklärungskontext geltenden Kriterien als „wahr“ oder „falsch“ bezeichnet werden, nenne ich „s-wahre“ oder „s-falsche Sätze“. S-wahre Sätze haben die Eigenschaft, daß sie in anderen Systemen s-falsch sein können. S-falsche Sätze haben die Eigenschaft, daß sie in anderen Systemen s-wahr sein können. „Wahr“ und „falsch“ sind also bei s-wahren und s-falschen Sätzen revidierbare Bestimmungen. Die Revisionsinstanz bezeichne ich als „Bewährung“ oder „Quasibewährung“. Bewährungskriterien unterscheiden sich von Kriterien der S-Wahrheit. Diese werden bei der Systementwicklung im vorhinein festgelegt, sind also systemimmanent. Bewährungskriterien dagegen sind nicht systemimmanent, sondern unterwerfen Systeme und Systemelemente nachträglicher Kontrolle. Es scheint, daß sich durch solche Kontrollen gleichsam die Wirklichkeit gegenüber den S-Welten zur Geltung bringt. Der Grund für die Aufgabe von Systemen und Systemelementen liegt nämlich in der Regel nicht unmittelbar darin, daß man neue *will,* sondern meistens will man neue, weil man die alten nicht mehr halten kann. Durch dieses Nichtkönnen scheint die Wirklichkeit gleichsam ein negatives Urteil zu fällen.

Die Vorstellung systemtranszendenter Kriterien, die in bestimmten Systemen lebenden Intelligenzen zugänglich sein sollen, bietet außerordentliche theoretische Schwierigkeiten. Dennoch scheint man von dem Vorhandensein solcher Kriterien ausgehen zu müssen, denn anders ließe sich die Tatsache, daß gelegentlich Systeme aufgegeben werden, weil sie bestimmten Anforderungen nicht mehr genügen, praktisch kaum erklären. Welcher Art aber diese Kriterien sind, die am ehesten beim Scheitern von Systemen sichtbar werden, ist schwer zu sagen. Denn mit theoretischen und selbst mit empirischen Argumenten aus dem Erklärungskontext einer anderen S-Welt läßt sich die Wirklichkeitsentsprechung des Erklärungskontextes einer S-Welt zwar bestreiten, aber nicht widerlegen; es fehlt der gemeinsame Punkt. Auch wäre es falsch zu behaupten, ein akzeptables System von Aussagen über die Welt könne durch strenge Beschränkung auf die Feststellung von Erfahrungsdaten oder auf durch Erfahrungsdaten überprüfbare Thesen gewonnen werden. Wäre das der Fall, dann hätte man nur zu überprüfen, ob eine bestimmte Theorie sich wirklich an die Erfahrung gehalten hat. In Wirklichkeit kann man aber allein mit Hilfe von Theorien bestimmen, was als Erfahrung gelten soll, und bei der Gewinnung von Theorien sind andere Faktoren im Spiel. Empirische Wahrheit scheint also S-Wahrheit zu sein. Sofern es die Art von Erfahrung, die der klassische Empirismus intendierte, überhaupt gibt, spielt sie bei der *Entstehung* von Erklärungskontexten keine ausschlaggebende Rolle. Das sieht man daran, daß in der neueren Wissenschaftsgeschichte mehrfach erfolgreiche Erklärungskontexte akzeptiert worden sind, deren Hypothesen erst nach Generationen empirische Bestätigung fanden. Etwas der genannten Art von Erfahrung entfernt Vergleichbares spielt allenfalls bei der *Überprüfung* solcher Regionen von Erklärungskontexten eine Rolle, die man heute „Wissenschaft“ nennt, ist aber in anderen Bereichen nicht verwendbar. Wenn innerhalb der Wissenschaften eine aus praktischen Gründen als hinreichend vereinbarte Systemkontrolle durch Experimente oder durch ein *experimentum crucis* möglich ist, wird man allein aus Gründen der Kontinuität des Wortgebrauches von „Bewährung“ oder „Nichtbewährung“ sprechen können, doch dürfte diese Qualifikation von nur systemimmanenter Bedeutung sein. Nichtbewährung entsteht durch Falsifikation in dem genannten eingeschränkten Sinn. Sofern sie auch in diesem eingeschränkten Sinn nicht möglich ist, verfügt man freilich immer noch über mehr oder weniger vertrauenswürdige Indizien dafür, daß eine im Erklärungskontext vorgeschlagene Beschreibung und Verknüpfung von S-Fakten den wirklichen Fakten und ihrer Verknüpfung besser entspricht als eine konkurrierende. Sofern ein Erklärungskontext solche Indizien bietet oder nicht bietet, kann man von „Quasibewährung“ oder „Quasinichtbewährung“ sprechen.

Kriterien der Quasibewährung sind Kriterien, aufgrund derer angesichts des Fehlens systemunabhängiger empirischer Entscheidbarkeit Erklärungskontexte dennoch akzeptiert oder verworfen werden. Ein wichtiges Kriterium dieser Art heißt heute „Fruchtbarkeit“; es spielt in der *Research-program*-Theorie die wichtigste Rolle. Man kann einen Grundthesenkomplex für fruchtbarer als einen anderen erklären, wenn er zur Bildung einer größeren

Anzahl erklärender Hypothesen oder eines besonders leistungsfähigen neuen Erklärungsansatzes anregt. Eine Hypothese kann fruchtbarer als eine andere heißen, wenn sie mehr oder überlegene Erklärungen oder Prognosen ermöglicht oder verspricht. Dieses Kriterium scheint im Laufe der Geschichte bei der Entscheidung über Annahme oder Ablehnung von Erklärungskontexten in der Tat von Bedeutung gewesen zu sein: man hat gewisse Erklärungskontexte schon auf das Versprechen solcher Fruchtbarkeit hin akzeptiert. Konnte später dieses Versprechen nicht eingelöst werden, dann kam es zur Revision der Akzeptionsentscheidung, wie das Beispiel des Cartesianismus zeigt. Daneben gibt es aber in der Geschichte Beispiele dafür, daß Erklärungskontexte akzeptiert worden sind, obgleich sie weniger fruchtbar als konkurrierende waren. Bisweilen war man nämlich gern bereit, auf bessere Erklärungen und bessere Prognosen zu verzichten, solange man den Folgen entging, die bei der Übernahme der dazu erforderlichen Thesen und Kriterien drohten. Man kann durchaus der Meinung sein, das Quasibewährungskriterium „Fruchtbarkeit" sei bei der Selektion von Erklärungskontexten der angemessenste Maßstab und habe deshalb bei zukünftigen Selektionen den Ausschlag zu geben. Man wird aber nicht behaupten können, daß es in der bisherigen Wissenschaftsentwicklung in der Regel den Ausschlag gegeben hat. Hier müssen noch andere Kriterien im Spiel gewesen sein. Vermutlich war eins der wichtigsten die Abwägung der Nebenfolgen.

Meinungen und Überzeugungen haben praktische Konsequenzen, von denen man gewöhnlich nur einen kleinen Teil vorhersieht. Die Neuerer pflegen Argumente dafür zu nennen, daß die absehbaren Konsequenzen unbeachtlich, unvermeidlich, erträglich oder selbst wünschenswert sind. Die Angesprochenen aber haben selbst zu entscheiden, ob sie ihnen tragbar scheinen oder nicht. Die Schulphilosophie lehnte die korpuskularen Physiken und Polignac den Newtonianismus ab. Beide erlaubten zwar überlegene Erklärungen und Prognosen, doch drohten aus ihnen Konsequenzen für die politische, religiöse und moralische Praxis hervorzugehen, deren Vermeidung den Verzicht auf bessere Erklärungen zu rechtfertigen schien. Es ist inzwischen üblich geworden, ein solches Verhalten als nicht diskutabel anzusehen. In der Tat kollidiert es mit fundamentalen Postulaten der Wissenschaftspraxis der letzten Generationen. Die Erwünschtheit oder Unerwünschtheit der absehbaren Folgen einer Innovation hat aber in den meisten Epochen als ein Kriterium für ihre Durchsetzbarkeit oder Chancenlosigkeit gegolten. Man hat es in den vergangenen Generationen nicht mehr oft bemüht, und die Fähigkeit zur Abschätzung von Implikationen wurde angesichts der Bereitschaft

zu emotionalen Bewertungen zurückgebildet. Immerhin sind unvorhergesehene Implikationen gefährlicher als vorhergesehene, und die Erweiterung der Fähigkeit zur Voraussicht der theoretischen und praktischen Folgen theoretischer und praktischer Veränderungen und zur Entwicklung akzeptabler Alternativen, die den erwünschten Effekt ohne absehbare Nebenfolgen ermöglichen, dürfte zu den Zielen gehören, die man in den kommenden Jahren wieder anzusteuern hat. Denn zahlreiche Innovationen an S-Welt und Erklärungskontext sind konsistent und nicht empirisch widerlegbar, zeitigen aber Folgen, hinsichtlich derer man zu fragen hat, ob man sie will.
Heute sprechen einige Gründe dafür, dies als Kriterium für die Durchsetzbarkeit oder Chancenlosigkeit von Erklärungskontexten ausdrücklich wieder zuzulassen. Denn wenn es weniger von „der Welt" als von den Individuen und Gruppen abhängt, wie sich ihnen die Wirklichkeit darstellt, in der sie leben, und wenn ihre Welt weniger über sie verhängt als von ihnen entworfen ist, wird durch die Auslösung der Folgen von Innovationen im Bereich der S-Welten und Erklärungskontexte unablässig eine Art von Praxis betrieben, für die es im Augenblick weder Regeln noch Rechenschaft gibt. Die Untersuchung dieser Praxis setzt die Entdeckung und Klassifizierung ihrer Regeln, Bedingungen und Folgen voraus. Auf diesem Wege ließe sich nach der Untersuchung der Erklärungs- und Prognosefruchtbarkeit einer Innovation ein zweites Kriterium für die Entscheidung über ihre Quasibewährung oder Quasinichtbewährung wiedergewinnen. Dieses Kriterium hat in den letzten Jahren wieder eine stärkere Beachtung gefunden.
Zu den Möglichkeiten, die Quasibewährung oder Quasinichtbewährung von Innovationen festzustellen, gehörte in der Vergangenheit drittens eine Art von „Erfahrung", die auf den ersten Blick erfassen kann, ob ein Vorschlag zur Änderung der S-Welt oder des Erklärungskontextes praktikabel ist oder nicht — so wie ein erfahrener Jurist auf den ersten Blick erfassen kann, ob ein geplanter Vertrag funktionieren wird oder nicht. Diese Art von „Erfahrung" berücksichtigte die Konsistenz des Vorschlags, die Ausgangsbedingungen, die zu erwartenden Widerstände und die zu befürchtenden Komplikationen. Sie war ihrer Natur nach von konservativer Tendenz, denn sie übte Innovationskritik. Dieses Kriterium der Quasibewährung war noch weniger kontrollierbar als die vorher genannten, denn es setzte einen nicht beliebig zu vergesellschaftenden Informationsvorsprung und damit Autorität voraus. Doch scheint es eine beachtliche Rolle gespielt zu haben. Weil Außenstehende über diese Art der Erfahrung nicht verfügten und daher über Aussagen, die sich auf sie beriefen, nicht entscheiden konnten, führte deren Annahme gege-

benenfalls zur Unterbindung auch chancenreicher Innovationsversuche, und diese Begleiterscheinung konnte so nachteilig sein wie die Meinung, eine mäßige und nicht genügend durchdachte Innovation sei besser als keine.
Während dieses dritte Kriterium für Quasibewährung und Quasinichtbewährung die Eigenschaft besaß, daß man um seinetwillen dem Urteil ausgezeichneter Individuen mehr oder weniger schlicht Vertrauen schenken mußte, stützte sich das vierte gleichsam auf die Kollektiverfahrung aller Menschen. Von dieser kann man, wie man inzwischen überzeugt ist, nie zwingend behaupten, sie repräsentiere den endgültigen Stand der Sache, weil der Mensch geschichtlich variabel ist. Doch folgt daraus nicht die Unbrauchbarkeit dieses Kriteriums, vielmehr gibt es Anhaltspunkte für seine *ad hoc*-Verläßlichkeit, z. B. den, daß bislang keine schlagartige Veränderung der Species beobachtet werden konnte und daß sogar das rapide Durchschlagen von Mutationen in einer Population ein zeitlich wohlüberschaubarer Vorgang sein müßte. Dieses vierte Kriterium kam in der Vergangenheit v. a. bei der Ablehnung von S-Welt- und Erklärungskontextentwürfen aufgrund von *condition humaine*-Argumenten zum Zuge. Bei solchen Argumenten befand man sich in der typischen Quasibewährungssituation, denn Allaussagen über die *condition humaine* sind weder analytisch noch empirisch entscheidbar. Für sie spricht lediglich die Assenswürdigkeit der Übereinstimmung fast aller westlichen Philosophien.
Fast alle westlichen Philosophien der Vergangenheit haben die Überzeugung vertreten, daß der Mensch nach seiner Natur ein geistig schwaches, gefährdetes, leidendes und ohnmächtiges Wesen ist. Dies war nicht bloß eine Zwangsvorstellung der Sklavenreligion, sondern ein Grundmotiv des griechischen, jüdischen, islamischen und lateinischen Denkens, das in immer neuen Versionen erschien und gerade nicht auf Denker einer Klasse fixiert blieb. Es findet sich bei Platon als „Nichtwissen“, bei Augustinus als *„natura lapsa“*, bei Thomas als *„secundum modum nostrum“*, bei Geulincx als *„condicio humana“*, bei Pascal als *«misère de l'homme»*, bei Leibniz als *«être borné»*, bei Hume als *„not for human creature“*. Die Behauptung, mit solchen Sachverhalten habe man zu rechnen, war weder empirisch streng zu überprüfen noch a priori zwingend zu begründen. Sie beruhte auf bloßem *skill* aus achtzig Generationen Erfahrung mit dem Menschen und konnte deshalb allein zur Quasibewährung dienen.
Die erste Implikation dieser Behauptung ist die Begrenztheit des menschlichen Wissens. Die *condition humaine*-Tradition versteht sie nicht als etwas durch bewußte oder unbewußte gesellschaftliche Einflüsse Erworbenes, sondern als

einen konstituionellen Defekt des Menschen, der jeder Gesellung und Herrschaft schon vorausliegt. In der Tat zeigt die schlichte Erfahrung, daß wir über sehr wichtige Sachverhalte kein überprüfbares materiales Wissen besitzen. Ob dieser Punkt als Kriterium für die Annahme von Erklärungskontexten auch heute noch in Frage kommen könnte, ist umstritten. Bei einer erneuten Übernahme der These von der *condition humaine* als Selektionskriterium müßten in vielen Fällen Behauptungen, wonach diese oder jene Innovation an S-Welt und Erklärungskontext erforderlich ist, zurückgenommen werden. Z. B. wird immer häufiger die Ansicht geäußert, man dürfe in Zukunft keine Verhaltensregeln mehr akzeptieren, deren Zweckmäßigkeit man nicht unmittelbar einsehen kann. Aus der traditionellen These von der Begrenztheit des menschlichen Wissens folgt dagegen, daß Menschen in komplexen Situationen sehr oft gezwungen sind, Verhaltensregeln zu befolgen, bloß weil sie funktionieren, auch wenn ihre besondere Zweckmäßigkeit nicht unmittelbar eingesehen werden kann. Ferner wird seit dem 19. Jahrhundert immer häufiger die Meinung vertreten, man könne zu befriedigenden Verhältnissen erst durch totale Veränderung alles Bestehenden gelangen. Aus der These von der *condition humaine* müßte demgegenüber folgen, daß aufgrund der prinzipiellen Unsicherheit der Beurteilung so komplexer Objekte wie Gruppen von menschlichen Organismen bei gesellschaftlichen Veränderungen aus Sicherheitsgründen begrenzte Strategien totalen Strategien vorzuziehen sind. Dieses Kriterium der Quasibewährung, das früher bei der Entscheidung über Innovationen eine wichtige Rolle spielte, hat sich jedenfalls bis heute noch nicht wieder durchsetzen können, doch wäre es möglich, daß es angesichts des Mangels an Quasibewährungskriterien eines Tages erneut in den Vordergrund tritt.

Die zweite Implikation der *condition-humaine*-These besagte, daß menschliches Glück prinzipiell begrenzt ist. Auch dieses Kriterium hat sich nicht bis heute durchsetzen können, doch sprechen für es nicht nur traditionelle, sondern ebenfalls zeitgenössische Argumente. Es ist z. B. nicht anzunehmen, daß ein so komplizierter und überforderter Organismus wie der Mensch defektfrei immer weiter funktionieren kann, zumal sein Tod absehbar ist, und daß er darüber hinaus bei seiner Interaktion mit eben so leicht versagenden Organismen vor Frustrationen oder Neurosen bewahrt bleiben könnte. Auch ist nicht anzunehmen, daß ein so speziell aggressiver Organismus wie der Mensch ohne Absicherung in Gruppen leben kann. Innovationen, die davon absahen, pflegten früher, weil diese Implikation der *condition-humaine*-Theorie als Quasibewährungskriterium in Geltung stand, verworfen zu werden. Dasselbe geschah mit Vorschlägen, die keine völlige Beseitigung, sondern nur die Minimierung der genannten Unzuträglichkeiten erstrebten, sobald das Maß der Minimierung auffällig hoch angesetzt wurde; ferner mit dem Bestehen auf hochwirksamen Gegenmaßnahmen. Denn wenn die Begrenztheit des menschlichen Glücks schon aus der Konstruktion des Menschen und nicht erst akzidentell aus den Verhältnissen folgte, konnte man nicht bestimmte Individuen oder Gruppen für sie verantwortlich machen, auch konnte man sie nicht durch Veränderungen der Gesellschaft, sondern allenfalls durch die Vernichtung des Menschen aus der Welt bekommen. Man konnte sie unter ein gewisses Maß von Kontrolle bringen, und das galt als wünschenswert, doch brachte es keine radikale Änderung, z. B. hob es den Tod nicht auf. Die prinzipielle Frage konnte also nicht lauten: „Wie werden Menschen glücklich durch die Erlösung von Frustration und Repression", sondern: „Wie werden Menschen glücklich trotz der Voraussetzung von Frustration und Repression?". Dem Wiederaufleben dieses Kriteriums dürften sich heute gewisse Schwierigkeiten entgegenstellen, denn es hätte unabsehbare praktische Folgen. Z. B. zwänge es dazu, S-Welten und Erklärungskontexte, die einer Gesellschaft totales Glück und volle Leidlosigkeit oder erstaunliche Annäherungen daran in Aussicht stellen, für chancenlos zu erklären. Damit entfiele aber eine wichtige Motivation des unendlichen Innovationsprogresses.

Die dritte praktische Implikation der Lehre von der Situation des Menschen war die Begrenztheit des menschlichen Könnens. Das Wichtigste war dabei vermutlich nicht, daß menschliche Projekte bisweilen die Eigenschaft haben, von Plänen abzuweichen und der Kontrolle zu entgleiten, sondern daß bei jeder Verwirklichung auch Nebenfolgen eintreten, die man einerseits nicht wünschen und andererseits nicht vermeiden kann. Die Umgangssprache erklärte dazu, es habe alles seinen Preis, doch wirkte die Angemessenheit des Preises manchmal fraglich, besonders, wenn ihn ein anderer als der Käufer zahlen mußte. Eine solche Situation bezeichnete in Religion und Dichtung der Ausdruck „Schuldigwerden". Nun sprach nicht Weniges dafür, daß dieses Phänomen in vielen Fällen, jedoch nicht prinzipiell vermeidbar war, und daß nicht selten Sachzwang vorlag von der Art: was A bekommt, wird B genommen; B kann gewinnen, wenn A verliert. Die Annahme eines solchen Sachzwangs begünstigte Verantwortungsflucht, doch gab es dagegen Sicherungen. Wenn man ihn prinzipiell akzeptierte, erlangte man den Vorteil, vorgesehene Maßnahmen gegen Gruppen und Individuen noch einer zusätzlichen Kontrolle zu unterwerfen: zwar behielt man nur das Recht zum Einschreiten gegen nachweislich vermeidbare Nebenfolgen, vergrößerte aber dadurch die Chance wirksamen Handelns. S-Welt-Entwürfe und Erklärungskontexte, die einen Gruppen- oder Gesellschaftszustand ohne Beeinträchtigung individueller Sphären und ohne Verzichte und Versagungen in Aussicht stellten, konnten aufgrund dieses heute nicht akzeptierten Kriteriums der Quasibewährung kein Vertrauen beanspruchen. Auch im Augenblick sprechen übrigens gewisse Argumente dagegen, daß sie sich bewähren können, z. B. die Regeln der offenbar sehr wichtige Aspekte der Realität erfassenden Spieltheorie.

Wie immer die Kriterien der Quasibewährung im einzelnen aussehen mögen – es bestehen, sofern die streng empirische Bewährung oder Nichtbewährung geplanter Innovationen entfällt, vermutlich gewisse Möglichkeiten nicht streng empirischer Systemkontrolle. Von diesen ist im Augenblick der Gesichtspunkt der Erklärungs- und Prognosefruchtbarkeit praktisch akzeptiert, und der Gesichtspunkt der Erträglichkeit oder Erwünschtheit der Nebenfolgen dürfte von einer Akzeptierung nicht mehr weit entfernt sein. Die Beurteilung eines Innovationsvorschlages anhand von „Grunderfahrungen" aller Menschen und seine Beurteilung durch Individuen mit einem besonderen Informationsvorsprung hat in der Vergangenheit bei Selektionen eine wichtige Rolle gespielt. Ob sie sich in Zukunft als Kriterium der Quasibewährung wieder durchsetzen kann, dürfte strittig sein, obgleich dies einige Vorteile böte. Wie immer aber Kriterien der Quasibewährung beschaffen sein mögen – sie entsprechen weder dem menschlichen Bedürfnis nach Kontrolle noch den Sicherheitsforderungen heutiger Erfahrungswissenschaften. Dennoch erbringen sie häufig die einzigen Informationen, die man der Entscheidung über Bejahung oder Verwerfung von Innovationen zugrunde legen kann. Rationales Verhalten ist auch gegenüber Nichtentscheidbarem möglich. Sobald man dieses aus dem Bereich des rational Diskutierbaren ausschließt, überantwortet man dem Irrationalismus ein großes Terrain. Das wäre eine gefährliche Nebenfolge der Utopie radikaler theoretischer Reinheit.

Bewährungs- und Quasibewährungskriterien sind solche, nach denen sich das abschließende Urteil über einen Erklärungskontext und damit über den Fortbestand oder Untergang seiner S-Welt richtet. Während die Wirklichkeitskriterien im vorhinein (d. h. im Rahmen des theoretischen Erklärungsangebotes) festlegen, was innerhalb der S-Welt als wirklich gelten darf, begründen die Bewährungskriterien im nachhinein das letzte Wort über die Wirklichkeitskriterien und die übrigen Elemente des Erklärungskontextes. Im Falle der Nichtbewährung werden größere oder geringere, d. h. revolutionierende oder bloß korrigierende, Innovationen erforderlich, die Schwierigkeiten in der Regel dadurch beheben, daß sie neue hervorrufen. Diesen Prozeß bezeichnet man seit mehreren Generationen mit dem Ausdruck „Fortschritt“.

VI Über den Verlauf von Innovationen

Ob es umfassende und wissenschaftlich feststellbare Gesetze für den Verlauf von Innovationen gibt, ist sehr umstritten. Wenn es sie gäbe, dann ließe sich etwas wie ein „dynamisches System“ der Philosophieentwicklung erarbeiten. Vermutlich ist aber aufgrund der Komplexheit der beteiligten Faktoren ein bis in die Details gesichertes System dieser Art nicht herzustellen. In der Regel sind, soweit ich sehe, folgenreiche theoretische Innovationen nicht einer kapriziösen Freude am Verändern, sondern sachlicher Nötigung entsprungen. Sie versuchten, mit neu entstandenen Schwierigkeiten fertig zu werden, zu deren Bewältigung sich die vorhandenen Mittel als unzureichend erwiesen. Die Komplikationen jedoch, die die Nebenfolgen solcher Veränderungen hervorzurufen pflegten, erzwangen schon bald wieder neue Innovationen mit neuen Nebenfolgen. Gewöhnlich scheint die Tendenz zu bestehen, diese Nebenfolgen mit möglichst unaufwendigen Maßnahmen zu beseitigen. Gegen radikale Sanierungen wie beispielsweise die cartesische erheben sich so viele Widerstände, daß ihr Erfolg beinahe ihre Notwendigkeit beweist.
Man kann zunächst von der bloßen Feststellung ausgehen, daß S-Welten und Erklärungskontexte, aus welchen Gründen auch immer, mannigfachen Veränderungen unterliegen. Bei der Beschreibung solcher Veränderungen sind die allgemeinen Bedingungen, die sie ermöglichen, erleichtern oder provozieren, von den privaten Motiven des innovierenden Subjekts zu unterscheiden. Über diese kann man in der Regel, selbst wenn es darüber persönliche Aussagen gibt, nur Vermutungen äußern, die besonders anfechtbar und von einem bestimmten historischen Niveau an nicht mehr zu widerlegen sind. Wenn jemand in seinen Memoiren Gründe angibt, die ihn zu einer früheren politischen Entscheidung bewogen haben, ist dadurch für Historiker das letzte Wort nicht gesprochen. Wenn Descartes im „*Discours*“ gleichsam die offizielle Version seiner Entwicklung gibt, läßt er zahlreiche Fragen offen und provoziert außerdem die neue Frage nach der Angemessenheit dieser Version. Doch kann auch über Vermutungen, die solche Privatmotivationen betreffen, zumindest indirekt anhand ihrer Implikationen, ihrer Berücksichti-

gung der Ausgangsbedingungen und ihrer Erklärungsleistung ein Urteil gefunden werden. Die deutende Historie hat also keinen Sonderstatus, vielmehr erweist sich ihr Status zunehmend als der eigentlich normale.

S-Welten und Erklärungskontexte werden von Gruppen tradiert und jeweils von Individuen modifiziert. Solche Veränderungen an S-Welt und Erklärungskontext durch Individuen sind außerordentlich häufig, doch bleiben sie meist ohne überindividuelle Bedeutung. Wenn es sich um eine Veränderung handelt, die erst viel später aus irgend welchen Gründen eine Gruppe oder die Gesellschaft akzeptiert, pflegt man zu sagen, das Individuum, das sie erfand, sei „seiner Zeit voraus“ gewesen. Nur in ganz wenigen Fällen wird die Veränderung einer individuellen S-Welt oder ihres Erklärungskontextes tatsächlich von einer Gruppe oder von der Gesellschaft akzeptiert und bestimmt fortan deren Denken, Reden und Handeln. Die Regeln dieses Akzeptierens sind wenig bekannt und dürften kompliziert sein, denn außer der Überzeugungskraft der Sache selbst, den Erwartungen und Neigungen der Gruppe und dem tatsächlichen Spielraum des Innovierens sind auch Faktoren im Spiel, die anscheinend eher unter die Regeln des *Marketings* als unter die Regeln wissenschaftlicher Disputationen fallen.

Fast alle Systeme, von denen in den Philosophiegeschichten die Rede ist, sind einmal von einer beachtlichen Gruppe oder von der Gesellschaft akzeptiert worden. Die übrigen pflegen nicht mehr erwähnt zu werden, es sei denn, man erwiese sie als „ihrer Zeit voraus“, wie es z. B. bei Nicolaus von Cues, Gómez Pereira und Giambattista Vico geschah. Doch ist die Selektion, die Historiker in dieser Hinsicht treffen, nicht selten anfechtbar – nicht allein wegen möglicherweise unzureichender Kenntnis der tatsächlichen Zusammenhänge, sondern auch deshalb, weil bei ihnen Gesichtspunkte der Selbstlegitimierung im Spiele sein können. Ein klassisches, aber nicht das einzige Beispiel dafür ist Leos XIII. Enzyklika *„Aeterni Patris“*, die dem sogenannten Thomismus für die Zeit des Mittelalters und der frühen Neuzeit unter Benennung angeblich thomistischer Autoren und Institutionen eine Bedeutung und Dominanz zusprach, die er in Wirklichkeit nie besessen hatte, deren Behauptung jedoch unter dem Gesichtspunkt der Legitimierung des Neothomismus als christlicher Immerschon-Philosophie sehr nützlich war.

In der Regel gehen die später herrschenden Autoren nicht unmittelbar vom akzeptierten Kontext ihrer Gruppe abrupt zu dem durch sie zur Akzeptierung gelangenden neuen Kontext über. Der Übergang wird vielmehr durch zahlreiche Autoren vermittelt, deren größere oder kleinere Detailabweichungen sie rezipieren und verarbeiten. Da diese Autoren nie die Stufe des Akzeptiertwerdens erreichen, pflegen sie später von der Geschichtsschreibung nicht mehr erwähnt zu werden: sie hat viel auszulassen und rückt deshalb in der Regel die Zwischenstufen nicht ins Licht. Dadurch entsteht der Eindruck von abrupten Umbrüchen und geistigen Schöpfungen aus dem Nichts, die in Wirklichkeit nie stattgefunden haben. Um einen Eindruck vom wirklichen Ablauf geschichtlicher Veränderungen zu bekommen, wird es daher erforderlich sein, sich mit vergessenen Autoren wie den spätantiken Aristoteleskommentatoren, den spätesten Scholastikern und den sogenannten *petits cartésiens* zu beschäftigen. Dem Versuch, solche Zwischenstufen zu rekonstruieren, stehen in der Regel große Unsicherheiten entgegen. Er sollte aber unternommen werden, weil er geeignet ist, Illusionen über Erneuerungsmöglichkeiten zu unterbinden. Auch Schöpfer sind rezeptiv. Ob aber jemand ein Schöpfer oder ein Nichtschöpfer war, ist häufig weniger eine Frage der Invention als eine Frage der Diffusion.

Über die Auslösung von Innovationen kann man generell sagen, daß bei ihr in der Regel kognitive, emotionale oder pragmatische Momente vorherrschend sind. Kognitive Momente können zunächst auf die S-Welt oder zunächst auf den Erklärungskontext bezogen sein. Individuen oder Gruppen können, weil eine von ihnen vertretene neue Theorie das erfordert oder zuläßt, neue S-Wirklichkeiten behaupten oder bisher akzeptierte S-Wirklichkeiten verwerfen, z. B. die Zentralität der Erde, die Inhärenz der Quantität, die Fernwirkung oder die Lichtgeschwindigkeit. Dies pflegt unmittelbar zu Konflikten zu führen, wenn davon traditionelle Selbstverständlichkeiten oder institutionelle Essentials betroffen sind. Auch kann es später zu Komplikationen kommen, wenn sich im Verlauf der Realisierung neuer Vorschläge Inkompatibilitäten mit älteren Fakten ergeben oder wenn sich maßgebliche Erklärungs- oder Beweisverfahren gegenüber den neuen Wirklichkeiten als unbrauchbar oder zu aufwendig erweisen.

Auch können im Interesse einer neuen Theorie mit ihr nicht kompatible Wirklichkeitskriterien angegriffen werden, wie es im Fall des Cartesianismus und Lockeanismus geschah, die sich nicht sonderlich leicht auf Tradition berufen konnten. Die Verteidiger der alten Kriterien pflegen zwar im Gegenzug die neu behaupteten Kriterien nun ihrerseits zu verwerfen. Das kann jedoch auf lange Sicht gefährlich sein, denn falls die neuen Kriterien sich gegen solchen Widerstand durchzusetzen vermögen, sind ihre Gegner diskriminiert oder aber gezwungen, das Andenken an ihre Verneinung auszulöschen. Dazu sind manchmal kostspielige Verfahren erforderlich. Neoscholastische Lehrbücher der Naturphilosophie pflegten z. B. das moderne Wirklichkeitskritierium der Experimentalität, von dem im Mittelalter nicht die Rede war, kommentarlos einzuführen, jedoch zugleich fast die gesamte mittelalterliche Physik, weil sie mit diesem Kriterium nicht kompatibel war, zu unterdrücken und durch neuzeitliche Physiken zu ersetzen. Da aber nach scholastischer Tradition die Metaphysik aus der Physik zu folgen hat, war dies angesichts der Wiederbelebung vorneuzeitlicher Metaphysiken durch die Neoscholastik eine eher delikate Entscheidung. Ähnliches war schon früher bei der Verbreitung der Behauptung geschehen, die Impetuslehre sei die dynamische Theorie des Aristoteles gewesen. Denn man war einerseits praktisch gezwungen, die Impetuslehre zu akzeptieren, weil sie erfolgreicher war als die Antiperistaselehren. Man konnte sie aber andererseits mit Rücksicht auf das Wirklichkeitskriterium der Traditionalität, das man vertrat, nur dann akzeptieren, wenn man ihr eine größere Vergangenheit verschaffte, als sie in Wirklichkeit besaß.

Die umgekehrte Tendenz, Vergangenheit nicht neu zu schaffen, sondern zu beseitigen, zeigt sich heute gelegentlich bei den Vertretern exakter Einzelwissenschaften, wenn sie die Verantwortung für Thesen, die in der Zeit der institutionellen Zugehörigkeit ihrer Wissenschaft zur Philosophie fest akzeptiert waren, die aber inzwischen als unseriös oder kompromittierend empfunden werden, „den Metaphysikern" oder „den Philosophen" überlassen, um ihre Disziplin zu entlasten und den Mythos ihrer reinen Geburt aus experimenteller Vernunft nicht zu gefährden. Gerade das Beispiel der Impetuslehre macht übrigens klar, daß es für Systeme in der Defensive sehr gefährlich sein kann, systemfremde neue S-Wirklichkeiten oder Wirklichkeitskriterien zu akzeptieren, systemverträglich zu interpretieren oder durch Zusatzhypothesen verträglich zu machen. Denn bereits nach wenigen Generationen hatte sich aus der Impetustheorie, die (gleichsam zur Morgengabe) in der Kosmologie sogleich die Annahme sternbewegender Sphärengeister als überflüssig erwies, die Theorie der Trägheitsbewegung entwickelt, die fast die gesamte hergebrachte Mechanik über den Haufen warf. Es können also bei der Übernahme neuer S-Wirklichkeiten oder Wirklichkeitskriterien, die von einer fremden Theorie her entwickelt wurden, durch die Vertreter alter und in die Defensive gedrängter Theorien Implikationen übersehen werden, von denen sich später herausstellt, daß sie Essentials oder das Ganze tangieren. Im übrigen pflegt die Kompatibelmachung solcher fremden Elemente einen unvertretbaren systemtechnischen Aufwand zu erfordern, der schon aus wissenschaftsökonomischen Gründen nach absehbarer Zeit durch eine einschneidendere Innovation unterbunden wird.

Neben Veränderungen der S-Wirklichkeit aufgrund des Erklärungskontextes gibt es im Bereich der kognitiv bestimmten Innovationen auch Veränderungen des Erklärungskontextes aufgrund neuer oder vorher zu wenig beachteter S-Wirklichkeiten. Es kann in einer S-Welt Fakten geben, die der akzeptierte Erklärungskontext nicht erfaßt, die aber mit einem früheren Kontext kompatibel waren und ihn ohne theoretische Neufundierung überlebten, weil sie praktischen Bedürfnissen entsprechen. Das gilt z. B. für Gegenstände der Theologie und der Homöopathie. Solche überlebenden S-Wirklichkeiten können später zum Auslöser von Innovationen werden, sobald jemand den Zustand ihrer Theorielosigkeit als unbefriedigend ansieht. – Andere S-Wirklichkeiten werden lange als theoriekompatibel angesehen, bevor sie Aspekte enthüllen, die das akzeptierte System durchbrechen. Während beim Radium die Zeitspanne von der Entdeckung der bloßen Strahlung, die fast als systemneutral empfunden wurde, bis zur Entdeckung des Atomzerfalls sehr kurz war, wirkt z. B. schon die Spanne von der Entdeckung der Ovarien bis zur Aufgabe der Präformationstheorie erstaunlich lang.
Die theoretisch schwierigsten Fälle dieser Art sind die, bei denen ein Autor von einer revolutionierenden neuen S-Wirklichkeit geradezu überrascht wird. Denn sie stellen die These in Frage, daß die Existenz von Gegenständen nur angenommen wird, wenn sie aus einer Theorie folgt, die sie fordert oder zuläßt. Angesichts der verfügbaren Zeugnisse wird man aber schwerlich bestreiten können, daß bisweilen mit bestehenden Theorien nicht kompatible Fakten plötzlich aufgetaucht sind, obgleich noch keine Theorie existierte, die sie erklären konnte (sie wird ja durch die neuen Fakten erst veranlaßt). Man könnte hier vermuten, daß die neue Theorie bei dem entdeckenden Individuum im Ansatz schon vorhanden war, obgleich sie sich noch nicht entfaltet hatte, und daher unvermerkt sein Auge für Dinge empfänglich machte, die andere noch nicht sehen konnten. Man könnte aber auch vermuten, daß der Beobachter, ohne selbst den Ansatz zu einer neuen Theorie zu haben, bloß der Disziplin der herrschenden Theorie entglitten war. Dadurch lockerten sich die theoriebedingten Sperren der Perzeption, die den Normalzustand stabilisieren, und das Auge konnte neue Dinge sehen, bis die von ihnen veranlaßte neue Theorie wieder neue Sperren setzte. Darüber, daß es zweckmäßig ist, derartige durch Wirklichkeitskriterien und durch historische Aprioris verursachte Perzeptionssperren anzunehmen, ist schon im dritten Abschnitt dieses Kapitels gesprochen worden. Eine nähere Analyse würde vermutlich zeigen, daß solche Sperren eine wichtige Funktion erfüllen. Ohne sie wäre das Ausreifen irgendwelcher Erklärungskontexte und damit das Zustande-

kommen der wichtigen kumulativen Phasen der Wissenschaftsentwicklung nicht möglich.

Neben solchen vorwiegend kognitiv bestimmten Innovationen gibt es anscheinend auch vorwiegend pragmatisch bedingte, die teils den praktischen Intentionen von Individuen oder Gruppen entspringen. Sie sind gleichsam die Gestaltwerdung von Interessen in einer Theorie und erlauben es, eine erstrebte oder zu erhaltende Praxis zu begründen oder zu legitimieren. Dieser Fall liegt z. B. vor, wenn Theologien oder Metaphysiken aufgrund von praktischen oder politischen Interessen eingeführt oder verändert werden. Dabei können bestehende S-Welten oder einzelne Regionen, Gesamtkontexte oder regionale Erklärungskontexte modifiziert oder neu entwickelt werden, um gegenüber Konkurrenten Unterscheidungsmerkmale zu profilieren, um eine geplante oder eingetretene Veränderung zu rechtfertigen oder um bestehenden Zuständen eine neue Rechtfertigung zu verschaffen, wenn sich die bisherige als unzureichend erwiesen hat. Solche Intentionen spielten bei so verschiedenen Phänomenen wie der Entscheidung der Gesellschaft Jesu für die antidominikanische These, der Wille sei der Grund der Verbindlichkeit von Gesetzen, wie der Einführung eines neuen Wirklichkeitskriteriums durch Locke, das den Bedürfnissen des expandierenden Bürgertums nach Veränderung entgegenkam, und der Forcierung des Neothomismus durch die römische Kirchenleitung im 19. Jahrhundert eine wichtige Rolle.

Auf der anderen Seite brauchen vorwiegend pragmatisch bedingte Innovationen nicht unmittelbar aus einer Strategie zu folgen. Es scheint auch Veränderungen zu geben, die sich aus bloßem Zugzwang oder aus kurzfristigen taktischen Erwägungen ergeben. Daß sich ein Konkurrent für eine These entschieden hat, kann in bestimmten Situationen zur Übernahme der Gegenthese zwingen. Daß in einer Disputsituation eine bestimmte Wendung Erfolg verspricht, kann Grund genug sein, sie ein für allemal vorzunehmen, und daß eine Konsequenz, die dem Betrachter auf der Hand zu liegen scheint, einer Person oder Gruppe mißfallen könnte, zu der ein Abhängigkeitsverhältnis besteht, bewirkt gegebenenfalls ihre dauernde Unterbindung. Gerade bei auf den ersten Blick systematisch weniger zentralen Thesen ist es schwer, mit Sicherheit zu entscheiden, ob situationsgebundene oder dauerhaftere Motive ihre Übernahme veranlaßt haben.

Vorwiegend emotional bedingte Innovationen scheinen nicht ganz selten zu sein. Sie können dadurch entstehen, daß sich ein Autor seinem Verband entfremdet hat und daraufhin einen eigenen Kontext zu entwerfen strebt, oder daß ihm ein bestimmtes Erlebnis als so zentral erscheint, daß er es nicht in den bestehenden Kontext einarbeiten möchte und statt dessen um es herum einen neuen entwickelt. Hier Beispiele anzugeben, empfiehlt sich nicht, weil es von direkt oder indirekt Betroffenen als Kränkung empfunden würde. Theoretische Innovationen, gleichgültig, welcher Art von Triebfedern sie entspringen, können nicht nur im Gegenstands- und Thesenbereich, sondern auch bei Verknüpfungsmustern und Verbindungsregeln wirksam werden. Dies pflegte im Westen bei den unterschiedlichen Kausalitätskritiken zu geschehen, die stets zu einer Neuumschreibung der Rolle des Weltprinzips und der realen Verknüpfungen zwangen, aber auch bei den zahlreichen Streitigkeiten um die wahre Verknüpfungsart von Dingen und Eigenschaften. Auch können Innovationen ganz unmittelbar die Grundthesen betreffen. Das geschieht gelegentlich, um durch eine zweckmäßige Umformung des Grundthesenkomplexes eine S-Welt und ihren Erklärungskontext in einer bestimmten Hinsicht zu retten, wie es Spinoza und Berkeley versucht zu haben scheinen. Gelegentlich geschieht es auch, um durch die Negierung der Grundthesen eine bestehende S-Welt und ihren Kontext an der zentralsten Stelle zu treffen; das scheint z. B. beim Angriff der leibnizschen Physik auf die cartesische der Fall gewesen zu sein. Die im Zusammenhang mit theoretischen Innovationen gegebenenfalls entstehenden neuen S-Welten enthalten außer neu akzeptierten S-Wirklichkeiten verträglich oder scheinbar verträglich gebliebene traditionelle Selbstverständlichkeiten und die unabdingbaren institutionellen Essentials. Die früheren Verknüpfungsmuster werden ganz oder teilweise modifiziert, und durch die neuen Verknüpfungen bekommt die Wirklichkeit ein neues Gesicht. In der cartesischen S-Welt geschieht z. B. beim Ballspiel etwas anderes als in einer aristotelischen oder mythischen. In einer mythischen wird möglicherweise durch die Bewegung des ihr symbolverwandten Balls die Sonne zum Weiterrollen bewogen, in einer aristotelischen wird am Ball mit Hilfe von Antiperistase gewaltsame Bewegung erzeugt, und in der cartesischen wird schon vorhandene Bewegung nach den sieben Stoßgesetzen dem Ball zweckdienlich mitgeteilt. Bisweilen übernehmen die Neuerer ganze Blöcke eines früheren Erklärungskontextes, die freilich im Rahmen der neuen Strategie nun eine andere Funktion zu übernehmen haben. So verpflanzte Descartes wahrscheinlich die These von der Ohnmacht der Zweitursachen aus ihren traditionellen religiösen Kontexten, in denen sie die Herrlichkeit Gottes hervorheben sollte, in ein natürliches System der Wissenschaftsbegründung, in dem sie die Existenz der Trägheitsbewegung zu begründen und jede andere Bewegungsursache als Gott auszuschließen hatte.

Ob eine Innovation zum Zuge kommt, ist in der Regel weniger eine Frage der Invention als eine Frage der Diffusion. Die Rolle und die Bedingungen der Diffusion jedoch pflegen in den vorwiegend problemgeschichtlich orientierten Darstellungen der Philosophie- und Wissenschaftsgeschichte in einem Maß vernachlässigt zu werden, das kaum vertretbar ist und Illusionen über die „Macht des Gedankens" nähren könnte (in Wirklichkeit: Illusionen über die Macht neuer Gedanken über schon akzeptierte Gedanken). Hier ist fast alle Arbeit noch zu leisten. Ob es sich dann, sofern die Diffusion gelungen ist, um eine bloße Modifizierung oder um das Ende einer S-Welt oder eines Erklärungskontextes handelt, ist oft nur eine Frage der Terminologie. Weil niemals alle Fakten und Verknüpfungsmuster oder alle Thesen und Verbindungsregeln schlagartig ausgetauscht werden, läßt sich jedem Argument, das für den Anbruch einer neuen Ära spricht, ein anderes gegenüberstellen, das starke Kontinuität erweist, selbst wenn man keinen kumulativen Prozeß unterstellen möchte. Deshalb ist die Markierung bestimmter Epochen so bestreitbar. Das tatsächliche Gewicht einer Veränderung hängt davon ab, für wie viele Regionen des Erklärungskontextes sie neue Thesen und Regeln erforderlich macht, wie stark sie in die bestehende S-Welt eingreift und wie viele Essentials sie berührt. Sofern theoretische Innovationen in jedem Fall die S-Welt und den Erklärungskontext verändern, könnte es nützlich erscheinen, zumindest gewisse Abfolgemechanismen zu erkennen und dadurch Entwicklungswahrscheinlichkeiten vorauszusehen. Doch hat es sich bisher gezeigt, daß die Vorhersehbarkeit bestimmter Implikationen sehr begrenzt und daß die Geneigtheit der an der Innovation Interessierten zu Selektionen noch begrenzter ist. Das wirkt gelegentlich verhängnisvoll, erweist sich aber in einigen Fällen als Vorteil, weil es das Eintreten unvorhergesehener erwünschter Folgen der unerwünschten Nebenfolgen ermöglicht. Eine solche Argumentation klingt heute absurd, gehört jedoch zu den Selbstverständlichkeiten der westlichen Theodizeen, in denen sie entwickelt und begründet wird.

Nach diesen allgemeinen Erwägungen werden die folgenden Kapitel bestimmte theoretische Innovationen und ihre Folgen und Nebenfolgen betrachten, die für die westliche Philosophie- und Wissenschaftsgeschichte von Bedeutung waren. Ich zeige zuerst, wie die scheinbar unbedeutende und system-ökonomisch sehr naheliegende Einführung eines neuen Verknüpfungsmusters für die Kategorie der Quantität und neuer grammatischer Regeln für die Bildung von Aussagen über sie zu unabsehbaren Verwicklungen führte, weil sie ein Essential der römischen Kirche berührte. Die partielle Verneinung der Inhärenz durch Ockham wird in Descartes' Erneuerung der Physik radikal verallgemeinert. Diese Physik ist außerordentlich erfolgreich, erzwingt aber durch die Probleme, die sie erzeugt, geradezu die Entwicklung der Folgesysteme. Unter diesen ist der Spinozismus bemerkenswert, weil er solche Probleme, soweit er sie sieht, mit dem systematisch unaufwendigsten Mittel, nämlich mit einer Operation am cartesischen Grundthesenkomplex, zu beheben sucht. Gerade diese Operation führt aber dazu, daß die Philosophie Spinozas für christliche Gesellschaften inakzeptabel wird und daß ihr der unmittelbare Erfolg versagt bleibt. Die lockesche Philosophie, die in einem originellen Eröffnungsmanöver ein anticartesisches wie antischolastisches Wirklichkeitskriterium einführt, gibt zugleich dem bürgerlichen Verlangen nach wissenschaftlichen und nach politischen Veränderungen Raum. In ihr wurde die heutige Haltung des Westens zu Innovationen entwickelt und begründet. Schon deshalb rief sie den Widerstand „konservativer" Autoren hervor, der freilich vergeblich blieb, denn Europa entschied sich für prinzipielle Mobilität. Die genannten Autoren unterschätzten den unwiderstehlichen Reiz der Neuerungen, die sie bekämpfen wollten, für eine Öffentlichkeit, deren Attitüde zur Bedürfnisbefriedigung sich radikal verändert hatte, und hielten die szientistische Entwicklung nicht auf, die zu den S-Welten des 19. und 20. Jahrhunderts führte. Ihre Abneigung gegen die damals bevorstehenden Innovationen hat sich als nicht ganz unfundiert erwiesen, weil diese Veränderungen nicht nur die beabsichtigten, sondern auch ganz unvorhergesehene Folgen hatten. Innovationen sind viel ambivalenter, als man lange zu glauben geneigt war. Das ist kein prinzipielles Argument gegen Innovationen, jedoch ein Argument gegen den prinzipiellen Enthusiasmus für sie, der erst im 18. Jahrhundert üblich wurde.

2. Kapitel

Kategorienlehre und Eucharistie: Veränderung eines Verknüpfungsmusters

I „Theologische“ Argumentationen in wissenschaftlichen Darlegungen

Daß die folgenden Überlegungen zu philosophischen Innovationen mit einer Lehrentscheidung des Hochmittelalters beginnen, hat keinen tiefen Sinn, ist aber auch nicht sinnlos. Diese geistige Welt kennt Überzeugungen und Verfahren, die von den gegenwärtigen besonders verschieden sind. Solche Kontraste helfen der Wahrnehmung. Durch sie werden Phänomene, die im ersten Kapitel sehr allgemein umschrieben wurden, in einer konkreten Situation deutlich erkennbar. So wird man leicht die Beobachtung machen, daß Autoren des Hochmittelalters nichts dabei finden, einen wissenschaftlichen Gedankengang mit Argumenten zu komplettieren, die nach unserem Urteil in die Theologie gehören. Nach den heute geltenden Entscheidungsregeln der Wissenschaft ist das kein zulässiges Verfahren. Schon diese bloße Beobachtung gibt freilich der Vermutung Raum, daß unsere Standards nicht selbstverständlich sind, obgleich wir dazu neigen, sie für selbstverständlich zu halten. Sie wurden erst im Laufe langer Auseinandersetzungen über Wirklichkeitskriterien und Beweisverfahren in die Konkurrenz gebracht, leisteten, was man von ihnen erwartete, und setzten sich durch. Einiges spricht dafür, daß sie nicht endgültig sind und eines Tages auch ihrerseits abgelöst werden. Weil aber solche Wirklichkeitskriterien und Entscheidungsverfahren historisch variabel sind, ist es wahrscheinlich, daß die genannten scheinbar theologischen Argumente, die inzwischen Befremden erregen, wenn sie in einem wissenschaftlichen Kontext stehen, in bestimmten Stadien der Wissenschaft ganz normale wissenschaftliche Argumente waren. Sie wirken heute nur deshalb theologisch, weil aufgrund einer zeitlich fixierbaren Konvention der an der Wissenschaft beteiligten Personen die Behandlung von Gegenständen wie Gott oder wie der Erschaffung und Erhaltung der Welt allein im Bereich der Theologie noch zulässig blieb. Die Wirklichkeitskriterien schließen von diesem Zeitpunkt an (aufgrund einer in mancher Hinsicht nützlichen Entscheidung) Gegenstände wie Gott aus der Wissenschaft aus. Das ändert nichts daran, daß sie vorher normale Gegenstände der Wissenschaft waren. Der Beweis dafür ist leicht zu führen: da sie noch lange im Rahmen der Wissenschaft behandelt wurden, müssen sie den dort bestehenden Wirklichkeitskriterien entsprochen haben. Tatsächlich scheinen sie nur dadurch ausgezeichnet zu sein, daß sie das, was heute „Fortschritt der Wissenschaft" heißt, besonders intensiv gefördert haben.

Die Einführung des Gottesbegriffes in den Erklärungskontext wurde durch das wichtigste Vorbild der Physiken des Mittelalters schon nahegelegt. Aristoteles ist zwar weit entfernt davon zu glauben, daß irgend ein Gott die Welt erschaffen hat, doch spielt der Gott aus einem anderen Anlaß bei seiner Physik eine wichtige Rolle. Aristoteles kann die Zusammensetzung der Dinge in seiner S-Welt verhältnismäßig leicht erklären. Sie bestehen aus den Elementen Feuer, Luft, Wasser und Erde, die in ständigem Kampf miteinander liegen. Von diesem Kampf rührt das Entstehen und Vergehen in der Natur. Wasser verdunstet und vergeht, aber dadurch entsteht der luftartige Dampf. Wasser verliert sein Flüssigsein und vergeht, aber dadurch entsteht das erdartige Eis. In den aus Elementenmischungen gebildeten Dingen wiederholen sich solche Prozesse in komplizierterer Form, doch bleibt es immer wahr, daß in der Natur das eine gehen muß, damit das andere kommen kann. Gehen und Kommen, Entstehen und Vergehen nennt Aristoteles „Bewegung", und eine der schwierigsten Fragen, die seine Physik zu stellen hat, ist die Frage nach dem Ursprung der Bewegung: der Bewegung der Dinge auf der Erde und der Bewegung des Himmels um die Erde, die das Auge des Menschen wahrnimmt.

Um auf diese Frage eine Antwort zu haben, nimmt Aristoteles den Gott in seine S-Welt hinein. Gott ist vollkommen. Es gibt in ihm kein Werden und Vergehen und damit keine Bewegung, aber dennoch ist er die Ursache jeder Bewegung. Diese Schwierigkeit behebt Aristoteles mit einer der schönsten Metaphern aus der Geschichte der Wissenschaft. Gott bewegt die Natur, ohne sich selbst zu bewegen, denn er bewegt sie wie die geliebte Person die liebende. Das Liebende wird vom Geliebten angezogen, gleichgültig, ob dieses es weiß oder will. So rückt der Gottesbegriff an eine Schlüsselstelle der Physik: Gott begründet das Vorhandensein der Bewegung (die übrigens bis heute ein Gegenstand der Physik geblieben ist). Bis weit in die Neuzeit ändert sich an dieser Überzeugung nichts. Nur hat Gott später darüber hinaus im Bereich des Christentums auch die Erklärung für das Vorhandensein der Welt und schließlich in der Neuzeit noch die Erklärung für die mathematische Beschreibbarkeit des Ablaufs aller Bewegungen in ihr zu liefern.

Der „Aristotelismus“ des christlichen Mittelalters ist mit zahlreichen späteren Elementen angereichert. Probleme der Spätantike, des Judentums, des Christentums und des Islam haben ihn modifiziert. Allerdings bleibt Gott der mit der Metapher der Liebe beschriebene unbewegte Beweger, er bleibt das Subjekt in der Antwort auf die Frage der Physik nach dem Ursprung der Bewegung. Diese Antwort bekommt aber jetzt eine neue Nuance, weil für das Christentum Gott nicht mehr allein der Beweger, sondern auch der Schöpfer der Natur ist und weil die Natur nicht als ewig, sondern als zeitlich gilt. Gott hat sie aus sich entlassen und mit ihren aufeinanderfolgenden Stufen zu seinem Ebenbild gemacht. Unmittelbar unter Gott findet man die Stufe der Intelligenzen oder geistigen Wesen. Sie besitzen das Vermögen, das man als „Erkenntnisvermögen“ bezeichnet und das als intensivste Form von Leben gilt. Es folgt die Stufe der Seelen, die durch den Bereich der Organismen repräsentiert ist und mit ihrer obersten Schicht, den Menschenseelen, in die Stufe der Intelligenzen hineinreicht, doch im Bereich der Pflanzen gleichsam mit der geringsten Intensität erscheint. Und schließlich findet man als tiefste und entäußertste Stufe den Bereich der unbelebten Materie.

Auf jeder dieser Stufen in der Hierarchie der S-Wirklichkeiten gibt es Gottebenbildlichkeit, und zwar in jeweils besonderer Art. Die Intelligenz ist Gott ähnlich, sofern sie geistig ist wie Gott, die beseelte Natur, sofern sie lebendig ist wie Gott, und das Unbelebte, sofern man von ihm (ähnlich wie von Gott) behaupten darf, daß es ist. Je tiefer die Stufe der Schöpfung liegt, auf die man gelangt, desto schwächer wird die Gottähnlichkeit, die man in ihr findet. Die Dinge sind von Gott ausgegangen in einer Bewegung, die nun hinter ihnen liegt. Sie streben seitdem danach, zu Gott zurückzukehren. Wie können sie aber zu Gott zurückkehren? Indem sie auf ihre Art Gott ähnlich werden, d. h. indem sie so vollkommen werden, wie es der Rahmen ihrer Möglichkeiten zuläßt. Sofern sie im höchstmöglichen Maß ihre Ähnlichkeit mit Gott vollenden, kehren sie an ihren Ursprung zurück. Die Dinge haben daher eine Art von Sehnsucht nach Rückkehr zu Gott in der Gestalt eines natürlichen Dranges, den Rahmen, der ihnen zugemessen ist, voll auszufüllen. Sie streben danach, sich zu vervollkommnen und ihre Möglichkeiten auszuschöpfen, und darin besteht ihre spontane Rückbewegung zu Gott. Eine intensivere, aber nicht von ihnen selbst zu leistende Art der Rückbewegung erlaubt ihnen schließlich der Intellekt des Weisen, der ihr Wesen in seine Seele aufnimmt, sie so zum Mikrokosmos macht und die von Wirklichkeiten erfüllte Seele mit Gott vereinigt.

Unter den gegenwärtigen Bedingungen der Wissenschaft könnte man fragen, was dieses vielleicht sehr schöne Konzept mit Wissenschaft zu tun hat. In Wirklichkeit ist es selber Wissenschaft, und zwar die Wissenschaft, die den Erfordernissen des Westens in der zweiten Hälfte des 13. Jahrhunderts am besten entsprach. Das sieht man schon daran, daß sie sich durchsetzen konnte. Die Wissenschaft hat zu erklären, und die Weltweisheit hat die Welt zu erklären. Ob aber eine Erklärung gut ist oder ob ein Sachverhalt überhaupt erklärt werden kann, läßt sich niemals abstrakt, sondern nur im Hinblick auf Situationen entscheiden (und wäre es auch die eigene). Schon der Erfolg der genannten Welterklärung in mehreren Generationen zeigt, daß sie den Anforderungen, die man damals an Welterklärungen stellte, genügt hat. Daß sie dem 17. oder dem 20. Jahrhundert nicht mehr genügt, hat verschiedene Gründe und ändert nichts an ihrem früheren Wissenschaftscharakter. Im übrigen war sie selber an der Entstehung der Bedingungen beteiligt, die dazu führten, daß sie die Ansprüche des 17. oder 20. Jahrhunderts nicht mehr erfüllen konnte. Denn sie verleitete zu Fragen, die sie selbst nicht zu beantworten vermochte und zu deren Beantwortung die Übernahme einer veränderten S-Welt und eines veränderten Erklärungskontextes erforderlich wurde.

Vielleicht ist heute nicht auf den ersten Blick zu sehen, daß der geschilderte Ansatz naturwissenschaftliche Implikationen hat. Es läßt sich allerdings leicht glaubhaft machen. Indem Gott die Welt in vier Stufen erschaffen hat, hat er ihr eine Ordnung gegeben, die Rang und Tätigkeit ihrer Elemente bestimmt. Er hat der Schöpfung Gesetze vorgeschrieben (von denen man heute nur einen Teil noch als „Naturgesetz“ bezeichnen würde), in denen die wesentlichen Verknüpfungsmuster für Tatsachen festgelegt sind. Ihr Inbegriff ist das Gesetz der Rückbewegung zu Gott. Die Körperwelt besteht aus vier Elementen. Erde und Wasser sind schwere Elemente, d. h. ihr natürlicher Ort ist unten. Luft und Feuer sind leichte Elemente, d. h. ihr natürlicher Ort ist oben. Ein Element erfüllt seine Möglichkeiten, wenn es als dieses Element beharrt und seinen natürlichen Ort erreicht, um dort zu einer Ruhe zu kommen, die Abbild der Ruhe Gottes ist. Erst bei der Ankunft am Erdmittelpunkt hat also z. B. ein Stein seine Möglichkeiten verwirklicht. Deshalb fällt er, sobald man ihn losläßt, gemäß dem Gesetz der Schöpfung nach unten, denn er hat an seinen natürlichen Ort zu gelangen, um Ruhe zu finden und dadurch Gott nahe zu kommen. Mit Hilfe der Grundthese, daß jede Kreatur Gott nahe sein will, kann man also ein physikalisches Phänomen wie die Fallbewegung und das Erfordernis von Kraftaufwand bei der Wurfbewegung erklären. Diese Erklärung haben bis ins 17. Jahrhundert hinein berühmte Autoren für hinreichend gehalten. Der genannte Kontext repräsentiert also auch ein Stadium der Physik und nicht allein ein Stadium der Theologie. Auf der anderen Seite konnte der Zugang zu einer Wissenschaft, die über solche Grundthesen und Wirklichkeitskriterien verfügte, für Theologen im Prinzip nicht schwer sein. Nachdem er einmal vollzogen war, hat die Zusammenarbeit der beiden Disziplinen zu Komplikationen geführt. Aber diese Komplikationen gaben nicht nur der Theologie, sondern auch der Wissenschaft sehr wichtige Impulse.

II Wissenschaftliche Argumentationen in theologischen Darlegungen

Daß sich die Theologen sehr lange physikalischer Argumente bedienten, wirkt heute genauso befremdlich wie das Vorhandensein „theologischer" Argumentationen in den älteren Physiken. In Wirklichkeit waren aber die Grundthesen und die Wirklichkeitskriterien beider Disziplinen einander sehr ähnlich, und unser heutiges Befremden beruht nur darauf, daß es fälschlich einen Zustand für selbstverständlich hält, in dem diese Ähnlichkeit nicht mehr besteht. In Wirklichkeit mußte ein solcher Zustand erst mühsam herbeigeführt werden. Im Hochmittelalter war nämlich die Konfrontation mit der modernsten Physik für eine Theologie, die sich selber ernst nahm, beinahe unumgänglich, schon weil die Natur aus der Hand desselben Gottes hervorging, aus dessen Mund die Offenbarung kam. Diese Konfrontation wurde später durch spezielle Schwierigkeiten der Theologen und dann im Gegenzug durch die Veränderung der Wirklichkeitskriterien in den Wissenschaften unterbrochen und hat seitdem den Theologen sehr gefehlt, denn sie bekamen nun keine Gelegenheit zu lernen, wie man Erklärungskontexte aufgibt und dennoch sein Gesicht behält. Die Wissenschaften lernten das sehr gut.
Die Zusammenarbeit zwischen Wissenschaft und Theologie war zeitweise derart eng, daß es für beide Disziplinen nur noch gemeinsame Krisen gab. Vermutlich war ihre Partnerschaft so fruchtbar, weil sie so störungsanfällig war und zur Beachtung so vieler Implikationen zwang. Nicht nur epochale Veränderungen der S-Welt und des Erklärungskontextes, sondern schon um vieles geringere Innovationen konnten erstaunliche Folgen zeitigen. Das heute bekannteste Beispiel ist die Einführung der Impetuslehre in die Physik. Es gibt jedoch ein anderes Beispiel, das mindestens ebenso aufschlußreich ist, weil es auf den ersten Blick noch weniger tangierte. Dieses Beispiel ist die

Veränderung des Musters für die Verknüpfung von Gegenständen und Eigenschaften und der Regeln für die Verbindung der entsprechenden sprachlichen Zeichen durch Ockhams Modifizierung der Lehre von der Quantität. Sie führte ohne merkliche Mitwirkung der sonstigen Innovationen des Konzeptualismus zu folgenreichen Verwicklungen, weil sie die Regeln des Sprechens über ein Essential der Theologie zu verletzen drohte, nämlich die Regeln des Sprechens über die Eucharistie. Hier findet man also zugleich ein Beispiel für die Beschränkungen des Innovationsspielraums durch Institutionen, von denen im 4. Abschnitt des vorigen Kapitels die Rede war. Es könnte zeigen, daß bei der Erklärung philosophischer und wissenschaftlicher Entwicklungen mit der bloßen Beachtung von Konsistenz und Fruchtbarkeit der Systeme nicht auszukommen ist.

Die Quantität gilt in der Tradition als eine der „Gattungen des Seins“, die man „Prädikamente“ oder „Kategorien“ nennt. „Dasjenige, in welches das Sein allererst unterteilt wird, heißt ‚Kategorien‘“, lehrt Thomas von Aquino (5 Met., 9 c.), und noch im 16. Jahrhundert ist das repräsentative Metaphysik- und Physikwerk von Francisco Suárez im wesentlichen eine Meditation über diese zehn Genera, wie sie die aristotelische Kategorientafel in 1 b 26 und 27 überliefert hat. Die Lehre von den Kategorien gibt nach der Meinung des Mittelalters Auskunft darüber, wonach man fragen kann, wenn man einen Gegenstand wissenschaftlich behandeln will. Aus ihr ergeben sich die Regeln für die Verknüpfung von Dingen mit anderen Dingen und mit Eigenschaften und analog für die Verbindung von Substantiven mit anderen Substantiven und Adjektiven. In der Tafel der Kategorien steht die Quantität an zweiter Stelle. Das von ihrer Neuinterpretation durch Ockham v. a. betroffene Essential der Kirche ist die Eucharistie. Diese ist nach der heutigen Meinung allenfalls ein Gegenstand der Theologie und der theologischen Dogmengeschichte. Weil man sie aber zur Zeit der Zusammenarbeit von Theologie und Wissenschaft einige Jahrhunderte lang tatsächlich nach Maßgabe der Kategorientafel, d. h. in der Weise eines Phänomens der Physik, behandelt hat, ist sie zugleich ein Gegenstand der Philosophie- und Wissenschaftsgeschichte. Unter diesem Aspekt sind aber drei Stadien des Eucharistieverständnisses von Interesse. „Eucharistieverständnis“ bezieht sich in diesem Zusammenhang nur auf die Deutung des Erleidens von Brot und Wein bei der Konsekration, nicht auf die Opfer- oder Repräsentationsfunktion bzw. auf Einsetzungsfragen oder dgl.

Während die Denkschwierigkeiten der Christologie und der Dreifaltigkeitslehre schon seit der Spätantike mit einem reichen Instrumentarium philosophischer Schulbegriffe behandelt werden, empfängt das Mittelalter die Eucharistielehre in einer philosophisch eher unreflektierten Gestalt. Das Abendmahl scheint also verhältnismäßig lange als ein Mysterium besonderer Art betrachtet worden zu sein, mit dem man lebte und dem man sich theoretisch nur mit besonderer Behutsamkeit und allenfalls unter Benutzung der Kategorien „Substanz“ und „*Ubi*“ näherte. Allerdings entdeckt man bereits bei den Kirchenvätern den Gegensatz zwischen einer „symbolischen“ oder „spiritualistischen“ und einer „metabolischen“ oder „realistischen“ Deutung dieses Mysteriums. Auf der einen Seite gelten Brot und Wein als Symbole für ein bestimmtes geistiges Ereignis, auf der anderen Seite sind sie die Speise, die den Gläubigen die *substantia vitae aeternae* vermittelt. Um diesen Gegensatz geht es noch im 9. Jahrhundert beim Ersten Abendmahlsstreit zur Zeit Karls des Kahlen. Wenn bei so langfristigen Entwicklungen überhaupt Pauschalaussagen zulässig sind, wird man behaupten dürfen, daß sich in der lateinischen Theologie trotz Augustinus aus schwer erhebbaren Gründen eine stärkere Tendenz zur „realistischen“ Deutung beobachten läßt, die die reale Gegenwart des Leibes Christi im Abendmahl behauptet. Zweihundert Jahre später erfährt jedoch die Abendmahlslehre im sogenannten Zweiten Abendmahlsstreit eine neuartige Präzisierung.

Ihr Anlaß ist eine intensivere Verwendung der akzeptierten Wissenschaftsterminologie bei Aussagen über das Mysterium. Berengar von Tours wendet zum Ärgernis traditioneller Theologen die blühende Dialektik auf die S-Wirklichkeit „Abendmahl“ an und lehrt, die Substanz von Brot und Wein bleibe auch nach der Konsekration durch den Priester erhalten, weil keine Materie ihre *forma* verlieren kann. Wenn die Qualitäten von Brot und Wein erhalten bleiben, wie der Augenschein lehrt, dann müssen ebenfalls ihre Substanzen erhalten bleiben, die freilich nach der Konsekration nur noch als *signa oder figurae* fungieren. Im Jahre 1070 muß Berengar diese Behauptung widerrufen. Die Widerrufsformel enthält ausdrücklich die Bestimmung, daß Brot und Wein substantiell in Fleisch und Blut verwandelt werden (Denz. 355). Diese Regelung der Zulässigkeit von Aussagen über das Essential von seiten der zuständigen Institution wird später weiter verschärft, denn 1202 bringt ein Brief des Papstes Innozenz III. an Johann von Lyon (Denz. 414, 416) die ihrer Herkunft nach nicht sichere und fortan maßgebliche Formulierung, Jesus habe Brot und Wein in sein Fleisch und Blut „transsubstantiiert“. Diese verschärfte Formulierung nimmt 1215 das Vierte Laterankonzil in seine Canones auf und erklärt sie als für alle Zeiten verbindlich. Es sagt: „*transsubstantiatis pane in corpus et vino in sanguinem potestate divina*“,

„wenn durch göttliche Macht das Brot in den Leib und der Wein in das Blut *transsubstantiiert* worden ist“ (Denz. 430).
Die Institution bemüht sich durch diese terminologische Fixierung um Rechtssicherheit. Sie teilt jedem Betroffenen eindeutig mit, wie man in Hinsicht auf das Essential Eucharistie die Terminologie der Wissenschaft verwenden darf. In den folgenden Jahrhunderten zeigt es sich aber, daß eine Rechtssicherheit, die auf dem Terminus „Transsubstantiation“ beruht, entweder stets gefährdet bleibt oder einen hohen Preis verlangt (den Preis der wissenschaftlichen Stagnation). Sie steht auf Fundamenten, die noch lange unstabil bleiben und deren Unverläßlichkeit man zunächst nicht erkennt. Das ist im übrigen kein erstaunliches Versagen: man pflegt die Geschichte von Begriffen nur selten vorherzusehen. Das Konzil bedient sich unglücklicherweise eines Ausdrucks, dessen Tragweite am Anfang des 13. Jahrhunderts noch niemand überblicken kann, weil folgenreiche Diskussionen über die S-Wirklichkeit Substanz erst zu führen sind. Jede neue Etappe in diesen Diskussionen wird die Sprachregelung der Institution und damit auch die an den Diskussionen beteiligten Autoren gefährden. Was als ein Instrument der Sicherheit gedacht war, wird unversehens zu einem Risikofaktor. Das führt aber nicht dazu, daß man die Kategoriendiskussion nun abbricht. Der Westen hätte in diesem Fall mit einiger Wahrscheinlichkeit auch einen höheren Preis zu zahlen gehabt als die Gefährdung einer Institution und einiger Gelehrter. Denn damit, daß die Kategoriendiskussion nicht abgebrochen wurde, hängt die spätere Führungsrolle des Westens und möglicherweise sein Überleben zusammen, weil eins der Resultate dieser Diskussion der neuzeitliche Umbruch in den Wissenschaften war.
Vermutlich gehören Schwierigkeiten wie diese theologischen, die einer ungehemmten Diskussion der Kategorienprobleme im Wege standen, zu dem Preis, den man dafür zahlen muß, daß man Institutionen hat. Diesen Preis zu zahlen, ist wahrscheinlich sehr sinnvoll. Denn erstens könnte man ohne Institutionen nicht etwa ungehemmt, sondern gar nicht diskutieren. Zweitens kommt dieser Preis doch dem Erkenntnisprozeß wieder zugute. Sobald man konzediert, daß man auf Institutionen nicht verzichten will, kann man schwerlich verlangen, daß Institutionen bei den zu ihrer Selbstbehauptung erforderlichen Sprachregelungen, um möglichen Konflikten mit Wissenschaftlern aus dem Wege zu gehen, in Zukunft zumindest auf entwicklungsträchtige Begriffe verzichten, weil sich dann die Institutionen überhaupt nicht mehr verlautbaren könnten. Einmal läßt sich fast niemals voraussehen, bei welchen Begriffen mit stärkeren Entwicklungen zu rechnen ist, und fer-

ner haben Institutionen in der Regel nicht die Wahl, sich einer anderen als der akzeptierten Sprache zu bedienen (das Lateinische war im 13. Jahrhundert noch Wissenschaftssprache und nicht ein künstlich genährtes Idiom wie in den letzten Phasen der römischen Institution). Und schließlich gewinnen Begriffe gerade dadurch, daß Institutionen sie in ihre Sprachregelungen einbeziehen, ein Gewicht und eine Verbindlichkeit, die zu intensiverem Nachdenken über sie provoziert. Eine Sprachregelung wird beinahe immer zu einem heuristischen Faktor, und heuristische Faktoren sind nicht sehr zahlreich.

Die wissenschaftliche Entwicklung des Substanzbegriffs schien der Definition des Lateranense zunächst entgegenzukommen. Etwa um die Zeit des Vierten Laterankonzils, in der zweiten Hälfte des 12. und in der ersten Hälfte des 13. Jahrhunderts, rezipierten Pariser Magister in einem Akt offener Widersetzlichkeit, der ihnen zur Beendigung der wissenschaftlichen Unterlegenheit des Westens erforderlich schien, einen fremden Erklärungskontext. Es handelte sich um die von seiten der Kirche verbotenen „*Naturalia*" des Aristoteles, d. h. um seine naturwissenschaftlichen Schriften und seine Metaphysik. Ein kirchliches Verbot dieser Werke war zunächst nicht zu vermeiden, denn sie tasteten Essentials des Christentums wie die Schöpfungslehre und wahrscheinlich auch die Lehre von der Individualität und Unsterblichkeit der Menschenseele an. Auf der anderen Seite war das naheliegendste Mittel, die zivilisatorische Überlegenheit des Islam zu beenden, die Übernahme jener Wissenschaft, auf der diese Überlegenheit nicht zuletzt beruhte. Deswegen gaben sich die westlichen Gelehrten nicht mit dem kirchlichen Verbot zufrieden. Durch die Rezeption blühten die von Boetius übermittelten aristotelischen Kategorien gleichsam auf. Sie traten wieder in Beziehung zu den mannigfaltigen Sachverhalten, die die beste damals erlernbare Physik überlieferte. Das kirchliche Verbot wurde dadurch gegenstandslos, daß es den Neuerern gelang, die Heterodoxien des übernommenen Corpus zu neutralisieren. Nun schreckten sie nicht mehr davor zurück, die neue Physik auf sämtlichen Gebieten zu erproben, sogar an den Mysterien des Glaubens. Die Wissenschaft wurde in einem aktuellen Sinn zur Dienerin der Theologie. Sie bot ihr eine Dienstleistung an, die sie am neuesten Stand der Wissenschaft partizipieren ließ. Sie war bereit, die Theologie in die neugewonnene S-Welt zu geleiten, indem sie sie in die Sprache des neuen Erklärungskontextes übersetzte. Wenn man wiederum vergröbernd sprechen darf, war die Theologie recht bald grundsätzlich geneigt, diese Dienstleistung in Anspruch zu nehmen. Einige hundert Jahre später begann es ihr an der entsprechenden Geneigtheit zu fehlen, aber dadurch ist ihr Aufenthalt in den folgenden S-Welten immer provisorischer geworden.

Man hat sich in den vergangenen Generationen daran gewöhnt, die mittelalterliche Einweltlichung der Theologie als einen Irrweg zu bedauern. Doch sollte man nicht übersehen, daß sie dem Westen entscheidende Chancen bot. Schon ein Jahrhundert später spielte z. B. die Unbedenklichkeit in der Anwendung der Physik auf die Theologie in Oxford und Paris bei der Entdekkung der kinematischen Formeln, bei der Umgestaltung der Dynamik durch den Übergang zur Impetuslehre und damit bei dem neuen Konzept der Himmelsmechanik und der stärkeren Beachtung der Wirkursachen gegenüber den Zielursachen vermutlich die wichtigste Rolle. Man wird also andere Maßstäbe finden müssen, denn es ist nicht konsequent, dasselbe Phänomen auf der einen Seite als Korrumpierung der Theologie zu verurteilen, um es zugleich auf der anderen Seite unter dem Eindruck seines geschichtlichen Erfolgs als Ursprung einer neuen Physik zu feiern. Zwar ist es richtig, daß sich die Theologie im 13. Jahrhundert mit ihrem Einzug in die neue S-Welt zu einem unkalkulierbaren Risiko entschloß. Das haben damals nicht wenige Theologen empfunden. Aber richtig ist ebenfalls, daß vom Ertrage dieses Risikos die Neuzeit und noch die Gegenwart zehrt. Zur Gegenprobe dient das Schicksal des Islam.

Unter den Männern, die der neuen Wissenschaft zum Durchbruch verhalfen, war der Dominikaner Thomas von Aquino. Die Physik, die er vertrat, war wegen ihrer Darstellung der Kategorie Quantität wie keine andere dazu geeignet, das im Zusammenhang mit dem Vierten Laterankonzil gebildete Wort „*transsubstantiatio*“ zu interpretieren. Die Schwierigkeit der von diesem Konzil für verbindlich erklärten Sprachregel lag darin, daß sie davon ausging, die Substanzen von Brot und Wein existierten nach der Verwandlung nicht mehr. Denn der Augenschein bewies, daß ihre von Akzidentien wie Rot, Weiß, Flüssig und Gebacken gebildete äußere Erscheinung oder *species* erhalten blieb. Diese Akzidentien konnten aber ihren ursprünglichen Substanzen Brot und Wein nicht mehr inhärieren, denn diese durften, wenn man die lateranensische Regel ganz wörtlich nahm, nach der Verwandlung nicht mehr existieren. Sie konnten aber auch der umgebenden Luft nicht inhärieren, denn Luft ist nur bestimmter und nicht beliebiger Akzidentien fähig – z. B. nicht der Akzidentien „Gebacken“ und „Brechbar“. Und schließlich konnten sie auch, sofern man außer der Verwandlung nicht noch ein weiteres Wunder postulieren wollte, nicht völlig ohne Substrat existieren, denn Akzidentien sind dadurch definiert, daß sie ohne Substrat nicht existieren können.

Für solche Schwierigkeiten erlaubte die Interpretation der S-Wirklichkeit Quantität durch Thomas von Aquino eine überzeugende Erklärung. Obgleich die Quantität auch nach ihr ein Akzidens ist, nimmt sie zwischen den Substanzen und den übrigen Akzidentien eine vermittelnde Sonderstellung ein. Einerseits bewirkt sie die Individualität der Substanzen, und andererseits ist sie, grob bildlich gesprochen, ein die Substanzen umgebender Stellboden, auf dem die Natur die übrigen Akzidentien placieren kann. Diese Metapher trifft die Sache nicht eben genau, denn nach dem Erklärungskontext Thomas von Aquinos liegen Quantität und Substanz nicht wie getrennte Schichten übereinander, sondern sie durchdringen sich. Doch hilft die unzureichende Metapher, denjenigen Aspekt der Sache zu erfassen, auf den es hier gerade ankommt: erst die Quantität ermöglicht es einer körperlichen Substanz, ihre übrigen Akzidentien aufzunehmen. Die Quantität ist also in diesem Kontext nicht, wie man heute vermutlich spontan behaupten möchte, mit ihrer Substanz realidentisch und lediglich durch eine Operation des Verstandes von ihr zu trennen, sondern sie gilt als von ihrer Substanz real verschieden. Das klingt abstrus, ist aber nicht abstrus, denn es hat wie fast alle etwas sonderbar klingenden Behauptungen der „peripatetischen" Physik seinen Grund in der schlichten Erfahrung (Physik soll ja zunächst nur die schlichte Erfahrung verständlich machen). Wenn Wärme Eisen ausdehnt (und überhaupt immer, wenn das mit „peripatetischen" Denkmodellen im Grunde nicht erklärbare Phänomen der Verdünnung und Verdichtung von Körpern auftritt), bleibt die betroffene Substanz, z. B. Eisen, offensichtlich dieselbe, während ihre Quantität eine andere wird. Dies legt aber den Gedanken nahe, daß beide voneinander verschieden sind.

Die Substanz ist also nach dieser Physik, grob bildlich gesprochen, ein Kern, den die Quantität wie eine Schale umgibt. Aber diese Schale kann weiter existieren, auch wenn ihr bisheriger Kern zu existieren aufhört, und gegebenenfalls mit einem anderen Kern versehen werden. Diese Interpretation der Kategorie Quantität ermöglicht es Thomas von Aquino, die überzeugendste Erklärung für die von der lateranensischen Sprachregelung hervorgerufenen Denkschwierigkeiten zu entwickeln, die die theologische Dogmengeschichte kennt. Die Substanzen von Brot und Wein (als Kern) vergehen im Wege des Wunders, doch die von ihnen real verschiedene Quantität (als Schale) bleibt erhalten und kann mithin auf die natürlichste Weise als provisorisches Substrat der augenscheinlich weiterexistierenden Akzidentien von Brot und Wein fungieren.

III Ockhams Veränderung der Lehre von der Quantität

Thomas von Aquino hat die Lehre des Lateranense von der Eucharistie für einen Augenblick auf den modernsten Stand der Physik gebracht, aber gerade die Präzision und Aktualität seiner Theorie wird später zum Anlaß für ihre Gefährdung. Weil sie an eine ganz bestimmte Quantitätsauffassung und damit an ein geschichtlich fixiertes Entwicklungsstadium der Physik gebunden ist, wird sie von jeder späteren Änderung des Quantitätsverständnisses bedroht. Die Theologen, die die thomistische Theorie behaupten wollen, müssen unablässig die Physik überwachen, um einer derartigen Änderung sogleich entgegenzutreten. So ist die Dienerin der Theologie, weil sie in einer Dienstleistung von epochaler Bedeutung einmal die Abendmahlslehre auf den neuesten Stand der Physik gebracht hat, zu einer Gefangenen der Theologie geworden. Die Theologie kann wegen der Dogmatisierung der Transsubstantiation eine Änderung des Standes der Eucharistielehre und folglich eine Änderung des Standes der Quantitäts- und Substanzphysik nicht mehr einfach dulden. Gleichzeitig hat sich aber die Theologie zur Gefangenen dieser bestimmten Physik gemacht und muß deren Risiken teilen. In demselben Augenblick, in dem Wilhelm von Ockham im Anschluß an Petrus Olivi und mit der Animosität des Franziskaners gegen die dominikanischen Neuerer seine eigene Deutung der Kategorie Quantität in die Diskussion wirft (die sich später durchsetzen wird), ist die thomistische Erklärung der Transsubstantiation physikalisch überholt und hat im Grunde nur drei Möglichkeiten. Sie kann ihren physikalischen Anspruch aufrechterhalten, um in der Konkurrenz den kürzeren zu ziehen. Sie kann auf ihren physikalischen Anspruch verzichten und fortan als theologisches Spezialgut ohne wissenschaftliche Relevanz auftreten. Und sie kann schließlich aufgegeben werden. Die erste und die zweite Möglichkeit wurden inzwischen durchgespielt. Die erste war nicht öffentlich durchzusetzen. Die zweite hatte den Nachteil, in S-Welt und Erklärungskontext eine abgetrennte Sonderregion zu behaupten und dadurch zur Isolation zu führen. An der dritten laboriert die Institution zur Zeit.

Welche zentrale Rolle die Definition der S-Wirklichkeit Quantität bei dieser Entwicklung spielt, sieht man schon daran, daß in Ockhams Äußerungen über die Eucharistie die Diskussion der Quantität einen so beachtlichen Raum einnimmt. Es geht zunächst um ein systemtechnisch überlegenes (weil Entitäten ersparendes) Muster zur Verknüpfung von Dingen und Eigenschaften und damit um neue Regeln für die Verbindung entsprechender Zeichen. Für Ockham ist die Quantität (anders als für beinahe alle Autoren vor ihm) nicht etwas von der *res quanta* real Verschiedenes, auch nicht mehr gleichsam eine Schale um einen von ihr unterschiedenen Kern, sondern dasselbe wie die Substanz und die Qualität. „*Quantitas*" ist nur ein anderer Ausdruck für „*res quanta*". Man verwendet ihn, wenn man betonen will, daß eine Substanz oder Qualität bestimmte Teile besitzt, zwischen denen räumliche Bewegung stattfinden kann (4 Sent., qu. 4 G). Ich berücksichtige auf den folgenden Seiten aus Gründen der Übersichtlichkeit unter „*res quanta*" allein die Substanz. Wenn man davon ausgeht, daß in der S-Welt Substanz und Quantität nach dem von Ockham vorgeschlagenen Muster verknüpft sind, klingt die Aussage Thomas von Aquinos und seiner Schule, daß bei der Konsekration die Brotsubstanz zu existieren aufhört, doch ihre Quantität erhalten bleibt, genau so absurd wie der Satz, daß zwar die Brotsubstanz zu existieren aufhört, jedoch die Brotsubstanz erhalten bleibt. Die neue Quantitätsauffassung hat also eine gleichsam politische Nebenfolge. Indem sie den thomistischen Kontext gefährdet, der die lateranensische Regel für Aussagen über die Eucharistie so überzeugend zu rechtfertigen versteht, gefährdet sie indirekt diese Regel selbst. Wenn „Quantität" nur ein anderer Ausdruck für „*res quanta*" ist, bleibt es ohne Zusatzhypothesen keine physikalisch sinnvolle Aussage mehr, daß die Quantität als Behelfssubstrat für Akzidentien dienen kann, die unverändert weiter existieren, obgleich sich ihre Substanz verwandelt hat. Wer weiterhin die Transsubstantiationstheorie in jenem strikten Sinn vertreten möchte, der die Vernichtung der Brot- und Weinsubstanz miteinschließt, hat fortan auf den Widerstreit der Konsequenz, nach der Akzidentien ohne Substrat existieren müssen, mit Ockhams Lehre von der Quantität Rücksicht zu nehmen.

Nach den kirchenrechtlichen Bestimmungen ist die Entscheidung des Lateranense unaufhebbar. Dadurch ist die Sprachregel selbst zum Essential geworden. Dieser Sprachregel entspricht am ehesten die Annahme des Vergehens der Brot- und Weinsubstanz, die 1551 das Tridentinum in Sessio XIII auch zwingend vorschreibt (Denz. 884). Vor dem Tridentinum besteht allerdings theoretisch die Möglichkeit, eine Theorie der Transsubstantiation zu vertreten, die keine Vernichtung der Substanzen behauptet und daher ohne Zusatzhypothese mit der ockhamschen Innovation vereinbar ist. Eine solche Theorie gibt es bereits. Berengar von Tours hat sie angedeutet, und Duns Scotus hat ihre Vorzüge gesehen. Es ist die Theorie, die man später „Konsubstantiationslehre" nennt, die aber Ockham noch als Modus der Transsubstantiationslehre versteht. Unter ihrer Voraussetzung bleibt die Brotsubstanz auch nach den Wandlungsworten erhalten, kann also ihre Akzidentien weiter tragen, und die Substanz des Leibes Christi koexistiert mit ihr in einer kondensierten Form. Dies dürfte von der Sache her, wenn man auf einer realistischen Deutung des Abendmahls bestehen will, die einfachste Möglichkeit sein, den physikalischen Anstoß zu vermeiden und den Akzidentien von Brot und Wein ihr natürliches Substrat zu wahren. Erst aufgrund von äußeren Bedingungen wie der Sprachentscheidung des Lateranense und des Vorhandenseins der ihr unmittelbar entsprechenden Erklärung Thomas' führt sie zu Schwierigkeiten. Diese Theorie, erklärt denn auch Ockham, steht weder im Widerspruch zur Vernunft noch zu irgend einer biblischen Autorität. Auch ergibt sich aus ihr eine geringere Anzahl von Schwierigkeiten als aus irgend einer anderen Theorie, und jede Schwierigkeit, die sich dennoch aus ihr ergibt, ergibt sich aus der strikten Transsubstantiationslehre ebenfalls (4 Sent., qu. 6).

Trotzdem entscheidet sich Ockham nicht für diesen *modus rationabilior et facilior ad tenendum inter omnes modos* (ebd. D), für die vernünftigste und leichteste Erklärung, sondern respektiert den Umstand, daß das lateranensische Essential dem unbefangenen Hörer eher die Annahme der Vernichtung von Brot- und Weinsubstanzen nahelegt. Die gesetzliche Bestimmung, die die Verwendung des Ausdrucks „Transsubstantiation" zur Pflicht macht, ist nicht revidierbar. Die Autoritäten nach 1215 haben sich für die von ihm suggerierte Transsubstantiation bei Vernichtung der Brot- und Weinsubstanz entschieden, um diesem Essential nicht zu nahezutreten. Ockham macht daher Gebrauch von der Möglichkeit, die neue Lehre von der Quantität mit der strikten Transsubstantiationstheorie, die später das Tridentinum verbindlich vorschreibt, in Einklang zu bringen. Er konzediert die Vertretbarkeit der Zusatzhypothese, daß Gott, um nach der Konsekration die Weiterexistenz der Akzidentien von Brot und Wein zu ermöglichen, die nach der Vernichtung der Substanzen von Brot und Wein auf natürliche Weise unmöglich wäre, außer der Verwandlung der Substanzen noch ein zweites Wunder wirkt (was seiner Allmacht keine Schwierigkeiten bietet) (4 Sent., qu 7 D, S). Gott erhält durch dieses zweite Wunder die Akzidentien ohne ihr Substrat. Die Zusatzhypothese bringt keine Inkonsistenz in das System. Sie wird erst indirekt gefährdet, wenn die methodologische Regel, daß eine Theologie um so vernünftiger ist, je weniger Zusatzhypothesen sie einführt, in der theologischen Methodologie Gewicht bekommt.

Ockhams Entscheidung, das durch seine Physik gefährdete Essential unter Beibehaltung seiner Quantitätslehre durch die Einführung dieser Zusatzhypothese unangetastet zu lassen, ist für die Entwicklung in den folgenden Generationen nicht maßgeblich gewesen. So wurde die Einführung des neuen Musters für die Verknüpfung von Substanz und Quantität und der neuen Regeln für die Verbindung ihrer sprachlichen Zeichen zum Anlaß jahrhundertelanger Konflikte zwischen Gruppen und Institutionen. Ein Vorgang, der scheinbar von ausschließlich methodologischer Bedeutung und für die Praxis belanglos war, erwies sich unversehens als ein politischer Faktor. Dies müßte bei der Würdigung der späteren gedanklichen Entwicklung berücksichtigt werden – eine nur theoriebezogene Begriffsgeschichte ist vermutlich falsch. Die neue Quantitätsauffassung nicht aufzugeben, war eine Frage der Selbstbehauptung der Schule. Die ockhamsche Richtung tendierte immer unverhüllter zu dem, was diese Quantitätsauffassung am ehesten erwarten ließ und was man später als „Konsubstantiationstheorie" bezeichnete. Diesen Weg ging die Theologie des frühen Luthertums zu Ende, und das Tridentinum bezog die strikte Gegenposition. Transsubstantiationstheorie und Konsubstantiationstheorie waren zunächst kaum mehr als die Projektion des Umstandes, daß zwei Physiken sich über die S-Wirklichkeiten Quantität und Substanz nicht einigen konnten, auf die Theologie der Sakramente. Nun wurden sie zu zentralen kontroverstheologischen Positionen der augsburgischen und römischen Konfession. Darüber darf man nicht vergessen, daß beide ihre Entstehung demselben Verfahren verdankten. Beide ergaben sich gleichermaßen im Rahmen einer realistischen Abendmahlsauffassung aus der Anwendung je einer aristotelischen Schulphysik auf die Sakramentenlehre und waren deshalb gleichermaßen von den Krisen betroffen, die diese Schulphysiken nach einigen Generationen hinwegfegen sollten. Abgesehen davon besaß die lutherische Abendmahlstheorie gegenüber der römischen den Vorzug, daß sie auf der moderneren Physik beruhte. Diese Physik erfuhr im 17. Jahrhundert durch die Anwendung des ockhamistischen Substanz-Quantitäts-Modells auf die Deutung aller Qualitäten, wie sie zuerst die cartesianische Moduslehre vollzog, noch eine eindrucksvolle Bestätigung. Doch hatte demgegenüber die römische Abendmahlslehre den noch von Leibniz hervorgehobenen Vorzug, daß sie die lateranensische Sprachregel am besten wahrte und daher rechtlich die bessere Position besaß.

Im Gegensatz zu beiden entschied sich die calvinische Konfession unter Berufung auf Augustinus gegen eine realistische und für eine spiritualistische oder symbolische Theorie des Abendmahls. Diese hatte zunächst in kirchenrechtlicher und später in unionspolitischer Hinsicht den Nachteil, daß sie ausdrücklich gegen die Bestimmung des Lateranense verstieß und damit gleichsam verfassungswidrig war. Sie hatte dagegen den angesichts der bevorstehenden Umwälzungen in der Physik kaum zu überschätzenden Vorzug, ein zentrales Kapitel der Theologie gegen alle Wechselfälle der Physik zu immunisieren. Wie nützlich dies war und welche politischen Gefahren die Verquikkung von Physik und Abendmahlslehre barg, erwiesen spätestens die konfessionellen Kriege. Eine Möglichkeit zur Überwindung der bestehenden Konflikte bot aber die calvinische Lösung nicht, denn man konnte die von widerstreitenden Physiken veranlaßten Auseinandersetzungen kaum dadurch schlichten, daß man ein gemeinsames Essential beider Parteien verletzte. Die calvinische Lehre tastete den Abendmahlsrealismus an. Sie wurde deshalb von der römischen wie von der augsburgischen Konfession trotz ihrer Berufung auf Augustinus für eine Häresie erachtet und vermehrte bloß die Menge der Konflikte. Deren Beendigung war nur von einer Theorie zu erwarten, die 1. von einer realistischen Deutung des Abendmahls ausging, 2. mit einer spiritualistischen Deutung nicht unvereinbar war, 3. die Sprachregelung des Tridentinums respektierte, ohne in einer Zusatzhypothese ein Zusatzwunder zu postulieren, und 4. zugleich die Abendmahlslehre gegen Veränderungen der Physik immunisierte. Das waren scheinbar miteinander nicht zu vereinbarende Forderungen. Aber im 17. Jahrhundert wurde eine Lösung entwickelt, die ihnen genügte.

IV Der cartesische Schlichtungsversuch

Diese Lösung hat weder ein Mönch noch ein Theologe gefunden, sondern ein französischer Privatmann, der nach Holland emigrierte, um ungestört philosophieren zu können. Descartes hielt die Beseitigung der scholastischen Wissenschaft für unausweichlich, schon weil er entschiedene Ansichten über die Ursachen der konfessionellen Kriege vertrat. Z. B. erklärte er zwei Jahre vor seinem Tod in seinem berühmten Gespräch mit dem jungen calvinischen Theologen Frans Burman, der später Ordinarius in Leiden wurde: „Die Mönche haben zu allen Sekten und Häresien Anlaß gegeben, und zwar durch ihre scholastische Theologie, die man vor allem beseitigen müßte. Und weshalb sollte ein solcher Aufwand auch nötig sein, da wir doch sehen, daß einfache Leute und Bauern genau so leicht den Himmel erwerben wie wir? Dies müßte uns sicherlich eine Erinnerung sein, daß es völlig ausreicht, eine genauso einfache Theologie zu haben wie sie, statt sie mit vielen Kontroversen zu Tode zu reiten und dadurch zu verderben sowie den Anlaß zu Streit, Kriegen und dgl. zu geben“ (AT V, 176).

Die Alternative, die Descartes in diesem Passus vor Augen hat, ist sicher utopisch. Er denkt an eine Theologie, die sich einer nichttheoretischen, also einer „natürlichen" Terminologie bedient. Aber eine „natürliche" Terminologie gibt es nicht. Mit derselben Annahme hing schon das Scheitern des Zweifelnwollens in den „Meditationen" zusammen. Dort ging Descartes davon aus, daß Terme wie „Existenz" und „Denken" unmittelbar verständlich und nicht erst im Kontext bestimmter Theorien zu deuten sind. Er übernahm mit diesen scheinbar natürlichen Termen unvermerkt die Theorien, die sie erst verwendbar machten. In Wirklichkeit ist die Empfehlung, die er dem Theologiestudenten Burman gibt, nur zweckmäßig, wenn sie der Absicht zur vollkommenen Beseitigung der Theologie entspringt. Denn sie sieht eine Isolierung des Religiösen vor, die sich aus sachlichen, politischen und sozialen Gründen erst erreichen läßt, wenn es der politischen Macht oder der öffentlichen Meinung gelingt, das Sprechen über religiöse Gegenstände ganz zu unterbinden. Wissenschaftliche Veränderungen verändern fast immer den Wortbestand der Umgangssprache. Schon deshalb wäre die Kontaminierung der Theologie mit Wissenschaft auch dann nicht zu vermeiden, wenn die Theologie statt von Klerikern nur noch von Bauern betrieben würde, denn auch Bauern sprechen Umgangssprache. Die Forderung, in der Theologie nur noch natürliche Terme zu verwenden, entspricht also der Forderung, in der Theologie überhaupt nichts mehr zu sagen. Immerhin war aber die Pflege widerstreitender Theologien im klerikalen Sektor der Bevölkerung die zweckmäßigste Form der Gruppenkonkurrenz. Auch war sie häufig von politischem Nutzen, denn sie ermöglichte der politischen Macht die Behauptung, sie vertrete dieses oder jenes nur, um die wahre Lehre zu schützen. Auch andere Argumente sprachen dagegen, die theologischen Bemühungen kurzerhand abzubrechen. Die Isolierung des Religiösen, die der Vorschlag Descartes' an Burman im Grund implizierte, ist denn auch erst später gelungen. Sie gelang übrigens nicht zuletzt durch eine Tabuierung des Sprechens über Theologie, die sich als taktisch höchst effizient erwies. Denn sobald Gespräche über Theologie in Gesellschaften genau so als Fauxpas empfunden wurden wie beispielsweise Gespräche über Menses, war für die Angehörigen des Klerus ein entscheidendes Handicap geschaffen: sie konnten sich (im Gegensatz zu Offizieren, Kaufleuten oder Juristen) nun nicht mehr außerhalb der Kirchen über Gegenstände ihres Berufes äußern, ohne gesellschaftliche Spielregeln zu verletzen. Zugleich waren aber dadurch empfindliche Essentials entschärft, weil die Einigung, über einen kontroversen Gegenstand nicht mehr zu sprechen, der Einigung über diesen Gegenstand selbst enthebt. Die

Frage ist, ob nicht (gesamtgesellschaftlich gesehen) die Strategie verfehlt war. An Interessenten, welche den Klerikern entwundene Funktionen gern übernahmen, aber schwerer zu kontrollieren waren als Kleriker, hat es nicht gefehlt (nur in der Physik hat das Gesetz vom *horror vacui* ja seine Geltung verloren). Eine Auseinandersetzung mit solchen Interessenten war aber unkalkulierbarer als eine Auseinandersetzung mit Theologen, bei der die institutionellen Bedingungen schon vorher festgelegt waren und außerdem ein Zug abfedernder Appellationsinstanzen bestand, der nach dem Übergang zur Humanität ersatzlos gestrichen wurde. Auch fragt es sich, ob dieser Übergang den westlichen Gesellschaften irgend einen praktischen Vorteil gebracht hat. Die eindrucksvollsten Verfolgungsmechanismen sind erst danach entwickelt worden, und einiges spricht dafür, daß die Humanität die Funktionen, die vorher die Konfessionen zu erfüllen hatten, aus prinzipiellen Gründen nur schlechter erfüllen konnte. Denn auch sie fand keine Möglichkeit, innerweltliche Gerechtigkeit herzustellen, hatte aber darüber hinaus den Nachteil, daß sie angesichts des Ausbleibens innerweltlicher Regulation im Gegensatz zu den Konfessionen über keine kompensierenden Argumente verfügte. Auch hatte sie das Handicap, daß sich das Image des Menschen (im Gegensatz zum Image Gottes, den man nicht sieht) nur unter speziellen Bedingungen attraktiv halten läßt. Daraus ergaben sich mehrere Schwierigkeiten und Krisen. Vermutlich war der Übergang von den Konfessionen zur Humanität eine Innovation, die bisher nur spärliche Früchte getragen hat.
Von dem Gedanken an diesen Übergang war Descartes noch weit entfernt, und die letalen Implikationen seiner Äußerung an Burman für die Theologie sind ihm wahrscheinlich entgangen. Er wollte nicht die Religion eliminieren. Seine Aktivität in der Frage der Eucharistie war vielmehr darauf gerichtet, den „realistischen" Theologen seiner Konfession einen sicheren Weg zur Immunisierung ihrer Lehre gegen Wechselfälle der Wissenschaft zu zeigen. Er bot ihnen eine Lösung an, die noch viel mehr zu leisten wußte, jedoch den Nachteil hatte, daß sie die Theologen nicht akzeptabel fanden. Denn Descartes sah die einzige Chance zur Rettung sprachlicher Essentials wie „Transsubstantiation" in der Bereitschaft der Theologen, auf ihre überkommene Berufssprache zugunsten der neuen cartesianischen Sprache zu verzichten. Die Theologen sahen sich einige Generationen danach zwar zu vergleichbaren Schritten gezwungen, doch war es schwer, eine solche Entwicklung schon in der Mitte des 17. Jahrhunderts vorauszusehen. Die Schwierigkeit ist immer, zu entscheiden, ob eine Konzession unausweichlich ist oder nicht. Wenn man sie zeitig macht und wenn sie unausweichlich ist, erstickt man spätere Kom-

plikationen bereits im Keim. Wenn man sie zeitig macht und wenn sie nicht unausweichlich ist, macht man eine Konzession, die man sich hätte ersparen können. Jedenfalls gab es in diesem Fall institutionelle Einschränkungen des Innovationsspielraums, von denen im folgenden Kapitel gesprochen wird. Denn Descartes' Reform der Philosophie beschränkte sich nicht wie die ockhamsche auf eine Neuinterpretation des einen oder anderen Punktes der aristotelischen Kategorientafel bei grundsätzlicher Wahrung der traditionellen Wissenschaft. Descartes verwarf diese Tafel ganz und gar und ersetzte ihre zehn Positionen durch die Kategorie der Substanz im neuen Sinn mit ihren beiden Klassen von Zuständen oder Modi. Dadurch veränderte er beinahe alle überkommenen Muster für die Verknüpfung von Gegenständen mit Eigenschaften und anderen Gegenständen. Zugleich veränderte er die sprachlichen Regeln für die Verwendung von Gegenstands- und Eigenschaftszeichen im Erklärungskontext. Weil es aber in der scholastischen Theologie v. a. um Beziehungen zwischen Substanzen und um die Vermittlung von Qualitäten an Substanzen ging, hätte ein Erfolg des cartesischen Angebots die Frage einer Neuformulierung fast der gesamten Theologie aufgeworfen. Ein solches Unternehmen mußte schon deshalb unkontrollierbare Konsequenzen haben, weil es die Übersetzung oder Aufhebung fast aller rechtsgültigen Glaubensvorschriften erforderlich machte und dadurch andere politische und geistliche Gefahren heraufbeschwor als die verhältnismäßig bescheidene Neuerung Ockhams. Im übrigen hatte Descartes zur Umbenennung der Akzidentien in Modi, die der kritische Punkt seiner sprachlichen Innovationen war, vermutlich auch eine Stelle des führenden Autors der Jesuitenschule von Coimbra angeregt, der offenbar die Tragweite seiner Anregung unterschätzte.

Wer in der Umgestaltung der Philosophie so weit zu gehen bereit ist wie Descartes, hat seine Meinung über die konkurrierenden „realistischen“ Eucharistielehren schon implizit geäußert. Der junge Antoine Arnauld, dessen kirchenpolitische Affären schon wenige Jahre danach die *«Lettres provinciales»* veranlassen werden, bemerkt mit sicherem Blick in seinen Einwänden gegen die „Meditationen“: „Wenn man Descartes' Prinzipien befolgt, dann können wahrscheinlich die Dinge nicht unangetastet bleiben, die die Kirche über die allerheiligsten Mysterien des Altares lehrt“ (AT VII, 217). Um sich von diesem Verdacht zu reinigen, ist nun Descartes entgegen seiner Absicht gezwungen, die Verträglichkeit seiner Wissenschaft mit einer bestimmten Theologie zu diskutieren und damit in die Nähe eines Verfahrens zu geraten, das er den Scholastikern gerade vorwirft. Zwar äußert sich Descartes in dieser öffentlichen Diskussion noch ausweichend und defensiv (AT VII, 248–256). Fünf Jahre später aber spricht er mit allem Freimut, und zwar in vertraulichen Briefen an den jungen Jesuiten Mesland, über den das Manuskript von Chartres (nicht ganz exakt) berichtet: „Dieser Pater wurde nach Kanada relegiert, wo er starb, und zwar infolge seiner allzu engen Bindung an M. Descartes“ (AT IV, 345). Descartes hält sich also gegebenenfalls auch selbst nicht an das Konzept der Bauerntheologie.

Er rechnet vielmehr mit der Möglichkeit, die Theologie der Mönche durch das bloße Angebot einer wegen ihrer Klarheit und Deutlichkeit die Öffentlichkeit zur Zustimmung geradezu zwingenden Theorie aus der Konkurrenz zu werfen. In einem Brief an Mersenne erklärt er es zu seinem Ziel, „Männer mit ihren eigenen Waffen zu schlagen, die Aristoteles mit der Bibel vermengen und die Autorität der Kirche zur Befriedigung ihrer Leidenschaften mißbrauchen; ich meine die, die Galilei verurteilt haben und meine Meinungen gern ebenso verurteilten, wenn sie nur könnten“ (AT III, 349 f). Solche Männer schlägt man dadurch mit ihren eigenen Waffen, daß man nun seinerseits die Theologie physikalisch interpretiert, allerdings mit den Kategorien der wahren Physik. Zwar konnte die wahre Physik (das entging Descartes) kaum als ein Mittel zur Stabilisierung dienen, denn von den folgenden Generationen entwickelte beinahe jede ihre eigene wahre Physik. Doch zeigte sich glücklicherweise, daß der Vorschlag Descartes' nicht an die cartesische Physik gebunden war und das Eintreten jeder Physik gestattete, deren Prinzipien die Immaterialität der Seele nicht ausschlossen.

Descartes' Behebung der Schwierigkeiten in der Abendmahlslehre beginnt damit, den Blick von der Verknüpfung der S-Wirklichkeiten Substanz und Quantität auf die Verknüpfung der S-Wirklichkeiten Körper und Seele umzulenken. Wenn wir vom Körper eines Menschen reden, heißt es im Brief an Pater Mesland vom 9. Februar 1645, dann denken wir wegen des dauernden Austauschs der ihn zusammensetzenden Stoffe keineswegs an ganz bestimmte Materie, sondern jeweils an die, die im Augenblick mit seiner Seele vereinigt ist. Wir halten einen menschlichen Körper für intakt, solange er die zu dieser Vereinigung erforderlichen Dispositionen besitzt, d. h. solange er ein menschlicher Organismus ist. Weil immer neue Materieteilchen in unseren Körper eingehen oder ihn verlassen, kann unser Körper den Grund seiner Identität nicht in sich selber tragen. Wir sagen nicht deshalb, er sei derselbe geblieben, weil er immer noch aus derselben Materie besteht, sondern weil trotz des unablässigen Wechsels der ihn zusammensetzenden Korpuskeln die Seele, mit der er eine Zeitlang vereinigt wird, dieselbe bleibt. Irgend welche Materie kann nur deshalb „menschlicher Körper" heißen, weil sie mit einer vernünftigen Seele vereinigt ist. Folglich muß auch die Identität dieses Körpers allein auf seiner Vereinigung mit einer bestimmten Seele und nicht auf seiner stofflichen Zusammensetzung beruhen.

Unter dieser Voraussetzung kann aber das Wunder der Transsubstantiation nur darin bestehen, daß anläßlich der Wandlungsworte die Seele Christi mit der Materie von Brot und Wein vereinigt wird, obgleich sie nicht die Dispositionen besitzt, anläßlich derer gewöhnlich eine Seele mit Materie verbunden wird, d. h. obgleich sie nicht die Struktur eines menschlichen Organismus besitzt. Die Wandlungsworte übernehmen die Funktion der organischen Dispositionen. Das ist nun ohne Verletzung der „Naturgesetze" möglich, weil es nach dem cartesischen Kontext vor einer positiven Bestimmung durch Gottes Willen überhaupt keine Naturgesetze gibt. Diese cartesische Interpretation der Eucharistie ermöglicht weiterhin die Behauptung, daß Brot und Wein im Weg der Transsubstantiation zum Leibe Christi werden, nimmt aber jeden Anlaß zu der Ansicht, daß ihre Substanzen oder Eigenschaften dabei eine physikalische Veränderung erfahren. Damit wird die Frage nach dem Verhältnis von Substanz und Akzidentien für die Theologie des Abendmahls irrelevant, doch zugleich ist zentralen Interessen der damals beteiligten Parteien Genüge getan.

Descartes wahrt das Interesse der Legitimität, denn er verstößt nicht gegen die Sprachregel, die durch die alte Bestimmung des Lateranense und noch präziser durch die Formulierung der 13. Sessio des Tridentinums zum Essential geworden ist. Er wahrt das Interesse der Wissenschaft, denn er macht die Eucharistietheorie mit jedem neuesten Stand der Physik verträglich, der die Annahme der Immaterialität der menschlichen Seele nicht ausschließt. Die meisten physikalischen Revolutionen sind damit für die Sakramententheologie belanglos geworden. Descartes wahrt das Interesse der Theologen augsburgischer Konfession, weil er die reale Gegenwart Christi lehrt, ohne eine physische Verwandlung der Brot- und Weinsubstanz zu fordern. Und schließlich verstößt er nicht gegen die Interessen der Calvinisten, weil er die „realistische" Abendmahlsauffassung in eine Sprache übersetzt, in der sie mit der „spiritualistischen" vereinbar wird. Verständlicherweise wird die Behauptung, die cartesische Abendmahlsauffassung sei calvinistische Konterbande, sehr bald zu einem Topos der anticartesischen Propaganda in Frankreich und leuchtet auch führenden Reformierten ein, z. B. Pierre Bayle.

Schon weil die Theologen sich schwerlich bereit erklären konnten, ihre traditionelle Berufssprache zugunsten der cartesischen aufzugeben, ist der Vorschlag Descartes' zur Schlichtung der Eucharistiekonflikte nicht verwirklicht worden. Die Auseinandersetzungen zogen sich hin, verloren mehr und mehr an öffentlichem Interesse und brauchten am Ende überhaupt nicht mehr geschlichtet zu werden. Descartes hat also in seinem Jahrhundert keine Gelegenheit mehr gehabt, durch den Verzicht auf Bauerntheologie peripatetische Theologen mit ihren eigenen Waffen zu schlagen. Es war vergeblich, daß er der Physikalisierung der Abendmahlslehre nun seinerseits durch Physik ein Ende zu bereiten suchte. Die Unterschiede zwischen den Konfessionen waren gleichsam fest geworden und dienten nun als Eckpfeiler einer neuen Ordnung. Zu viele Interessen stützten sich bereits auf sie, und wer sie beseitigen wollte, der mußte diese Interessen mitbeseitigen. Ein theoretischer Streit, der ideologisch geworden ist, ist dadurch charakterisiert, daß man ihn mit theoretischen Argumenten allein nicht mehr schlichten kann. Daher kamen Descartes' Argumente für die Lösung des neuzeitlichen Abendmahlsstreites zu spät. Auch trug die Erwartungslage seiner Kontrahenten zu seinem Scheitern bei. Die Theologen der römischen Konfession wie beider aus der Reformation hervorgegangenen Konfessionen waren längst des Treibens müde und verspürten keine Neigung mehr, sich auf das Risiko von Veränderungen einzulassen. Sie entschieden sich für die Orthodoxie, scheinbar die einzige Möglichkeit, ohne Veränderungen zu leben. Sie hatten sich bereits beim Tod Descartes' in einen Bereich zwischen Wissenschaft und Mythos zurückgezogen, der sich vom Bereich des bloßen Mythos v. a. dadurch unterschied, daß er noch vor kurzem der Stand der Wissenschaft gewesen war. Er war so unveränderlich wie der peripatetische Himmel und bot deswegen scheinbar kein Risiko und sicher keine Chance. Doch Isolierung ist für Gruppen immer ein Risiko, und Chancen hätte der Rückzug nur dann geboten, wenn sich die westlichen Theologen entschlossen hätten, allein noch ihre sakralen Funktionen wahrzunehmen. Das wollten sie nicht, und deshalb machte ihre Isolierung von den Innovationen des Westens ihre Haltung inkonsistent. Denn sie beraubte sie der Fähigkeit, die immer komplizierteren sozialen Systeme, an deren Regulierung sie weiterhin Interesse zeigten, überhaupt noch zu verstehen.

Die öffentliche Meinung neigte ihrerseits aufgrund der ihr verfügbaren Informationen über die Erfolge der neuen Führungsgruppen dazu, eine immer größere Anzahl von Dingen für wichtiger zu halten als systematische Theologie. Sie zeigte sich ohne Widerstreben bereit, Wirklichkeitskriterien der Wissenschaft zu akzeptieren, auch wenn sie für die Theologie verhängnisvoll waren, weil sie Gott oder Gegenstände wie die Eucharistie aus dem Bereich der Wissenschaft entfernten und ihnen dadurch das Ansehen des Seriösen nahmen. Erst unter dem Eindruck bestimmter Nebenfolgen wird neuerdings die Praktikabilität des triumphalen szientistischen Erfolgsmodells auch von den relevanten meinungsbildenden Kräften wieder in Frage gestellt – der gegenwärtige Stand eines Prozesses, in dessen Verlauf die Eucharistie wenn nicht unpraktikabel, so doch unprädikabel geworden ist. So blieb denn auch die leibnizsche Eucharistietheorie, die der cartesischen sehr ähnlich war und ihre pragmatischen Vorzüge teilte, fast wirkungslos. Eine Reunion der Konfessionen in Deutschland ließ sich durch sie nicht erreichen, schon weil sie für Frankreich nachteilig war. An dieser Realität mußte auch die beste theoretische Lösung scheitern – ein Beispiel dafür, daß die Geschichte der Theorien sich nicht allein von den Theorien her erklären läßt. Die Zeit der wissenschaftlichen Lösungen war vorüber. Was sie erreichen sollten, bot provisorisch die prinzipielle Entschärfung des Abendmahlsstreits durch die staatsrechtliche Sicherung eines zumutbaren *Modus vivendi.* Dieses Problem der frühen Neuzeit, das durch etwas scheinbar so Harmloses wie die Einführung eines neuen Modells für die Verknüpfung von Dingen und Eigenschaften und der entsprechenden sprachlichen Regeln ausgelöst worden war, beunruhigt inzwischen fast niemanden mehr. Es gehört zu den zahlreichen Problemen, die man dadurch löste, daß man sie vergaß. Allerdings vergißt man ein ungelöstes Problem gewöhnlich erst dann, wenn die S-Wirklichkeiten, die es erzeugten, aus der S-Welt herausgefallen sind. Dies wiederum setzt derart vielfältige Entwicklungen und Operationen voraus, daß wenig für die Ansicht spricht, Vergessen sei eine einfache Art, Probleme zu lösen.

3. Kapitel

Descartes: Veränderung der Physik

I Impulse der Innovation

Die Schwierigkeiten, die sich seit dem 14. Jahrhundert bei der Eucharistie ergaben, beruhten auf einer an sich minimalen Veränderung von S-Welt und Erklärungskontext. Eine theoretische Lösung für diese Schwierigkeiten, die den Essentials aller Seiten gerecht werden konnte, hat erst der Cartesianismus geboten, der sich nicht mit partiellen Veränderungen zufrieden gab, sondern eine neue S-Welt und einen neuen Erklärungstext entwarf. Der europäische Kontinent erlebte in der ersten Hälfte des 17. Jahrhunderts eine ganze Anzahl von theoretischen Innovationsversuchen. Daß unter diesen der aufwendigste auch der erfolgreichste war, ist höchst erstaunlich und spricht dafür, daß eine Ausnahmesituation bestand, in der man sich allein von radikalen Maßnahmen noch etwas versprach. Bezeichnenderweise hatte Descartes während mehrer Jahre die Absicht, seinen Neuentwurf (in der dann angesichts der Verurteilung Galileis doch nicht von ihm veröffentlichten Schrift *«Le Monde»)* unter der Gestalt der Beschreibung einer durch ihn geschaffenen neuen Welt einzuführen: „Erlauben sie Ihren Gedanken eine Weile, diese Welt zu verlassen und eine andere anschauen zu gehen, die ich vor Ihren Augen im imaginären Raum entstehen lasse" (AT XI, 31). Anspielungen Descartes', deren Sinn nicht völlig klar ist, sollten vermutlich zu der Überlegung Anlaß geben, ob diese Fabel real oder ob die akzeptierte Realität eine Fabel ist. Auf den ersten Blick insinuiert Descartes mit dem Slogan *„Mundus est fabula"* die Meinung: «*„Le Monde"* ist eine Fabel». Schon wenige Jahre später wird aber *«Le Monde»* als die Beschreibung der wirklichen Welt verstanden. Der neue Erklärungskontext hat die neue S-Welt hervorgebracht. Die Gebildeten verlassen, wie Descartes ihnen vorschlug, die peripatetische S-Welt – allerdings nicht nur für eine Weile.

Man wird diese große Innovation, die für die akzeptierte S-Welt und ihre Erklärungskontexte zu einem so gefährlichen Gegenspieler wurde und erst viel später für eine kurze Zeit, an deren Ende Kant steht, mit ihnen zu einer neuen Einheit verschmolz, nicht auf zwei oder drei Motive zurückführen können. Aber einiges spricht dafür, daß sie weniger von im heutigen Sinn „philosophischen" Erkenntnissen als von einer naturwissenschaftlichen Grundsatzüberlegung und einem praktischen Interesse veranlaßt wurde. Die physikalische Grundsatzüberlegung betrifft die Beschreibbarkeit nicht nur einiger, sondern sämtlicher Naturvorgänge durch Geometrie. Das praktische Interesse ist der Wunsch nach intensiverer Beherrschung der Natur. Beide Motive hängen eng miteinander zusammen.

Der Wunsch nach intensiverer Beherrschung der Natur geht mit hoher Wahrscheinlichkeit nicht auf etwas zurück, das man noch vor fünfzig Jahren als „prometheisches Selbstgefühl" bezeichnet hätte, sondern auf die ziemlich praktische Erfahrung, daß die Gesellschaft gegen Ende der konfessionellen Kriege in Not ist und Hilfe braucht. Hilfe, vermutet Descartes, wird aber nicht in einer Wiederherstellung und Festigung der früheren Verhältnisse bestehen, die offenbar den Keim der späteren Verwicklungen bereits enthielten. Denn Descartes interpretiert wie zahlreiche Autoren die konfessionellen Kriege als Eskalation philosophischer Schulstreitigkeiten zwischen Theologen. Die von diesen Kriegen geschaffenen wirtschaftlichen und gesundheitlichen Verhältnisse sind kaum erträglich. Zu besseren Verhältnissen gelangt man dadurch, daß man lernt, die Welt und ihre Zusammenhänge besser zu verstehen, und das heißt damals: durch eine bessere Philosophie. Diese bessere Philosophie muß erst entwickelt werden. Sie wird durch ihre Erfolge für sich selber sprechen, und sobald die Beherrscher der Staaten sie daraufhin einstimmig verordnen, entfällt der Anlaß zu ideologischen Kriegen. Die Erfolge dieser Philosophie werden aber darauf beruhen, daß sie als Theorie für eine leistungsfähige Technik und Medizin geeignet ist. Zu deren Entwicklung braucht man Frieden. Frieden schafft die neue Philosophie durch die Entscheidbarmachung strittiger Materien.

Descartes denkt nicht an das liberale Konzept, nach dem man den Frieden dadurch gewinnt, daß man die Menschen zwar hindert, sich wegen strittiger Materien die Köpfe einzuschlagen, sie aber im übrigen ungehindert streiten läßt. Schon deshalb bleibt er am Nachweis des Daseins eines Richtergottes und der Unsterblichkeit der Seelen, die einmal vor ihm erscheinen müssen, interessiert. Dieser Nachweis ist aber zugleich von einigem Belang für die Physik, die nur funktionieren kann, wenn sie sich auf Gottes Dasein verlassen darf. Zur Theorie für eine erfolgreiche Technik wird die neue Philosophie durch die Annahme, daß das Universum zwar ein Kontinuum, aber ein Kontinuum aus Korpuskeln ist, daß diese Korpuskeln sich nach unverbrüchlichen Gesetzen für Geschwindigkeit, Masse und Richtung bewegen und daß infolgedessen bei allen Sachverhalten im Universum Prognosen und präzis gezielte Aktionen möglich sind. Zur Theorie für eine erfolgreiche Medizin wird die neue Philosophie durch die Annahme, daß auch lebendige Körper (sich selbst regulierende) mechanische Systeme von Korpuskeln sind und keinen anderen Gesetzen unterliegen als den allgemeinen Gesetzen der Physik. Diese beiden unerhörten Annahmen sind die wichtigsten neuen Grundthesen der cartesischen Physik. Die übrigen werden aus der alten Physik übernommen oder sind aus Gründen der Konsistenz erforderlich. Es ist nicht schwer zu sehen, daß die genannten beiden Grundthesen mit der geschichtlichen Situation Descartes' aufs engste zusammenhängen: die Situation gibt den Spielraum.

Doch wird man nicht sagen dürfen, die Art der Ausfüllung des Spielraums sei durch die Situation erschöpfend vorgeschrieben, denn bei Autoren derselben Zeit findet man vergleichbare physikalische Überlegungen, die eher von *curiosité* veranlaßt sind und nicht auf Anwendung zielen, und andererseits Projekte gesellschaftlicher oder politischer Veränderung ohne Hinblick auf die Ressourcen, die eine neue Naturwissenschaft zu erschließen vermag. Man wird also für Descartes' intensives Interesse an Anwendungen in Medizin und Technik eine eigene Erklärung finden müssen. Es entspricht z. B. dem Programm der Rosenkreutzer, aber auch dem Tenor der Unterredung Descartes' mit dem Kardinal de Bérulle im Jahre 1628. Beide Analogien gestatten freilich bislang keine sicheren Schlüsse. Descartes' „physiko-mathematisches" Interesse, das (wie auch immer) mit seiner geschichtlichen Situation zusammenhängt, veranlaßt ihn, als universales Instrument der Naturerklärung mechanische Bewegungs- und Stoßgesetze zu entwickeln. Mit dieser Aufgabe ist er offensichtlich überfordert, z. B. wegen der Unzulänglichkeit seiner mathematischen Mittel. Doch haben seine Naturgesetze dadurch, daß sie gleichsam als negative Paradigmata an der Herausforderung der späteren Versuche bis hin zur newtonschen Mechanik beteiligt sind, für die Entwicklung der Wissenschaft große Bedeutung. Diese Wissenschaft wird zur theoretischen Bedingung der späteren ökonomischen und technischen Entwicklung, und ein solcher Zusammenhang entspricht genau den Erwartungen Descartes'. Nur war der Weg so geradlinig nicht, wie er erhoffte.

Wahrscheinlich ist es nützlich, sich klar zu machen, daß solche Erwartungen nicht selbstverständlich sind. Wenn sie selbstverständlich wären, dann hätte es die heutige Wissenschaft und Technik viel früher gegeben. In Wirklichkeit setzen sie beachtliche Verschiebungen der Wünsche voraus. Solange man überzeugt ist, daß Not und Krankheit von Gott zur Bewährung und Läuterung der Armen und Kranken geplant und daß Bewährung und Läuterung Bedingungen des ewigen Glücks sind, hat man kein Interesse daran, Not und Krankheit durch eine globale Aktion zu begegnen — sie haben ja eine wichtige Funktion zu erfüllen. Erst wenn man diese Überzeugung aufgibt oder einschränkt, gelangt man möglicherweise zu baconschen oder cartesischen Intentionen. Die frühere Überzeugung wird durch die spätere Gegenentscheidung nicht theoretisch widerlegt, sondern lediglich in der Praxis aufgegeben. Die Prioritäten der Erwünschtheit verlagern sich, aber damit ist über „absolute" Prioritäten (sofern es die gibt) nichts entschieden. Die Spiritualität, die Armut und Krankheit als Schickung Gottes akzeptierte, wurde niemals als absurd erwiesen, und die Entscheidung, die Befriedigung der Bedürfnisse in den Glücksprozeß einzuschalten, hat sich niemals als die weiseste aller Möglichkeiten erwiesen (damit hängen gegenwärtige Krisen der westlichen Gesellschaften zusammen).

Sehr vieles spricht dafür, daß sich der Westen im 17. Jahrhundert in einer Entscheidungssituation befand und gleichsam wählen konnte. Er hat sich gegen das christliche Bewährungs- und Läuterungsprinzip und für die Minimierung von Krankheit und Not entschieden. Diese Entscheidung, die sich, soweit ich sehe, sozialgeschichtlich nicht hinreichend erklären läßt, war außerordentlich folgenreich, und die Fortschritte und Probleme, Gewinne und Verluste der kommenden Generationen hängen eng mit ihr zusammen. Es ist zu vermuten (wenn man dergleichen vermuten darf), daß auch die Gegenentscheidung äußerst folgenreich gewesen wäre. Für sie sprachen solche Autoren, die kleinere Lösungen für richtig hielten. Ihre geringe Schätzung von Innovationen beruhte nicht zuletzt auf einem geringen Maß an subjektivem Bedürfnis nach Innovationen. Darin lag wieder, wie sich später zeigte, ein gewisses Maß an Weisheit, denn die Frage, was wichtig ist, läßt sich unterschiedlich beantworten, und Antworten, die nur einen kleinen Aufwand erforderlich machen, haben vieles für sich. Eine gewisse Bestätigung der damaligen innovationsskeptischen Traditionalisten hat sich dadurch ergeben, daß die Neuzeit unglücklicherweise fast immer auf extrem problemerzeugende Problemlösungen verfiel. Allerdings ist die Entscheidung, die der Westen damals getroffen hat, ganz unabhängig vom möglichen Für und Wider vor allen anderen dadurch ausgezeichnet, daß sie tatsächlich gefallen ist und zu unseren Ausgangsbedingungen gehört. Sie hat das Gesicht unserer S-Welt geprägt, aber sie war nicht selbstverständlich und vermutlich auch nicht unausweichlich.

Nur wer zu der Überzeugung gekommen ist, daß Krankheit primär ein Hindernis des Glücks und daß ein bestimmtes Niveau der Bedürfnisbefriedigung zumindest eine Bedingung des Glücks ist, wenn nicht noch mehr, kann überhaupt auf den Gedanken verfallen, man müsse die Wissenschaft so reformieren, daß sie zur theoretischen Grundlage einer effizienten Medizin und Technik werden kann. Insofern ist Bedingung der Möglichkeit der technischen Zivilisation so etwas wie eine moralische Vorentscheidung. Auf der anderen Seite setzt diese Vorentscheidung, wenn sie mit Realisierbarkeit assoziiert und überzeugend werden soll, sowohl partielle Erklärungserfolge des neuen Wissenschaftsansatzes als auch einen Stand der Technologie voraus, der eine Veränderung der Welt durch Technik prinzipiell als möglich erscheinen läßt. Keine der uns historisch zugänglichen Situationen entbehrt vergleichbarer Vorbedingungen. Daher ist es müßig, theoretisch entscheiden zu wollen, ob gesellschaftliche Bedingungen oder moralische Vorentscheidungen von Individuen bei nicht allein durch theoretische Konsequenz veranlaßten Innovationen das Frühere sind, denn niemand kennt den allerersten Fall, und danach gibt es immer beides. Moralische Vorentscheidungen der Individuen veranlassen gesellschaftliche Veränderungen, aber gesellschaftliche Bedingungen provozieren Individuen zu moralischen Vorentscheidungen. Behauptungen, die weitergehen, wird man aussprechen dürfen, aber nicht, ohne klarzustellen, daß sie auf Vorentscheidungen beruhen.

Descartes verspricht seiner Gesellschaft eine radikale Verbesserung der Technik und Medizin mit Hilfe seiner Theorie, und eine Theorie, die sich zu solchen Leistungen imstande erklärt, trägt viel zum Ende der mit sich selbst konkurrierenden Scholastiken bei, durch die nach damals verbreiteter Überzeugung die konfessionellen Kriege entstanden sind. Damit trägt sie zugleich zum Ende der nichtmathematischen Naturerklärung und zum Ende des Sonderstatus der Organismen bei. Der Cartesianismus wird von der Gesellschaft auf das bloße Versprechen hin rezipiert, er könne die Zustände auf eine befriedigende Weise verändern (das freilich die Schulphilosophie nicht geben kann und auch nicht geben möchte: ihr oberstes Ziel ist die Schau). Später zeigt sich, daß der Cartesianismus dieses Versprechen nicht halten kann. Man gibt ihn wieder auf, aber man gibt nicht seine Grundforderung nach einer mathematischen Erklärung der gesamten Natur wieder auf. Insofern darf man in den anticartesischen Physiken der drei folgenden Generationen eine Fortsetzung des Cartesianismus mit anderen Mitteln sehen. Das Verlangen Descartes' nach Beherrschung der Natur zielt auf die Entlastung des in Not geratenen Menschen und erfordert einen neuen Erklärungskontext. Damit veranlaßt es die Konstruktion einer neuen S-Welt mit neuen Verknüpfungsmustern. Freilich, den rezipierten Erklärungskontext, den der Cartesianismus ersetzen möchte, gibt es bereits seit Aristoteles und Platon. Er hat sich in Jahrhunderten bewährt. Weshalb will man ihn nicht verbessern, sondern ganz ersetzen?

II Descartes' Dissens mit der Tradition betrifft primär nicht Fakten, sondern Kriterien

Die Frage, weshalb Descartes den akzeptierten Kontext radikal ersetzen wollte, ist schwer zu beantworten. Denn es gab Methoden, die es ermöglichten, im Rahmen der Scholastik neue Lehren zu vertreten, selbst wenn sie zunächst akzeptierte Thesen, ja selbst die Konsistenz des Systems gefährdeten. Denn die Scholastik war kein immobiles System, sondern hatte sich in den drei vergangenen Jahrhunderten als außergewöhnlich flexibel und anpassungsfähig erwiesen. So brachte das 14. Jahrhundert eine Umwälzung in der Dynamik, die Impetus-Theorie, die zu einem Neudurchdenken der gesamten Physik zwang. Sie fand sich weder bei Aristoteles noch bei Aquino, und später stützten sich Neuerer wie Galilei auf sie. Selbst eine so entscheidende Neuerung vermochte sich bei den Scholastikern durchzusetzen, weil sie die „gewaltsame Bewegung" überzeugender erklärte als die vorher rezipierten Mediumlehren und weil es ihren Urhebern in Paris gelang, sie mit vagen Aristotelesstellen zu decken. Bereits im 15. Jahrhundert war man im allgemeinen der Ansicht, die Impetus-Theorie sei die dynamische Theorie des Aristoteles gewesen. Auch das nichtptolemäische Weltbild des Copernicus wurde im 16. Jahrhundert aufgrund seiner Erklärungsvorteile z. B. an der Universität Salamanca als eine wahrscheinliche Hypothese vertreten. Und schließlich entwickelte Tycho de Brahe ein heliogeozentrisches System, das der Aristoteleskommentar der Jesuiten von Coimbra (im 17. Jahrhundert eins der angesehensten Handbücher Europas) als die wahrscheinlichere Hypothese übernahm.

Es hat also in der Schulphilosophie unablässig Streit über Gegenstände und Sachverhalte gegeben, der teils entschieden, teils über Jahrhunderte fortgeführt wurde. Dissens in Sachfragen war in diesem Stadium der Wissenschaft nicht ungewöhnlicher als heute. Der sachliche Inhalt einer These war offenbar, solange er den Status Gottes und des Heiligen nicht tangierte, für sich kein zureichender Grund für ihre Verwerfung. Es wäre theoretisch möglich gewesen, daß die Schulphilosophie am Anfang des 17. Jahrhunderts auch die Atomistik oder die Korpuskularphilosophie rezipierte, wenn man (wie es später ohnehin geschah) mögliche Implikationen gegen Gottes Allmacht und universelles Schöpfertum ausschloß. Für eine solche Rezeption sprachen sachliche Gründe, z. B. die Unfähigkeit der peripatetischen Elementenphysik, Phänomene wie die Verdichtung und Verdünnung von Materie befriedigend zu erklären. Auf die Frage, weshalb die cartesische Korpuskularphysik von den Schulen nicht einfach assimiliert worden ist, ist es deshalb wohl die wahrscheinlichste Antwort, daß der Dissens zwischen Descartes und den Schulen im Grund nicht materiale, sondern formale Fragen betraf. Die Urheber der neuen Wissenschaft weigerten sich, eine wesentliche Bedingung der Rezeption zu erfüllen, und verwandelten dadurch den Streit um Fakten in einen Streit um die Kriterien der Wirklichkeit.

Das Wirklichkeitskriterium der Schulphilosophie war in diesem Stadium Bezeugung durch Autoritäten mit der Zusatzbedingung der Erfahrungsverträglichkeit. Die Schulphilosophie war ein System traditioneller Legitimität, und „Traditition“ war in ihr institutionell definiert als das in den Werken solcher Autoren vorhandene Material, die von den Kirchen und Universitäten als Autoritäten anerkannt waren. Die Schulphilosophen beriefen sich, wo immer sie konnten, auf anerkannte Autoritäten, auf einen festumrissenen Bestand an Traditionsgut. Wenn es gelang, die Verträglichkeit einer neuen These mit diesem Traditionsgut zu beweisen, stand ihrer Aufnahme in den Fundus des zu tradierenden Wissens nichts Prinzipielles im Wege. Der Beweis der Verträglichkeit war durch eine zweckdienliche Interpretation der Autoritäten zu führen, für die es bestimmte Regeln gab (auch heute sind unter speziellen politischen Bedingungen wissenschaftliche Thesen erst nach der Belegung mit Zitaten aus quasikanonischen Autoren vertretbar). Ein solcher Verträglichkeitsbeweis ließ sich sehr häufig führen, d. h. es gab die Möglichkeit, Theoreme, die streng genommen Innovationen waren, mit Hilfe der Interpretation in den Status der Tradition zu erheben. Auf diese Weise wurde die Interpretation der Autoritäten zum wichtigsten Instrument der Wissenschaftsevolution. Sie ermöglichte beachtliche Veränderungen im Faktenbestand, in den Verknüpfungen und im Erklärungskontext ohne irgend eine Verletzung des Traditionskriteriums.

In der Schulphilosophie als einem System traditioneller Legitimität ist legitim, was sich mit der Tradition vereinbart, also ihr entweder nicht widerspricht oder, wenn es ihr widerspricht, den Widerspruch durch Autoritäteninterpretation beseitigt bzw., solange das nicht möglich ist, sich im Verzicht auf Konkurrenz zunächst als bloße Denkmöglichkeit tradieren läßt, bis die Gesellschaft sein Neusein vergessen hat (sie braucht in der Regel nicht viel Zeit dazu). Im Fall der Impetuslehre, in Salamanca im Fall der copernicanischen Theorie und in Coimbra im Fall der tychonischen These ist auf diese Weise die Rezeption gelungen. Bei der Korpuskulartheorie und der Atomistik ist sie offensichtlich nicht gelungen. Dies dürfte keine bloße Folge des Systems sein, denn im System gab es die Möglichkeit der Interpretation, die dieses traditionalistische Gebilde davor bewahrte, ein immobiles Gebilde zu sein. Zwar macht die traditionalistische Verfassung, die mit der Einsetzung der Tradition zum Wirklichkeitskriterium erlassen ist, die Schulphilosophie ihrer Tendenz nach konservativ und läßt nur unter bestimmten Bedingungen Innovationen zu. Daß dies jedoch ein einigermaßen zweckmäßiges Verfahren sein kann, zeigt die Erfahrung, daß es Situationen gibt, in denen Innovationen nützlich sind, und andere, in denen sie schaden. Ob man Innovationen will, hängt davon ab, was man im übrigen will. Die Schulphilosophie vertrat die Ansicht, daß Innovationen unter den gegebenen Bedingungen eher schadeten als nützten, und baute deshalb (nicht sonderlich starke) Sicherungen gegen Innovationen ein. Diese Ansicht beruhte weniger auf einem emotionalen Konservativismus als auf einer realistischen Beurteilung bestimmter Verhältnisse. Dafür lassen sich u. a. zwei Gründe nennen.

Erstens war der Traditionalismus der Schulphilosophie eine geradezu natürliche Folge der Umstände ihrer Entstehung. Der lateinische Westen hat die sogenannte „abendländische Philosophie“ nicht aus sich selbst entwickelt, sondern im wesentlichen von den Muslim rezipiert, die bis zum Hochmittelalter das wissenschaftliche Erbe der Spätantike verwalteten. Ihre Wissenschaft war der des lateinischen Westens weit überlegen. Er hat die „aristotelische“ Philosophie wie eine Offenbarung entgegengenommen, die erst in Generationen assimiliert und aufgearbeitet werden konnte. Unterdessen sprach alles für die Präsumption, daß selbstgemachte Neuerungen unter dem wissenschaftlichen Niveau des Rezipierten lagen. Einer solchen Situation entsprach das Faktizitätskriterium der Schulphilosophie vollkommen. Es garantierte den erworbenen Fundus und schützte die Gesellschaft vor Rückfällen in den Zustand der Vorrezeption. Im übrigen war wegen der Möglichkeit, nichtsdestoweniger neues Gut zu assimilieren, das System nicht nur stabil, sondern auch flexibel. Eine Krise trat erst viele Generationen später ein, nämlich im Übergang vom 16. zum 17. Jahrhundert, als das durch diese traditionalistische Wissenschaftsverfassung ermöglichte Tempo der Assimilierung neuer Verfahren und Theoreme den durch die konfessionellen Kriege veränderten Bedürfnissen nicht mehr genügte und zugleich die Erwartungen der Population sich so verschoben hatten, daß die Einpassung des aktuellen Guts in das überkommene Gefüge zu viele Zwischenübertragungen erforderte. Solche Mühseligkeiten nimmt man in Kauf, solange man von der Unübertrefflichkeit des vorgefundenen Fundus überzeugt bleibt. Spätestens in der ersten Hälfte des 17. Jahrhunderts war man das nicht mehr. Zu diesem Zeitpunkt hatte jedoch das Traditionsprinzip der Scholastik schon etwa 350 Jahre wissenschaftlicher Kontinuität und wissenschaftlichen Fortschritts gesichert. Es scheint also außerordentlich leistungsfähig gewesen zu sein.

Noch die letzte große Epoche der Scholastik besaß jenen konservativen Drall, der durch die besonderen Umstände ihrer Entstehung erklärt werden kann und sicher seine ursprüngliche pragmatische Rechtfertigung verlor, als die zivilisatorische Lücke zum Islam nicht mehr bestand. Bald nach ihrer Behebung ergab sich aber eine andere Konstellation, die eine ganz neue Rechtfertigung für den angestammten Konservativismus zu liefern vermochte. Die Erfahrung der Reformation gab dem Traditionsprinzip eine erneute Bedeutung. Das römische Bekenntnis erklärte sich zum Repräsentanten der Kontinuität. Die neuen Bekenntnisse bestritten diesen Anspruch und „kanonisierten" zugleich die Reformation und ihre Theologie. Die Konkurrenzlage erzwang eine intensive Beschäftigung der Theologen mit den Quellen und ihrer Echtheit, Überlieferung und Interpretaion, die für die Philosophie nicht ohne Folgen blieb. Weil sich die Theologie der Terminologie der Philosophie bediente, bestand zwischen beiden Disziplinen eine Interdependenz, die Philosophen dazu zwang, die Verträglichkeit philosophischer Innovationen mit der herrschenden Theologie auf dem Weg des Traditionsbeleges zu erweisen. Dieser Weg mußte aber in der Praxis durchaus sinnvoll erscheinen, wenn der Friede der Christenheit tatsächlich, wie die Bekenntnisse behaupteten, durch einen Abfall der Gegenpartei von der wahren Tradition, d. h. durch Innovationen zerstört worden war. Diese Argumentation erwies Reserve gegenüber Innovationen geradezu als politische Friedenshaltung. Sie wurde im übrigen später widerlegt, weil einige Autoren, z. B. Bayle und Locke, plausibel machen konnten, daß Auseinandersetzungen zwischen Innovation und Tradition nicht verheerender sind als Auseinandersetzungen zwischen Befürwortern der Tradition, die in der Deutung der Tradition verschiedener Meinung sind. Für Erfahrungen, die zur Diffusion einer solchen Einsicht hinreichend sind, braucht man erfahrungsgemäß eine Reihe von Generationen.

Wer bis zum 17. Jahrhundert den *Status quo* respektieren wollte, mußte jedenfalls aus einleuchtenden praktischen Gründen durch Interpretation die

Vereinbarkeit neuer Thesen mit den überkommenen Autoritäten erweisen. Dies war verfassungskonform und zugleich eine Art von Ehrenbezeigung der Neuerer gegenüber der Tradition, eine Erklärung des Verzichts auf Aggression. Die Anerkennung des akzeptierten Wirklichkeitskriteriums war geradezu eine bürgerliche Pflicht, solange es zum *Status quo* keine überzeugende Alternative gab. Bis dahin bot Beharren auf der Tradition bei Entgegenkommen in Details, wie die Praxis zeigte, für alle Seiten eine akzeptable Chance. Am Anfang des 17. Jahrhunderts schien aber einigen Autoren der Augenblick gekommen, in dem mit hoher Wahrscheinlichkeit etwas anderes galt. Das ist der Grund dafür, daß Männer wie Galilei und Descartes nicht einfach die traditionalistische Verfassung der damaligen Wissenschaft durch Übernahme ihres Wirklichkeitskriteriums respektierten. Das hätte materiell kaum etwas geändert und ihnen einige Schwierigkeiten erspart. Man verlangte von ihnen ja nur, daß sie die Tradition nicht kompromittierten. Es wäre ihnen vermutlich nichts geschehen, wenn sie ihre Thesen mit Aristoteles-, Augustinus- oder Thomas-Zitaten hätten legitimieren wollen. Dafür spricht, daß Freunde Descartes' sich die Mühe machten, entsprechende Zitate für ihn herauszusuchen. Doch er verzichtete darauf, sie zu verwenden.

Darin und nicht in materialen Veränderungen lag vermutlich das eigentlich Neue und für die Verteidiger des bestehenden Zustands Anstößige – weniger im Inhalt dieser oder jener These als in etwas Formalem, der Nichtbeachtung des akzeptierten Wirklichkeitskritierums. Der Akt der Rückbeziehung auf die Tradition schien in den Augen dieser Neuerer nicht nur entbehrlich, sondern geradezu schädlich zu sein. Sie boten bewußt ein neues Wirklichkeitskriterium an, das für die von ihnen anstelle der hergebrachten Anschauung des Kosmos (*Theoria)* erstrebte Beherrschung der Natur in der Tat viel zweckmäßiger war als das alte. Dieses alternative Wirklichkeitskriterium war der Sachverstand des kundigen Individuums. Es wurde später durch das Kriterium Erfahrung abgelöst. Die Neuerer weigerten sich, eine These aufgrund ihnen völlig sachfremd erscheinender politischer oder juristischer Erwägungen durch die Tradition zu legitimieren, denn sie waren zu der Überzeugung gekommen, daß es in Fragen der Wissenschaft, wenn die Immunisierung von Irrtümern vermieden und der Sieg der Wahrheit beschleunigt werden soll, nur eine legitimierende Instanz geben darf: das durch den Sachverstand erleuchtete und an der Erfahrung geschulte Urteil des Fachmanns. Später hat sich gezeigt, daß diese erstrebten Siege der Wahrheit im Glücksfall Siege für einige Jahrzehnte sind. Das neue Kriterium ermöglichte der Wissenschaft in der Tat eine ungleich höhere Flexibilität, denn es machte sie zumin-

dest in der Übergangszeit innovationsfreundlich (während der späte Cartesianismus bezeichnenderweise Innovationen verurteilt). Weniger im Inhalt bestimmter Thesen als in der formalen Entscheidung für ein neues Wirklichkeitskriterium liegt also hier etwas Revolutionäres – ein Bruch der Wissenschaftsverfassung, denn sie bedeutet den Übergang von der Legitimität durch Tradition zur Legalität durch Sachverstand. Daran ändert es nichts, daß Descartes anscheinend die Hoffnung hatte, die neue Wissenschaft durch die Herrscher der Staaten als Tradition in einem neuen traditionalistischen System institutionell zu sichern. Denn diese Hoffnung tangierte nicht das Prinzip, sondern beruhte auf einer bestimmten Ansicht über optimale Methoden endgültiger Diffusion, die möglicherweise nicht völlig falsch war. Die Frage ist nur, ob endgültige Diffusion erstrebenswert ist.
Die Möglichkeit einer Verbesserung der Schulphilosophie durch Übernahme korpuskularer Theorien, die durchaus bestand, wurde nicht in Anspruch genommen – weniger, weil die Schulphilosophen eine solche Rezeption prinzipiell verweigerten, als weil die Neurerer es ablehnten, daß Wahrer der Tradition ihre Theorien billigten und für sich vereinnahmten, statt ihre prinzipielle Inkompetenz zu bekennen. Es war das Problem Descartes', bestimmte Inhalte der Tradition aus der Welt zu bekommen, und er wählte die offensivste unter allen möglichen Strategien, indem er der Tradition den Charakter eines Kriteriums der Wirklichkeit absprach. Durch diesen Angriff auf die Wissenschaftsverfassung forderte er den prinzipiellen Widerstand der Wahrer der Tradition heraus. Dabei ist es vermutlich nebensächlich, daß Descartes an einem offenen Konflikt nicht interessiert war. Er stellte lediglich fest, daß man an wissenschaftlichen Aussagen der Tradition zumindest zweifeln kann, und führte zugleich in die Wissenschaft die Regel ein, daß man über Bezweifelbares nicht sprechen darf. Dadurch erreichte er, woran ihm lag, ohne zu der Behauptung gezwungen zu sein, die Tradition sei falsch. Er brauchte nur zu sagen, Traditionalität sei ein Kriterium für Wahrscheinlichkeit. Das klang nicht anstößig, entschied aber alles.
In den Augen Descartes' mußte der Traditionalist im Widerspruch zum neuesten Augenschein voraussetzen, daß alles Wichtige schon in der Tradition enthalten war, daß Aristoteles, Augustinus und Thomas die Wahrheit gleichsam ein für allemal in ihr Buch geschrieben haben. Er konnte nicht zugestehen, daß es noch möglich ist, in einem vergleichbaren Umfang Wahrheiten zu entdecken. Der wichtigste Grund dafür dürfte darin liegen, daß er an die Notwendigkeit einer solchen Entdeckung nicht glaubte. Im 16. Jahrhundert war nicht zuletzt deshalb die Meinung verbreitet, man werde nichts wesent-

lich Neues mehr finden. Die ihr zugrundeliegende Schätzung von Innovationen erleichtert die Arbeit von Neuerern nicht, denn sie läßt ihre Initiative von vornherein als aussichtslos und zugleich als überflüssig erscheinen. Hinzu kommt die Scheu der Öffentlichkeit vor religiösen Neuerungen. Die philosophische Tradition ist mit der theologischen Tradition verschmolzen, denn die Theologen haben ihre Aussagen in die Sprache und in die Verbindungsregeln des aristotelischen Erklärungskontextes übersetzt. Wer diesen angreift, greift zugleich den *Status quo* der Theologie an, denn es ist im Einzelfall sehr schwer zu entscheiden, wo der Streit um Formulierungen aufhört und wo der Streit um die Sache beginnt. Daß sich die Theologie von der neuen Entwicklung tatsächlich betroffen fühlte, war der ausschlaggebende Faktor. Die Konfessionen haben, um ihren Status zu behaupten, von allen ihren Ressourcen Gebrauch gemacht. Da sie am Ende gescheitert sind, gilt ihr Verhalten heute als undiskutabel. Daß es nicht völlig undiskutabel gewesen sein kann, sieht man daran, daß auch die Obrigkeiten dazu neigten, Maßnahmen gegen die neue Wissenschaft zu treffen. Derartige Versuche sind ebenfalls gescheitert, doch fiel den Politikern viel früher als den Theologen etwas Neues ein. Sie erfanden die prinzipiell gefährdete Institution, die heute (mit einem politischen Term, der erst in den spanischen Verfassungsstreitigkeiten zu Beginn des 19. Jahrhunderts erfunden wurde) als „liberaler Staat" bezeichnet wird.

III Die akzeptierte Lehre

Kein wissenschaftlicher Umbruch gleicht einer Schöpfung aus dem Nichts. Die Vermutung, es könnte so sein, haben v. a. Autoren des 19. Jahrhunderts nahegelegt, und sie konnte u. a. deshalb glaubhaft werden, weil in diesem „historischen Jahrhundert" ein beachtlicher Teil der europäischen Geschichte, da er den metaphysischen Programmen nicht entsprach, kurzerhand vergessen wurde. Auch Descartes' Aktion setzt nicht im Leeren an. Sie trifft auf akzeptierte S-Welten und Erklärungskontexte — auf das, was man heute, als wäre es ein geschlossener Block, als „peripatetische" oder „aristotelische Schulphilosophie" bezeichnet. Descartes bekämpft diese Philosophie nicht nur, sondern er orientiert sich weitgehend an ihren Fragestellungen und Lösungsversuchen. Auch übernimmt er von ihr zahlreiche Terme und S-Fakten, die ihm verträglich oder selbstverständlich scheinen. Wie traditionell die cartesische Überwindung der Tradition in Wirklichkeit war, ist erst den bei-

den letzten Generationen wieder klar geworden. Sie entstand in einer bestimmten Situation und erstrebte Veränderung unter deren Bedingungen.
Bis ins 18. Jahrhundert hinein kann man das Wort „Philosophie" fast immer mit „Wissenschaft" übersetzen. Denn sein Gegenstand umfaßt – bis auf Teile der Medizin und der Jurisprudenz – auch den Stoff dessen, was heute „Wissenschaft" heißt. Die Anfangsdisziplin der Philosophie ist die sogenannte Logik oder Dialektik, die Lehre von Begriffen, Sätzen und Schlüssen. Neben ihr steht die Grammatik als Kunst des Umgangs mit sprachlichen Zeichen für Begriffe, Sätze und Schlüsse und schließlich die Rhetorik als Kunst, mit solchen Zeichen erfolgreich zu operieren. Diese Disziplinen sind gleichsam der Vorhof der Philosophie im alten Sinn, die sich in theoretische und praktische Fächer gliedert. An praktischen Fächern gibt es seit Aristoteles drei: Ethik, Politik und Ökonomie. Die theoretischen Disziplinen sind aufgeteilt in Physik und Metaphysik. Physik ist ein Teil der Philosophie im alten Sinn. Noch Newton nennt seine Disziplin *„natural"* und *„experimental philosophy"*. Kant beginnt seine Laufbahn als philosophischer Schriftsteller mit Traktaten über kinetische Energie und Astronomie, und noch Hegel arbeitet *„De Orbitis Planetarum"*. Metaphysik gilt nach einer Unterscheidung, die nicht ganz leicht zu realisieren ist, als Lehre vom Seienden, sofern es unbewegt ist, Physik dagegen als Lehre vom Seienden, sofern es bewegt oder vergänglich ist. Physik in diesem alten Sinn ist die Lehre von allen belebten und unbelebten Dingen der Natur – auf der einen Seite Mineralogie, Chemie, Geologie, Meteorologie, Astronomie u. dgl., auf der anderen Seite (im Gegensatz zum heutigen Sprachgebrauch als Lehre auch von den lebendigen Dingen) Botanik, Zoologie, Physiologie und Psychologie. Die Sprache bewahrt noch Erinnerungen an diese Art zu sprechen.
Neben der Lehre von den belebten und unbelebten Dingen rechnet man aber zur Physik im alten Sinne noch einige quadriviale Disziplinen, und zwar die *perspectiva* oder Dioptrik, die Musik oder akustische Proportionenlehre, einen Teil der Astronomie und die Mechanik. Diese Gruppe von Disziplinen der alten Physik besitzt im Unterschied zu den beiden anderen die Eigenschaft, mathematisch expliziert zu sein. Optik, Mechanik und Astronomie werden unter Verwendung geometrischer Verfahren mit Zeichen wie Kegelschnitten, Strahlen und Punkten entwickelt. Die Musik wird unter Anwendung arithmetischer Verfahren als ein System von Proportionen interpretiert. Die für den Umbruch im 17. Jahrhundert entscheidende mathematisch explizierte Disziplin wurde die Mechanik. Das war nicht selbstverständlich, denn es hatte vor Descartes Versuche gegeben, wie Gómez Pereira die Elek-

trizität oder wie William Gilbert den Magnetismus in den Vordergrund zu rücken. Doch hatte die Mechanik einen wichtigen Vorsprung: mechanische Sachverhalte waren schon in der Antike und im Mittelalter mit Hilfe von Geometrie und Arithmetik beschrieben worden. Dies konnte für Descartes den Ausschlag geben.

In der Antike bestand die Mechanik im wesentlichen aus einer relativ kompletten Statik. Das Mittelalter tat einen wichtigen Schritt darüber hinaus und entwickelte als Nebenprodukt seiner allgemeinen Veränderungslehre die Kinematik (denn räumliche Bewegung galt als ein Spezialfall von Veränderung). Oxforder Mönche, die sogenannten *calculatores,* erfanden am Anfang des 14. Jahrhunderts eine Methode zur Berechnung der Veränderung von Qualitäten aller Art nach allgemeinen Formeln, deren spezielle Gestalt zur Anwendung auf räumliche Bewegung noch heute so aussieht wie damals. Weil bei der Formel $s = 1/2\, bt^2$ das Mittelalter von einem *motus uniformiter difformis* sprach, sagt man heute noch „gleichförmig beschleunigte Bewegung" (obgleich „gleichmäßig beschleunigte Bewegung" näher läge). Die begründete Anwendung dieser Formel auf den freien Fall geschah erst bei Beeckman und Galilei. Sie wurde möglich, als die Physik so spekulativ geworden war wie im 17. Jahrhundert und nicht mehr wie im 14. und 15. Jahrhundert eine Physik der sinnlichen Alltagswahrnehmung bleiben wollte. Das größte Hindernis für die Annahme einer allgemeinen nur kinematischen Formel für den freien Fall war ja die Alltagserfahrung, daß eine Feder oder ein Blatt langsamer fällt als ein Stein.

Etwa 1320 gelang Pariser Scholastikern die Übersetzung der Oxforder Formeln in Geometrie. Sie entwickelten ein graphisches System, das aus einer positiven Zeitachse und einer positiven Intensitätsachse bestand. Trug man in dieses System die Werte für Zeiten und Grade ein, dann ergaben sich charakteristische geometrische Figuren, die aber nicht (wie in der später im Anschluß an diesen Ansatz entwickelten analytischen Geometrie) im rudimentären Koordinatensystem verschiebbar waren. Solche Figuren nannte man *„configurationes qualitatum"*, „Qualitätengestaltungen", und wendete sie auf unterschiedliche Qualitäten wie Fieber, Geschwindigkeit oder heiligmachende Gnade an. Man glaubte, in ihnen den Schlüssel zum Geheimnis der Qualitäten gefunden zu haben, und dachte an weitreichende Konsequenzen für Medizin und Alchemie. Es sah so aus, als hätte nun die Elementenphysik etwas erreicht, das früher nur den Atomisten möglich war: die Erklärung von Wirkungen der Qualitäten durch ihre Gestalt, z. B. von Verbrennung durch die spitzwinklige Konfiguration rasch zunehmender Hitze. In Wirklichkeit konnte die Konfigurationenlehre bei weitem nicht leisten, was Männer wie Oresme von ihr erhofften. Doch wurden die von ihr entwickelten Gestalten als Konfigurationen räumlicher Bewegung tradiert und gelangten schließlich so, wie sie das 14. Jahrhundert entwickelt hatte, in die Hand von Männern wie Galilei, Descartes und Beeckman.

Diese Kalkulationen und Konfigurationen sind die größte physikalische Leistung der Scholastik gewesen. Sie entstanden in der Zeit, die man heute als Verfallsepoche der Scholastik anzusehen pflegt – ein Indiz dafür, wie willkürlich man mit solchen Wertungen generalisiert. Daß hier mathematische Verfahren entwickelt wurden, die für die spätere Wissenschaftsentwicklung wichtig werden sollten, war aber nicht das einzig Folgenreiche. Folgenreich war v. a., daß man plötzlich etwas behauptete, was die Tradition für unmöglich erklärte: Nicht nur die Bewegungen des bestirnten Himmels, sondern auch Bewegungen vergänglicher Körper unterhalb des Mondes unterliegen strengen mathematischen Gesetzen. Diese Hypothese, die während mehrerer Jahrhunderte fast ohne empirische Bestätigung vertreten wurde, hatte für den Westen sehr mannigfaltige Folgen. Sie war eine Innovation im strikten Sinn, wurde aber sehr bald akzeptiert. Auch führte sie nicht zu einer Wissenschaftskrise, weil ihre Erfinder sich streng an die Spielregeln für die Einführung neuer Hypothesen gehalten haben.

Von dieser Hypothese wurde aber die Vermittlung der nicht mathematisch explizierten Disziplinen der alten Physik wie Biologie oder Alchemie fast nicht berührt. Denn die Trennung in mathematisierbare und nicht mathematisierbare Gegenstände war keineswegs willkürlich, sondern beruhte auf metaphysischen Festsetzungen. Die Lehre vom Belebten konnte von der Mathematisierung nicht prinzipiell ergriffen werden, solange das Wirkende in ihren Gegenständen, die Ursache der Veränderungen in Körpern und Leibern, in Analogie zur Seele gedeutet wurde. Man nahm in diesen aristotelischen Kontexten als fundamentale S-Wirklichkeit eine gegenüber Veränderungen völlig indifferente Materie an. In diese wurde von Gott, von den Sternen, von der Weltseele oder einem anderen Agens ein wirkendes und gleichsam seelenartiges Prinzip eingesenkt, das man als „substantielle Form“ bezeichnete. Diese Form strukturierte die indifferente Materie nach ihrem Wesen, suchte sich in ihr zu behaupten und wirkte durch sie. Weil sie in Analogie zur Seele als etwas Spontanes verstanden wurde, war es schwer, mit ihr zu rechnen. Doch war es gar nicht schwer, mit dem Hinweis auf sie zahlreiche Phänomene zu erklären.

Beispielsweise wird die Form des Wassers, die eine Elementarform ist, in indifferente Materie eingesenkt und gestaltet sie nach ihrem Wesen zu Wasser. Dessen charakteristische Eigenschaften sind Schwere und Kälte, und deshalb sind Leichtigkeit und Wärme die Verneinung von Wasser. Der natürliche Feind des Wassers muß also das Feuer sein, denn Feuer ist leicht und warm. Wenn die Form von Feuer erfolgreich mit der Form von Wasser kämpft (weil man z. B. einen Topf mit Wasser auf den Ofen gestellt hat), beeinträchtigt das Feuer mit seiner tätigen Eigenschaft Wärme die natürliche Kälte und Schwere des Wassers, bis sich die Wasserform vor Schwäche nicht mehr behaupten kann und aus der von ihr besetzten Materie flieht. An ihrer Stelle rückt die Luftform nach, die wegen ihrer Leichtigkeit mit dem Feuer verwandt ist: das Wasser wird zu Dampf. Dieses Modell kann man auch ins Große übertragen. Im Winter wirkt Quellwasser relativ warm, im Sommer relativ kalt. Denn im Winter ist die Wasserform, weil die Sonne dann schwach ist, vor ihrem Feuerfeind sicher und braucht sich nicht angestrengt gegen ihn zu behaupten. Im Sommer muß sie sich dagegen, falls sie den Angriff der Sonnenwärme überstehen will, durch einen erhöhten Aufwand an Kälte verteidigen. Vergleichbare Erklärungen gibt es für die Vorgänge in solchen Körpern, die aus mehreren Elementen zusammengesetzt sind und die man „gemischte Körper" nennt. Dort ist das Erklären zwar komplizierter, weil eine größere Anzahl von Faktoren berücksichtigt werden muß, es gibt aber keinen Unterschied im Prinzip.

Mit diesem System ist eine hohe Stufe der Rationalisierung erreicht. Man kann mit den Hypothesen einer aristotelischen Physik erstaunlich viele Phänomene plausibel erklären. Auf der anderen Seite kann man nicht ohne große Umstrukturierungen mit ihr mathematisch explizieren. Dies wird aber erst zum Nachteil, wenn das Interesse an einer solchen Explikation besteht. Die substantiellen Formen sind eine Art von Seelen, die man nicht messen und berechnen kann. Das beeinträchtigt die Prognostizierbarkeit von Naturvorgängen. In diesem Punkt will die cartesische Innovation der Physik Abhilfe schaffen. Die Aufzeichnungen Isaac Beeckmans aus Middelburg zeigen, daß sich Descartes bereits mit zweiundzwanzig Jahren als *physico-mathematicus* verstanden hat. Er sah also seine Aufgabe darin, die noch nicht mathematisch explizierten Disziplinen der Naturwissenschaft auf das mathematische Niveau der Statik und Kinematik zu bringen. Daran lag ihm jedoch, wie im ersten Abschnitt angedeutet war, zunächst aus sehr praktischen Gründen. Wer die Natur berechnen kann, kann sie beherrschen. Er kann, wie die berühmte Stelle im *«Discours»* bemerkt, *«Maître et possesseur de la Nature»* sein. Er kann die natürlichen Energiequellen besser nutzen, Ackermaschinen und Lasttransportmaschinen bauen, Sümpfe trockenlegen und rauchfreie Kaminabzüge konstruieren. Er kann aber auch die Organismen steuern, ihr Wachstum und ihre Lebensdauer bestimmen – nicht durch Magie (das hatten viele Autoren gewollt, und es wäre nicht sehr originell gewesen), sondern mit Hilfe einer kontrollierbaren, aus wenigen Prinzipien konstruierten und von jedermann leicht erlernbaren Wissenschaft.

IV Das Gegensystem

Eine der wichtigsten Grundthesen des cartesischen Gegenangebots für die Erklärung der Natur besagt: Alle Körper sind geometrisch strukturiert, und alle Prozesse in der Natur können mit Hilfe der Geometrie beschrieben und erklärt werden, denn sie unterliegen mathematisch formulierbaren Gesetzen. Inzwischen hat sich gezeigt, daß diese Überzeugung ein wenig realistisches Programm impliziert. Die geschichtliche Bedeutung der cartesischen Physik, die in ihren Details schon für Leibniz *ce beau roman de physique* und nichts anderes war, beruht aber gerade auf diesem Programm. Es setzt voraus, daß man den Begriff „Naturgesetze" umgedeutet hat und nun darunter eine kleine Anzahl interdependenter und für sämtliche Bereiche der geometrisch strukturierten körperlichen Natur streng gültiger Regeln versteht. Der durch die technische Unbrauchbarkeit der Schulphysik provozierte cartesische Versuch einer konsequenten Verwirklichung dieses Konzepts auf allen Gebieten der Wissenschaft war trotz seines Scheiterns in beinahe allen Details ein historisch erforderter Schritt, denn er hämmerte den Zeitgenossen die Tragweite des umgedeuteten Begriffs „Naturgesetze" und den universellen Anspruch dieser neuen Art von Wissenschaft geradezu ein und bahnte dadurch den Weg für die Arbeiten Huygens' und Leibniz', vielleicht auch für manches, das später im Nucleus der *Royal Society* geschah.

Die neue Theorie entstammte praktischen Interessen und begründete ein praktisches Programm. Sie zielte auf politische Stabilität, auf eine neue Technik und auf eine mechanistische Medizin. Das gehört zu den Gründen, weshalb Descartes in seiner neuen physischen S-Welt, für die das verhältnismäßig rigorose Wirklichkeitskriterium der Reduzierbarkeit auf Gestalt und Bewegung gilt, Raum, Ausdehnung und Materie identifiziert. Die Natur, der Schauplatz aller Prozesse, wird dadurch überschaubar wie nie zuvor und läßt sich nach dem vertrauten Paradigma der Geometrie konstruieren. Diese

Konstruierbarkeit gehört zu den Bedingungen wirksamer Operationen an ihr. Die geplante Universalmechanik versteht sich als Geometrie der wirklichen Ausdehnung – so wie die traditionelle Geometrie eine Geometrie der vorgestellten Ausdehnung war. Die reale Ausdehnung wird durch Gestalt und durch Bewegung, die von außen kommt, zu Einzelkörpern modifiziert – so, wie man in der vorgestellten Ausdehnung der alten Geometrie durch Gestalt und Bewegung Körper konstruierte, z. B. eine Walze durch die rotierende Bewegung einer rechteckigen Gestalt. Nur solche Hypothesen und Verbindungen von Gegenstandszeichen sind im Erklärungskontext zugelassen, die auf die S-Wirklichkeiten Gestalt und Bewegung rekurrieren. Alle Veränderungen an den durch Gestalten und Bewegungen entstandenen Einzelkörpern der wirklichen Ausdehnung müssen als Veränderungen der Gestalt und Bewegung verstanden werden. Der Wirklichkeitsbereich dieser physikalischen S-Welt kann also mit so wenigen Kategorien wie Ausdehnung, Gestalt und Bewegung erschöpfend erklärt und beschrieben werden. Verbindungsregeln und Verknüpfungsmuster haben sich danach zu richten und keine weiteren Entitäten einzuführen. Alle Prozesse in der ausgedehnten Natur müssen als Gestalt und Bewegung von Korpuskeln beschrieben und mit den mechanischen Naturgesetzen (und mit nichts anderem) erklärt werden: Sonnenstrahlen wie Regenbogen, organisches Wachstum wie die Entstehung des Fixsternhimmels. Wenn es aber in dieser S-Welt außer Materie, Gestalt und Bewegung keine Wirklichkeiten geben darf, dann hat Descartes sich zu weigern, seinen Korpuskeln und Körpern Aktivität zuzuschreiben und seine Physik als Dynamik zu interpretieren, denn Aktivität ist weder Materie noch Gestalt und Bewegung. Das wiederum macht seine Aufgabe zumindest in einer Hinsicht leichter, denn eine mathematische Theorie von Kraft und Richtung ist komplizierter als eine mathematische Theorie gleichförmiger und ungleichförmiger Bewegung. Man braucht keine mathematische Theorie der Kraft, wenn man die Physik des cartesischen Universums entwickeln will. Die Ursache aller Bewegungen und der Konstanz der Bewegungsmenge im Universum liegt außerhalb der Welt, sie ist kein Körper, sondern ein Geist, und Geister kann man nicht mit Mathematik beschreiben. Man braucht es auch nicht, es genügt vielmehr, daß die Gesetzlichkeit der Bewegungen von dorther garantiert wird. Das Universum selber dagegen ist geometrisch strukturiert, und seine Grammatik ist die cartesische Geometrie. Wer sie beherrscht, kann der Natur Befehle erteilen.

Der menschliche Organismus z. B. ist ein mechanisches System aus Korpuskeln bestimmter Gestalt und Bewegung. Wer die Struktur dieses S-Dings er-

kannt hat, bekommt u. a. die Möglichkeit, sein Leben nach Belieben zu verlängern. Descartes, der als Fünfzigjähriger stirbt, denkt für sich selbst an ungefähr vierhundert Jahre und hat im Grunde etwas Richtiges gemeint, wie die Bevölkerungsstatistik der letzten Generationen zeigt. Die Möglichkeiten, die die neue Mechanik eröffnet, schließen auch die wissenschaftliche Steuerbarkeit des Menschen mit ein. Ein solcher Gedanke liegt damals nicht ganz nahe, weil nach der christlichen Tradition der Mensch nicht nur ein Organismus, sondern auch ein Geist ist. Wegen dieses Essentials der christlichen Institutionen stellen sich den Physiologen, die den Organismus als mechanisches System interpretieren möchten, besondere Probleme, weil sie zu jedem menschlichen Organismus eine Seele nicht einfach anzunehmen, sondern ihr auch Funktionen zuzuschreiben haben. Das ist nicht leicht, wenn man annimmt, daß der Organismus an sich auch ohne Seele funktioniert. Descartes versucht dieses Problem durch die Zuweisung einer Sonderfunktion an die Seele zu lösen, und zwar einer Schutzfunktion. Die Seele mit ihrer Fähigkeit, Erfahrungen auszuwerten, und ihrer Möglichkeit zum Planspiel und zur Berechnung von Implikationen kann den Körper besser schützen, als er selbst es mit seinem verhältnismäßig unflexiblen Programm mechanischer Reaktionen könnte. Sie kann ihn aber nur schützen, wenn sie Informationen über den Operationsbereich des Körpers bekommt. Diese Informationen sind von besonderer Art. Alles in der Natur ist nur Gestalt und Bewegung, aber die Seele erlebt es als ein System von sinnlichen Symbolen wie „Grün", „Feucht", „Warm", „Duftend", „Schrecklich" oder „Erhebend". Diese Erlebnisse erklärt Descartes dadurch, daß Gott, um unsere Seele mit unserem Leibautomaten innig zu verbünden, mit bestimmten Korpuskularbewegungen im Organismus bestimmte Signale oder Qualitätsempfindungen in der Seele gekoppelt hat. Ist das eine gegeben, dann erscheint das andere mit Sicherheit.
Bei dieser Kopplung geht Gott allein von pragmatischen Gesichtspunkten aus. Sinnesempfindungen dienen der schnellen und sicheren Orientierung der Seele im biologischen Raum und befähigen sie dazu, den Körper nützlichen Situationen zuzuführen und schädlichen Situationen zu entziehen. Sie dienen aber z. B. (im Gegensatz zur Lehre der Schulphilosophie) im allgemeinen nicht dazu, der Seele Aufschluß über das Wesen und den Aufbau der Natur zu geben. Das können allein die unmittelbaren Informationen über Gestalt und Bewegung, die in den Sinneswahrnehmungen enthalten sind. Diese These wird später zum Ansatzpunkt für die boylesche und lockesche Unterscheidung primärer und sekundärer Qualitäten, die für die Philosophie des Subjekts so folgenreich wird. Allerdings erhebt sich gegen sie sogleich der klassi-

sche Einwand: Wenn ich mich bei „Blau“, „Warm“ oder „Beängstigend“ über das wirkliche Wesen der Körper täusche, woher habe ich dann die Gewißheit, daß ich mich bei „Gleichförmigbewegt“ oder bei „Quadratisch“ nicht ebenfalls darüber täusche? Solchen Einwänden begegnen die Cartesianer mit ihrem Hinweis auf die Treue Gottes. Aber Bayle und Foucher machen klar, daß dieser Hinweis das Problem nicht löst: Wenn Gott nicht dadurch untreu wird, daß er Bauern fälschlich an die Außenexistenz bestimmter Farben glauben läßt, dann wird er auch nicht dadurch untreu, daß er Gelehrte fälschlich an die Außenexistenz bestimmter Gestalten und Bewegungen glauben läßt. Wie immer Descartes allerdings seine Meinung in diesem Punkt begründen mag – er ist gezwungen, den Qualitäten Gestalt und Bewegung einen Sonderstatus einzuräumen. Denn ihrer muß man sicher sein, wenn man eine Geometrie des Weltalls entwickeln und dabei trotz des Standes der Meßtechnik um 1630 quantitative Bestimmtheit erstreben will.

Angesichts der exakten und nie versagenden Kopplung bestimmter korpuskularer Veränderungen im Organismus mit bestimmten Signalen im Geist, die zunächst der Sicherheit der Leibmaschine dient, ist es nach Descartes die dringendste Aufgabe der Philosophie, genau zu ermitteln, mit welchen Bewegungen im menschlichen Körper welche Empfindungen gekoppelt sind. Dadurch wird der letzte Schritt zur Beherrschung der Natur ermöglicht: die Beherrschung der Affekte. Denn die Kenntnis der Kopplungsmuster von Affekten der Seele und Veränderungen in der Leibmaschine erlaubt die Umkopplung durch Schock und Erzeugung von Gegenaffekten. Erst wenn der Wissenschaft dieser Schritt gelungen ist, gibt es eine wissenschaftlich begründete Pädagogik und Moral. Die neue Wissenschaftsmethode wird es dann ermöglichen, je nach Bedarf Feigheit durch Tapferkeit, Dumpfheit durch geistige Beweglichkeit und Trägheit durch Initiative zu ersetzen. Sie wird es auch erlauben, menschliche Vorlieben und Abneigungen entsprechend jeweiligen Erfordernissen umzudrehen. Derartige Operationen, mit denen man im 17. Jahrhundert noch eher Hoffnungen als Alpträume verbindet, sind schon zu Beginn der neuen Wissenschaft eingeplant.

Der auffälligste Zug an dieser Physik ist aber die Rolle, die in ihr die Trägheit spielt. In der Region der cartesischen Natur kommt, wie ich angedeutet habe, das S-Ding Kraft nicht vor. Die Körper sind passiv. Das ist nicht selbstverständlich. Die meisten Scholastiken unterstellen S-Wirklichkeiten wie *vis impressa* und *vis motrix*, und die spätere Wissenschaft spricht von den unterschiedlichsten Kräften: eingeprägten, zentripetalen, ursprünglichen, abgeleiteten, tätigen, leidenden, lebendigen und toten. Descartes' Kriterien der physischen Wirklichkeit, Gestalt und Bewegung als physikalische Instanzen von „klar und deutlich erkennbar“, schließen dieses alles aus. Zwar ist seine Physik, obgleich er das Gegenteil zu unterstellen scheint, nicht nur aus geometrischen Begriffen konstruiert (das hieße nach dem heutigen Sprachgebrauch ungefähr: „rein kinematisch“), denn „Undurchdringlichkeit“ ist kein geometrischer Begriff, auch „Trägheit“ nicht (und „Gott“ schon gar nicht). Die Säuberung des Gegenstandsbereiches ist also (wie bei fast allen S-Welt-Gründungen) nicht völlig konsequent erfolgt. Einige Autoren vermuten sogar, daß sich hinter einem scheinbar so neutralen Term wie „Druck“ eine komplette Dynamik verbirgt. Sicher ist, daß Descartes in § 43 des 2. Buches der „*Principia*“ „Kraft“ als ein eher mißverständliches Synonym für „Trägheit“ deutet: „Die Kraft, mit der ein Körper auf einen anderen einwirkt oder seiner Wirkung widersteht, besteht nur darin, daß jedes Ding nach Möglichkeit in demselben Zustand zu beharren strebt, in dem es sich befindet.“ Diese Inertialkraft, deren Ursprung nach Descartes nicht im Bereich der körperlichen Natur zu suchen ist und die die Physik als eine Gegebenheit hinzunehmem hat, erfüllt die Charakteristiken der sogenannten *vis insita* in Newtons dritter Definition. Aber Newton nimmt daneben noch eine *vis impressa* als Ursache von Bewegungsänderungen und eine *vis centripeta* als Ursache der Schwere an, während Descartes sich ausdrücklich weigert, Bewegungsänderung und Schwere auf etwas anderes als auf Trägheit zurückzuführen. Was nach anderen Kontexten als Klasse natürlicher Agentien zu gelten hat, ist in dieser S-Welt rein passiv. „Die Natur“ gilt nicht als schöpferisch, bringt keine Bewegung aus sich selbst hervor. Nur Gott, das einzige aktive Prinzip, erschafft die geradlinige Trägheitsbewegung und hält aus theologischen Gründen ihre Menge als die Summe aller $m \cdot v$ konstant. Die Bewegungsgrößen $m_x \cdot v_x$ in den Einzelkörpern schwanken aufgrund unendlich vieler Stoßvorgänge von Augenblick zu Augenblick. Doch gibt es, universell gesehen, ein gigantisches Trägheits-Clearing, das nach den (gleichfalls aus theologischen Gründen) unverbrüchlichen Gesetzen der Natur abläuft. Insofern können die Gesetze, wie § 37 im 2. Buch der “*Principes*“ sagt, als *causes secondes* der Einzelbewegungen verstanden werden.

V Die Vorstellung von der Ohnmacht der Natur

Natürliche Kräfte, die etwas anderes sind als Trägheitsbewegung und Trägheitswiderstand, haben nach dem neuen Erklärungskontext nicht als S-Dinge zu gelten. Gott aber als das aktive Prinzip der Natur bringt mit der geradlinigen Trägheitsbewegung eine vor dem späten 16. Jahrhundert unbekannte S-Wirklichkeit in die Welt, die allenfalls im 14. Jahrhundert mit Buridans Theorie der Himmelsbewegung von fern in Sicht gekommen war. In der Welt verliert diese Trägheitsbewegung ihre ursprüngliche Geradlinigkeit und zersplittert gleichsam ihre Bewegungsmenge beim Aufprall auf die umliegenden Körper. Doch werden diese dabei nicht aktiv: es geschieht ihnen, daß sie durch ihr Im-Wege-Stehen zum Anlaß von Bewegungsänderungen werden (*occasio passiva,* so wie es Jesus nach dem Wortgebrauch der Theologen für die Sünde der Pharisäer war). Dies ist eine nicht ganz naheliegende These, und es empfiehlt sich, davon auszugehen, daß sich Autoren zu solchen Thesen nur entschließen, wenn sie aufgrund bestimmter Prämissen dazu gezwungen werden oder wenn sie hoffen, durch sie etwas Bestimmtes zu erreichen, das sich sonst noch schwerer erreichen ließe. In diesem Falle könnte man in Hinsicht auf das erste der Ansicht sein, daß Descartes' Mechanik so oder ähnlich ausfallen mußte, weil seine mathematischen Ressourcen ihm keine anspruchsvollere erlaubten. Man könnte außerdem der Ansicht sein, daß Descartes zu dieser Mechanik, die vor allem durch ihre Vernachlässigung des Zusammenhangs von Impuls und Richtung charakterisiert ist, mehr oder weniger gezwungen war, wenn er sein Modell der willkürlichen Bewegung durchhalten wollte, das nur mit einer die Richtung vernachlässigenden Physik funktionieren konnte. Diese beiden Ansichten treffen vermutlich einen wichtigen Aspekt der Sache. Sie machen aber nicht verständlich, wieso eine Physik, die zu so „unnatürlichen" Aussagen gezwungen ist, von einer Öffentlichkeit akzeptiert wird. Deshalb dürfte noch ein weiterer Aspekt der cartesischen Trägheitsphysik zu berücksichtigen sein, der durch die Frage, was sich mit ihr erreichen ließ, in den Blick rückt. Es wird sich zeigen, daß sich durch sie eine Begründung der These erreichen ließ, alle Bewegungen in der Natur seien mathematisch geordnet. Diese These pflegte später in der Physik nicht mehr begründet, sondern schlicht vorausgesetzt zu werden. Sie kann auch schlicht vorausgesetzt werden, sobald man sie allgemein akzeptiert und niemand Lust hat, ihr zu widersprechen (daß etwas selbstverständlich wird, heißt nur, daß man geneigt ist zu vergessen, daß es problematisch ist). Die These muß aber begründet werden, solange sie einer Öffentlichkeit angeboten wird, die von sich aus keinen Grund sieht, sie zu akzeptieren. Deshalb entspringen Descartes' Begründungsversuche, von denen auf den nächsten Seiten die Rede ist, nicht der Verkennung von Grenzen der Wissenschaft, sondern der Anerkennung der Bedingungen, unter denen in der gegebenen Situation eine Wissenschaft wie die cartesische allein zu diffundieren war. Im übrigen wird sich zeigen, wie hier eine Grundthese aus einem ganz anderen Erklärungskontext in einen neuen Kontext eingebaut wird und dort Funktionen erfüllt, die ihr ursprünglich gar nicht zugedacht waren. Das ist ein Beispiel dafür, wie aus denselben Grundthesen ganz unterschiedliche Thesen abgeleitet werden können. Später wird sich in der Philosophie Spinozas ein Beispiel dafür finden, daß aus unterschiedlichen Grundthesen fast dieselben Thesen abgeleitet werden können.

Die für unser Empfinden nicht unmittelbar naheliegende These von der Ohnmacht der Natur stand seinerzeit einer Diffusion der cartesischen Physik vermutlich deshalb nicht im Wege, weil sie dem Publikum schon lange bekannt war. Sie klingt auch heute dem Historiker nicht unvertraut, denn sie hat in ihrer allgemeinsten Form bis weit ins 18. Jahrhundert hinein zum festen Repertoire der Philosophie gehört. Die allen Konfessionen gemeinsame Lehre vom *concursus divinus* und von der *conservatio divina* erklärt, daß die Geschöpfe aus eigener Kraft nicht existieren und handeln können. Noch eins der berühmtesten Bücher des 18. Jahrhunderts, die leibnizsche „*Théodicée*“, findet sie dermaßen selbstverständlich, daß es die drei Autoren, die seines Wissens daran gezweifelt haben, eigens beim Namen nennt. Daneben gibt es aber eine radikalere Version, deren Vertreter die konventionelle Concursuslehre als unfromm, lax und heidnisch verwerfen, natürlichen Agentien nicht einmal Mitwirkung konzedieren und stattdessen behaupten: Gott ist im strengsten Sinne das einzige tätige Prinzip in der Natur, und die sogenannten natürlichen Ursachen sind nichts als Zeichen oder Scheinursachen. An diese radikale, jedoch im Spätmittelalter und in der frühen Neuzeit verbreitete Position erinnert die Inertialkonstruktion der cartesischen Mechanik. Die traditionelle These stellt nicht etwa deren Problem, sie zeigt jedoch den Weg zu einer Lösung.

Sie ist vermutlich aus dem Islam in den Westen eingedrungen, und zwar auf einem Weg, den man verfolgen kann. Doch hat sie lange Zeit bei uns eine wichtige Rolle gespielt und später in Descartes' physikalischem Kontext vermutlich die Schlüsselfunktion übernommen. Es handelt sich um eine religiöse Lehre, die vom Erlebnis der Macht und Herrlichkeit des Schöpfers und der Nichtigkeit des Irdischen geprägt ist. Sie erscheint im Islam als Reaktion der Mystik gegen die aristotelischen *Naturalia* und nimmt am Ende des 11. Jahrhunderts in einer Schrift des persischen Sufis Al-Ghazali, der dem Mittelalter unter dem Namen „Algazel“ vertraut ist, ihre überlieferte Gestalt an. Das Mittelalter lernt sie unter dem Titel „*Destructio Philosophorum*“ kennen.

Zwei Generationen später verfaßt in Spanien ein führender Jurist, der Oberrichter Ibn Roschd aus Cordoba, den der Westen „Averroes" nennt, eine ausführlich zitierende Gegenschrift, die im lateinischen Mittelalter *„Destructio destructionis"* heißt.

Al-Ghazali behauptet, es gebe keinen inneren kausalen Nexus zwischen bestimmten Individuen. Sättigung setze nicht notwendig Essen voraus, Brennen nicht Feuer, und aus jeder sogenannten Ursache könne prinzipiell jede sogenannte Wirkung folgen, denn beider Verbindung beruhe allein auf Gottes freiem Entschluß, beides nacheinander zu erschaffen. Gott ist die einzige Ursache in der Natur. Er könnte genau so gut bestimmen, daß statt Sättigung Hunger die Folge von Essen sein soll, nur will er es nicht. Der Einwand des gesunden Verstandes gegen diese These lautet: Wenn man jeden kausalen Nexus leugnet und alles auf den freien Willen des Schöpfers stellt, erklärt man Planung und vernünftige Zukunftserwartung für unmöglich. Wer bei seiner Abreise zu Hause ein Buch liegen läßt, der könnte stattdessen bei seiner Rückkehr einen schönen Knaben finden. Auch könnte sich sein Buch in ein Pferd verwandelt haben, das gerade seine Bibliothek beschmutzt. Auf diesen Einwand gibt Al-Ghazali eine Antwort, die moderne Leser an die Funktion des *belief* in Humes Kausalphilosophie erinnert: Gott schafft uns bestimmte Erwartungen ein, die dem entsprechen, was als „gewöhnlicher Lauf der Natur" bezeichnet wird. Sobald er den „gewöhnlichen Lauf der Natur" zu verändern beliebt, schafft er entsprechend modifizierte Erwartungen ein, und deshalb bleibt etwas für Menschen so Entscheidendes wie Zukunftserwartung und Planung begründbar.

Das Mittelalter hat Averroes gekannt und Algazels Kausallehre unter seiner Anleitung widerlegt, wie man z. B. bei Albertus Magnus im 2. Buch der Physik und bei Thomas von Aquino im 2. Sentenzenbuch, im 3. Buch der *„Summa contra Gentes"* und im ersten Teil der *„Summa Theologica"* nachlesen kann. Schon wenn eine Lehre bei vielbenützten Autoren erscheint, wird sie also ohne Rücksicht auf ihre sonstigen Qualitäten mit diesen tradiert und bleibt mit ihnen lebendig, gleichgültig, ob der Autor sie vernichten oder verteidigen wollte. Dank Averroes und seiner Rezeption durch das lateinische Mittelalter tauchen die Argumente Algazels im Westen auf und bleiben für Jahrhunderte im Spiel.

Daß sie zuerst in der Schule Ockhams zu neuer Aktualität gelangen, ist nicht erstaunlich, denn Ockham erklärt, der Zusammenhang zwischen Ursache und Wirkung sei weder denknotwendig noch *a priori* erkennbar, und deshalb sei allein empirische Erkenntnis von Setzung und zeitlicher Folge, aber nicht die wissenschaftliche Demonstration eines kausalen *a priori*-Nexus möglich. Diese Auffassung ist heute als These der 4. Sektion des Ersten Humeschen „*Enquiry*" bekannt; sie wirkte im 18. Jahrhundert nicht eben originell. Neu ist bei Hume nur ihr Einbau in eine Philosophie des *belief*. Bei Ockham bleibt es offen, ob (abgesehen vom Fehlen des *a priori*-Nexus) die natürlichen Ursachen selbst ihre Wirkung setzen oder ob Gott die alleinige Ursache ist. Das ändert sich bei einflußreichen Zeugen aus der Richtung Ockhams, und zwar in den Sentenzenkommentaren des Kardinals Pierre d'Ailly von Cambrai und des ersten Tübinger Ordinarius für Theologie, Gabriel Biel, aus dessen Schule später Martin Luther hervorging. Der Kardinal von Cambrai ist heute aus anderen Gründen bekannt. Er war auf dem Konzil von Konstanz der führende Theoretiker des sogenannten Konziliarismus, der etwas wie eine konstitutionelle Monarchie erdachte, und er war der Verfasser eines verbreiteten Lehrbuchs der Geographie, das achtzig Jahre später die Kontinentvorstellungen Christoph Columbus' modifizierte.

Den äußeren Anlaß, der Ailly und Biel zur Entwicklung ihrer Kausallehre bewog, bot die Frage, ob ein Sakrament die wirkliche Ursache oder nur die notwendige Bedingung der mit ihm verbundenen Gnadenwirkung ist. Thomas von Aquino hatte sich am Anfang des 4. Sentenzenbuches dafür ausgesprochen, daß es wirkliche Ursache sei. Denn eine notwendige Bedingung ist eine *causa per accidens* oder Nebenursache. Der Schulsatz lautet aber: „*De causis per accidens non est scientia*", „Nebenursachen sind kein Gegenstand der Wissenschaft". Nun ist die Sakramentenlehre aber offensichtlich eine Wissenschaft, und folglich können die Sakramente nicht bloße Bedingungen oder Nebenursachen der mit ihnen verbundenen Gnadenwirkung sein. Nichtsdestoweniger sind Ailly und Biel, um Gott von Determinationen freizuhalten, viel eher geneigt, im Sakrament nur eine notwendige Bedingung zu sehen. Damit wird der Einwand heraufbeschworen, daß unter dieser Voraussetzung die Sakramente weniger leistungsfähig sind als die bescheidenste Naturursache.

Biels und Aillys nicht sonderlich ökonomische Antwort auf diesen Einwand erklärt, daß die Natur völlig ohnmächtig ist und daß es in ihr keine Ursachen gibt, sondern lediglich notwendige Bedingungen, die Gott, der alleinigen Ursache, zum Wirken Anlaß geben. Deswegen unterscheidet sich auch die Kausalität der Sakramente nicht etwa unvorteilhaft von der Kausalität der Naturursachen: sie ist nicht größer, aber auch nicht geringer. Auch Feuer ist nicht die wirkliche Ursache von Wärme, sondern Gott hat in Freiheit beschlossen, Wärme gewöhnlich nur bei der Präsenz von Feuer hervorzubringen. Zwischen beiden besteht also kein kausaler Nexus. Bei der bloßen Präsenz des einen entsteht das andere aufgrund eines göttlichen Beschlusses durch göttliche Wirkung. Gott verhält sich dabei, meint Biel, wie ein König, der verfügt, daß der Besitzer eines mit dem königlichen Siegel versehenen Denars aus Blei hundert Gulden von der königlichen Bank empfangen soll. Zwar ist der Denar, wenn man so reden will, die Ursache des Empfangs von hundert Gulden, aber nicht aufgrund seiner Bleinatur, sondern nur aufgrund des königlichen Willens. Beschlösse Gott z. B., daß Regen nur beim Aussprechen des Wortes „*pluvia*" fallen soll, dann wäre dieses Wort in demselben Sinne Ursache des Regens, wie es jetzt das „Brechen der Wolken" ist. Solche Ursachen, meint Biel mit Ailly, bezeichnet man aber besser als „notwendige Bedingungen".

Diese Theorie hat einiges Aufsehen erregt. Sie wird noch in den Schulkompendien des 16. und 17. Jahrhunderts bekämpft, z. B. bei Fonseca, den Conimbricenses und Suárez. Auf diesem Weg gelangt sie zu den französischen Spätcartesianern, die sich am Ende des 17. Jahrhunderts ausdrücklich auf Biel und Ailly berufen. Diese eher religiöse Tradition versucht, mit ihrer Grundthese eine Antwort auf das Staunen des von der Allmacht Gottes betroffenen Menschen zu geben, daß in der nichtigen und hinfälligen Natur sich trotzdem etwas regt. Allerdings geht die Antwort nicht weiter als die Frage. Die Fragestellung zielte ja nicht darauf, *was* sich dort regt und nach welchen Gesetzen es sich regt, denn das ist Ratschluß Gottes. Daß Menschen aufgrund religiöser Erfahrungen oder auch aufgrund einer religiösen Tradition zu einer solchen Fragestellung kommen, die für ihr Leben praktische Folgen hat, ist nicht ganz unverständlich. Nur ist es nicht die einzige Frage über die Natur, die damals Menschen stellen können, denn es gibt andere Situationen als die des Beters, der nicht begreifen kann, daß Geschaffenes wiederum schafft.

VI Die Vorstellung vom Grund der Harmonie in der Natur

Eine andere Fragestellung legt sich z. B. in der Situation des Mannes nahe, der damals „Naturphilosoph" heißt und wissen möchte, wie die Natur zu ihrer sinnreichen Ordnung kommt; auch in der Situation des Mediziners, der wissen möchte, weshalb die Organismen auf eine so erstaunliche Weise den unterschiedlichsten Anforderungen gewachsen sind. Den Versuch einer Antwort auf solche Fragen macht eine andere Tradition, die in der Geschichte

sehr erfolgreich war. Sie möchte verständlich machen, daß das wunderbare Geordnetsein der Natur nicht unverständlich ist, und knüpft dabei vermutlich an stoische Traditionen an. Sie vereinigt sich später mit der These von der Ohnmacht der Körper und wird nach dieser Anreicherung vermutlich zur wichtigsten Grundthese im Erklärungskontext der cartesischen Physik.
Nach der These der Stoa durchdringt die Gottheit wie ein feiner Hauch das All. Sie ist das Pneuma, das den ganzen Kosmos durchwebt und von dem die Lehre sagt, daß es in der gesamten Materie alles erschafft. Vermutlich unter der Einwirkung dieser Lehre, die eine Kausalaussage impliziert, ist in der Diatribe die Vorstellung vom Schutzgeist und Lehrer der Organismen entstanden, der *tutrix animalium*, die später unter Medizinern eine Rolle spielt, denn Mediziner sind von Berufes wegen mit der Kompliziertheit der Organismen befaßt. So heißt es in einem Passus der „*Antoniana Margarita*" des Arztes Gómez Pereira aus Medina del Campo, die 1554 erscheint und wahrscheinlich zum ersten Male die Automatenmetapher in die Physiologie einführt, daß alle tierischen Bewegungen und alle unwillkürlichen vegetativen und sensitiven Prozesse eine Weisheit verraten, die nicht allein das Vermögen der Organismen, sondern auch das menschliche Begreifen übersteigt. Deshalb können sie weder von Organismen noch von Menschen, sondern nur von der gänzlich weisen Ursache ersonnen sein, die nie in Hinsicht auf das Ganze irrt und die vegetativen und sensitiven Vermögen der Organismen steuert. Diese Ursache heißt *tutrix animalium*. Über ihre Natur wird in der „*Antoniana*" keine sehr präzise Aussage gemacht: „Ob die eine erste Ursache, die unermüdet und unermüdlich allerorten ist, wie vielen miteinander verflochtenen Aufgaben sie auch obliegen mag; oder ob eine andere, eine *causa secunda*, jene dem ganzen Erdkreis ganz beistehende und allen seinen Teilen ganz präsente Intelligenz, die bei den alten Philosophen wohl Weltseele hieß, die Bildung der Embryonen und die Bewegungen der unvernünftigen Wesen steuert; oder ob unterschiedliche Intelligenzen so unterschiedlichen Geschäften obliegen: keiner dieser Sätze ist ungereimt oder paßt nicht auf die Wahrheit" (Col. 140).
Solche Stellen bringen keine allgemeine Aussage über Kausalität. Sie erklären nur, daß ein weises Prinzip die Organismen ihre Reaktionen lehrt und ihre Bewegungen zu einem von höherer Weisheit ersonnenen Ziele hinlenkt. Es wird dagegen nicht erklärt, daß die Weltseele diese Bewegungen selbst hervorbringt oder daß die Organismen nicht die Prinzipien ihrer eigenen Tätigkeiten sind. Eine solche Behauptung gäbe Antwort auf eine Frage, die in dieser Situation überhaupt nicht gestellt war. Daß die Natur bewegt ist, wird

hingenommen. Weshalb sie nicht schlechthin bewegt, sondern in dieser erstaunlichen Ordnung bewegt ist, das steht zur Frage. Der Gott Al-Ghazalis oder der Gott Aillys und Biels tut, was er *will*. Sie fragen nicht, ob das, was er tut, nach unserem Verständnis auch weise ist. Bei dem intelligenten Prinzip der Mediziner jedoch liegt der Ton darauf, daß es in Weisheit wirkt. Es steht nicht zur Frage, ob es im übrigen auch frei ist oder ob die Organismen kraftlos sind, sondern es geht darum, wieso in ihren Tätigkeiten diese Harmonie erscheinen kann.

Auf einer bestimmten Stufe verschmelzen aber beide Motive miteinander. So scheint es am Anfang des 17. Jahrhunderts in der antiaristotelischen Naturphilosophie des reformierten Mediziners Sebastian Basson geschehen zu sein. Hier wird nach gutem Medizinerbrauch die Weltseele und zugleich nach gutem Christenbrauch die Lehre von der Ohnmacht der Zweitursachen eingeführt, wie sie bei Biel und Ailly erschien. Die alte religiöse Überzeugung, daß die Dinge aus sich selbst nicht wirken können, wird mit der alten naturphilosophischen Überzeugung, daß sie ihre Ordnung nicht selber ausdenken können, zu einer Einheit verbunden. Was aber Bassons Verhältnis zu Ailly und Biel betrifft, so sind darüber bislang nur Vermutungen möglich. Einiges spricht dafür, daß er sie kannte. Die Zitate in der "*Philosophia naturalis*" zeigen z. B., daß der Verfasser eine ungewöhnliche Kenntnis der spätscholastischen Autoren besaß. Auch führt er seine Grundthese mit dem für Biel und Ailly charakteristischen Terminus „*praesentia*" ein. Sichere Aussagen sind jedoch in dieser Hinsicht zur Zeit noch nicht möglich.

Man findet bei Basson bereits das Repertoire an Argumenten, dessen sich dreißig Jahre später die mächtige und heute fast vergessene Bewegung der *Physiologia Christiana* bedient. Kausalität ist ausschließlich ein Attribut Gottes, und deshalb muß man die aristotelische Philosophie, die auch den Naturdingen Kausalität zuspricht, als Götzendienst, als Sünde und Torheit verwerfen (ebd., II *De Forma,* III 7). Vor diesem christlichen Hintergrund erscheint jedoch die alte „Natur" der Mediziner: der überall präsente Gott wirkt alles unmittelbar (ebd., II 10), bewegt die Korpuskeln entsprechend der Harmonie, in der sie die *forma fluens* der Dinge zusammensetzen, und läßt aus deren Änderungen die Änderungen ihrer Tätigkeiten folgen (ebd., III *De Forma,* II 9). Diese göttliche Ursache bewegt die Dinge entsprechend ihrem Dingwesen so, wie ein Handwerker sein Werkzeug bewegt (ebd. I 1). Die über alles ausgegossene göttliche Vernunft gibt allen Dingen Bewegung und Ziel: sie ist der göttliche Kitharode, der den Saiten, die er selber spannte, liebliche Modulationen entlockt und der im einzelnen der Natur wie im Ge-

samt die Harmonie bewahrt. Dieser unaufhörlich wirksame und allen Dingen präsente Gott heißt "*Natura naturans*" (ebd., I 5), und die alles durchdringende Weltseele, die aus feinster Materie besteht und auch „Aether" heißt, bildet mit ihm eine funktionale Einheit: sie ist das Werkzeug in der Hand der naturierenden Natur (ebd., *De Natura* III 3). Dies dürfte ein speziell medizinisch klingender Gedanke sein: keine *facultas* wirkt ohne Instrument.
Mit dieser Lehre ist eine neue Stufe erreicht, weil in ihr die beiden Grundthesen von der Ohnmacht und von der Ursache der Harmonie zu einer einzigen verschmolzen sind. Der Calviner hat die Herrlichkeit Gottes erkannt, er weiß, daß Gott alles tut und daß er es tut, wie er will. Der Mediziner aber weiß zugleich, daß bei aller Verborgenheit des göttlichen Ratschlusses das Auge des Menschen die Harmonie und Ordnung dieses göttlichen Wirkens erkennen kann. Die alte religiöse These hat nun die Forschungsfeindlichkeit und *anticuriosité* verloren, die sie von Haus aus impliziert, und wird sehr bald auf eine neue und unvorhergesehene Weise fruchtbar, indem sie die Mathematizität aller Naturvorgänge vorstellbar macht. Allerdings sind auch über das Verhältnis Bassons zu Descartes nur Vermutungen möglich. Beide Autoren stehen einander sachlich und zeitlich nahe, aber niemand weiß, wie gut der Verfasser von „*Le Monde*" die Philosophie Bassons gekannt hat. Fest steht, daß er spätestens 1630 seinen Namen und einige seiner Thesen kennt (es läßt sich aber nicht bestimmen, welche). Ferner ist klar, daß die Physik Bassons der Physik Descartes' in einigen Punkten erstaunlich ähnlich sieht. Beide entwickeln ein korpuskulares System, in beiden erfüllt der Aether analoge Funktionen, und beide lehnen aufgrund ganz ähnlicher Interessen den leeren Raum ab. Die Annahme eines Zusammenhanges zwischen Basson und Descartes ist übrigens alt. Sie reicht bis in die vierziger Jahre des 17. Jahrhunderts zurück und wird im 18. Jahrhundert z. B. von G. B. Bilfinger vertreten. Stringente Beweise gibt es bis heute nicht.
Es kommt jedoch zunächst darauf an zu zeigen, daß die im 17. Jahrhundert allgemein bekannte Vorstellung von der Ohnmacht der Natur, wie immer sie zu Descartes gekommen sein mag, und die Vorstellung von der Ursache der Harmonie in der Natur, auf die Descartes bisweilen anspielt, die Möglichkeit bietet, für zwei systematische Grundprobleme der cartesischen Physik eine Lösung zu finden. Die Lösung, für die sich Descartes tatsächlich entscheidet, zeigt eine schwer übersehbare Affinität zu diesen beiden Traditionen: Gott ist die einzige Ursache der Bewegung, und eine von Gott eingesetzte Zweitursache steuert alle Einzelbewegungen. Ein Rezeptionsbeweis läßt sich nicht führen, doch scheint die Annahme, daß hier Descartes zwei vorgefundene

Lösungsverfahren (nicht zwei Probleme) adaptierte, den geringsten Aufwand an Zumutungen erforderlich zu machen. Denn als Antwort auf die Frage nach dem Ursprung und der naturgesetzlichen Verteilung der Bewegung findet man im Grundthesenkomplex der cartesischen Physik die folgende Erklärung: Die Natur ist ihrem Wesen nach kraftlos, denn alle Bewegung in ihr ist Trägheit, die eine der Materie äußere Ursache, nämlich Gott, ursprünglich erzeugt. Gott bewegt aber die Natur nach unendlich weisen und mathematisch formulierbaren Gesetzen, die Descartes als *„causes secondes“* bezeichnet (*“Principes“* II, 37). *“Cause seconde“* ist ein zweideutiger Term, der gewöhnlich einfach „Geschöpf“ bedeutet. Doch gibt es eine (z. B. bei Pereira vertretene) Spezialbedeutung, nach der *“causa secunda“* eine Gott untergeordnete geschaffene Intelligenz bedeutet, die die Natur administriert – beispielsweise die Weltseele oder den Schutzgeist der Tiere. Im Zusammenhang mit dem cartesischen Naturgesetz gibt diese Spezialbedeutung wahrscheinlich den besseren Sinn.

Die Naturgesetze (das wäre bei der Unterstellung der genannten Spezialbedeutung impliziert) sind zwar keine Intelligenzen oder Geistsubstanzen, erfüllen aber gerade die Funktion, die weniger leistungsfähige Physiken Naturintelligenzen zugeschrieben haben (daß Descartes deren Annahme töricht findet, geht aus mehreren Stellen hervor, z. B. AT II,41, XI,36 und XI,524). Auch die cartesische Physik fordert also für die Bewegung in der Natur ein intelligibles Verteilerprinzip (wenn auch kein substantielles). Deshalb hat das Wort *„cause seconde“*, selbst wenn es nicht unmittelbar ein Ursache-Wirkung-Verhältnis bezeichnet, in diesem Zusammenhang einen guten Sinn, denn es verweist auf Analogien zu einer Tradition, die das Publikum kennt, und zeigt dem Leser, in welche Funktion der umgedeutete Begriff „Naturgesetz“ jetzt eintreten soll. In der Schulphilosophie pflegte *„lex naturalis“* zunächst die ethische Richtschnur für menschliche Geister und allenfalls beiläufig (nicht mathematisch formulierbare) Regeln für das Entstehen und Vergehen in der Natur zu bezeichnen. Im Zusammenhang mit der Trennung von Materie und Geist und mit der technischen Aktualität der umgedeuteten Materie wird nun der Sinn des Terms in einer Weise modifiziert, die bald die überkommene Bedeutung verdrängt und erst nach dem 19. Jahrhundert in größere Krisen gerät.

In der cartesischen Mechanik ohne Kraft erscheint das Gesicht einer ohnmächtigen und administrierten Natur, so wie die konzeptualistische und medizinische Tradition sie kennt. Deren überlieferte Lehre wird vermutlich um 1630 in einem Sinne wichtig, der ihr ursprünglich völlig fremd gewesen ist. Sie dient nun (zweckentfremdet und ihrer religiösen Funktion entkleidet) in einer unerwarteten Wendung als Vorbedingung der technischen Zivilisation. Denn sie bietet eine Möglichkeit, der Gesellschaft die Erzeugung wie den naturgesetzlichen Ablauf der Bewegung mit Hilfe einer ihr längst vertrauten Behauptung einleuchtend zu machen: das eine leistet die Erstursache, das andere die naturgesetzliche *cause seconde.* Wenn die Annahme einer Rezeption hier richtig ist, bedeutet dies, daß Descartes zwei Grundthesen, die aus anderen Kontexten stammen und von denen zumindest die eine in ihrem ursprünglichen Kontext ganz andere Funktionen zu erfüllen hatte, in seinen Grundthesenkomplex hinübernimmt, weil sie ihm geeignet scheinen, ein speziell cartesisches Problem angewandter Mathematik zu lösen (nicht zu stellen). Diese Problemlösung erweist sich später ihrerseits als ein Problem.
Der Hinweis auf eine solche Verwendung von Grundthesen früherer Kontexte setzt allerdings voraus, daß die Lösung, für die sich Descartes entschied, auch aus sachlichen Gründen nahe lag. Diese Lösung war für die gegebenen Probleme in der gegebenen Situation außerordentlich geeignet, gleichgültig, ob Descartes sie fand oder erfand. Denn wer in der ersten Hälfte des 17. Jahrhunderts die gesamte Physik auf das mathematische Niveau der Mechanik bringen will, hat es im Begründungsverfahren leichter, wenn er annimmt, daß in der Natur keine wirklichen Kräfte sind und daß Gott die alleinige Ursache aller Bewegungen ist. Denn (entgegen aller bisherigen Überzeugung) erstens angenommen, es gäbe in der Natur nur mathematisch geordnete Prozesse: wie sollten diese denn zustandekommen? Die substantiellen Formen der Schulphilosophie könnten die Kräfte, die sie hervorrufen, nicht sein, denn wie sollten sie Mathematik gelernt haben? Zweitens angenommen, es gäbe in der Natur eine umfassende Harmonie aller dieser mathematisch geordneten Prozesse: sie könnte nicht von Kräften wie den substantiellen Formen verursacht sein, denn außermenschliche substantielle Formen können nicht miteinander verhandeln, um angemessene Verabredungen zu treffen. Hätte jeder Körper tatsächlich sein privates Bewegungsprinzip und wäre, wie die Physik der meisten Scholastiken zu behaupten pflegte, jeder Körper aufgrund seiner Beseelung mit einer substantiellen Form aktiv, dann müßte

aus der Natur ein unentwirrbares Chaos werden. Und deshalb ist die Theorie der substantiellen Formen aufzugeben. Erfordert ist ein vernunftbegabtes Bewegungsprinzip, das die mathematische Ordnung der Einzelvorgänge erklärlich macht und zugleich die Harmonie des Gesamtprozesses in der Natur erklärt. Das heißt zunächst einmal: Die Entwicklung einer an die Ohnmachtstraditionen anknüpfenden Mechanik ohne den Begriff der Kraft liegt nahe, weil sie die Assoziation substantieller Formen vermeidet. Sie kann inzwischen auch mit einem besonders aktuellen Argument vertreten werden, denn das neue Trägheitsgesetz versteht Bewegung als den Normalzustand von Körpern, nicht mehr als einen durch die Angabe besonderer Krafteinwirkungen jeweils erst zu erklärenden Zustand.

Die Rezeption der religiösen Ohnmachtsthese und ihre Kombinierung mit der medizinischen Steuerungsthese bzw. die Entwicklung von Grundthesen, die diesen beiden traditionellen Thesen auffällig ähnlich waren, gestattete Descartes, eine die Diffusion der neuen Physik erschwerende Barriere des Verständnisses zu überwinden: die Schwierigkeit des Publikums, an die mathematische Ordnung aller Bewegungen in der Natur zu glauben. Denn eine Annahme wie die, daß der Weg des fallenden Steins $^1/_2\,gt^2$ ist (die übrigens Descartes nicht teilen mochte), setzt außerordentlich viel voraus und ist deswegen alles andere als selbstverständlich, obgleich sie später als selbstverständlich hingenommen und deshalb auch nicht mehr begründet wurde. Ein heutiger Leser würde, wenn man ihn über seine Meinung dazu befragte, vielleicht zunächst erklären, der Stein gehorche eben dem Naturgesetz. Aber ist das ein verständiger Gebrauch des Verbums? Wieso können Körper gehorchen? Wenn sie aber nicht gehorchen können: kann sich ein Stein die Formel $^1/_2\,gt^2$ selbst ausrechnen? Wenn er sie nicht ausrechnen kann: kann sie ihn wenigstens jemand lehren, damit er weiß, woran er sich beim Fallen zu halten hat? Auf solche Schwierigkeiten, die die Behauptung von der mathematischen Ordnung aller Bewegungen zunächst provoziert und die noch spät die transzendentale Lösung veranlassen, ermöglicht Descartes die These von der Passivität der Materie eine Antwort, die das Publikum für einige Jahre befriedigt und deren Argumentation ihm verständlich ist, weil sie an ihm Vertrautes anknüpft. Kein Stein und kein Körper kann die Ursache seiner immer vernünftigen Bewegungen sein, denn kein Stein und kein Körper ist vernünftig und kann denken. Die Körper müssen vielmehr, wenn die Natur geordnet bleiben und kein Chaos werden soll, ohnmächtig sein und von einem ihnen äußeren Prinzip bewegt und gesteuert werden: von dem göttlichen Mathematiker, der nun aus einem überzeugenden Grund die Funktion der *causa uni-*

versalis Biels und Aillys mit jener der allweisen Weltseele der Mediziner vereinigt. Damit hat sich zugleich an der Gottesvorstellung etwas Wichtiges geändert: der „Weltgeist" ist nicht länger nur nach der Art des klugen Hausvaters weise, er ist fortan der Mathematiker schlechthin.

Die ursprünglich „religiöse" These über die Erzeugung der Bewegung, die sich Descartes zu eigen macht, muß, abstrakt gesehen, auf heutige Leser sonderbar wirken. Betrachtet man sie dagegen im Rahmen der Situation, für die sie entworfen wurde, so erweist sie sich als eine Behauptung, die angesichts des Erwartungshorizontes der Gesellschaft die Akzeptierung des neuen Erklärungskontextes eher erleichtern konnte. Für diese Vermutung bietet die Philosophiegeschichte so etwas wie eine Gegenprobe. Leibniz führt – nicht zuletzt in Reaktion auf die cartesische Physik – einen geläuterten Begriff der Kraft wieder ein: *«La substance est un être capable d'action»*. Er kann aber nur behaupten, daß jede Substanz Kraft besitzt und des Handelns fähig ist, wenn er zugleich zu der Behauptung bereit ist, daß sie auch des Perzipierens fähig ist. Daß diese zweite Behauptung, die Descartes vermeiden wollte, für Leibniz noch eine selbstverständliche Konsequenz der ersten ist, zeigt sich an seiner Bereitschaft, die komplizierten Zusatzannahmen zu machen, zu denen sie zwingt. Noch später wird Kant (u. a., um einigen dieser Zusatzannahmen zu entgehen) den Vorschlag unterbreiten, für die mathematische Ordnung der Bewegungen der Körper weder in ihnen selbst noch unmittelbar in Gott, sondern in dem transzendentalen Subjekt die Begründung zu suchen. Das Problem hat sich im 18. Jahrhundert im Grunde kaum verändert, nur hat sich das Spektrum der diffundierbaren Lösungen allmählich verengt. Problemlösungen werden jedoch in Hinsicht auf Situationen entworfen. Wenn sie in einer gegebenen Situation akzeptabel sind, sind sie zunächst einmal gute Lösungen. Daß sie in einer späteren Situation nicht mehr akzeptabel sind, bedeutet nicht, daß sie vorher keine guten Lösungen waren, denn sie sind nicht im Hinblick auf spätere Situationen, sondern im Hinblick auf ihre eigene Situation entwickelt worden.

Deswegen hat man auch mit der Behauptung, die leibnizsche Physik habe die cartesische schlicht überwunden, gewisse Schwierigkeiten. Beide Physiken lösen in unterschiedlichen Situationen unterschiedliche Probleme. Die leibnizsche Lösung bleibt an der cartesischen gleichsam negativ orientiert und setzt sie insofern voraus. Der „dynamistische" Entwurf einer Dynamik und Metaphysik bei Leibniz hat insofern die Zukunft für sich, als er dem Trend zu jenem Paradigma entspricht, das um die Jahrhundertwende in der Gravitationstheorie seine klassische Form annimmt, und weil er zugleich mit dem

Begriff der Kraft auch die mechanische Relevanz der Bewegungsrichtung betont, durch deren Vernachlässigung die Unhaltbarkeit der cartesischen Mechanik sich gegen Ende des 17. Jahrhunderts vor allem erweist. Betrachtet man die Entwicklung jedoch unter größeren Perspektiven, dann erscheint die Tendenz der leibnizschen Lösung etwas weniger vorwärtsgewandt. Das gilt für die Rückschau: der Übergang von der Impetus- zur Trägheitsphysik war dadurch möglich geworden, daß man den Impetus nicht mehr als Kraft zur Bewegungserzeugung, sondern nur noch als Kraft zur Bewegungsänderung verstand; die leibnizsche *force* jedoch übernimmt wieder beide Funktionen. Es zeigt sich ebenfalls in der Vorschau: seit dem 19. Jahrhundert wird in der Physik die Tendenz immer stärker, von neuem auf die Verwendung des Kraftbegriffs zu verzichten. Insofern kehrt die Physik zu einer cartesischen Position zurück. Dies wiederum bedeutet nicht, daß nun die leibnizsche Mechanik als Abirrung erwiesen wäre. Es bedeutet lediglich, daß man das S-Ding Kraft, durch dessen Annahme Leibniz wie Newton (auf je verschiedene Weise) in einer bestimmten Situation bestimmten Schwierigkeiten zu begegnen suchten, in einem späteren Erklärungskontext zur Kontextdiffusion und auch zur Lösung theoretischer Probleme nicht mehr braucht.

Daß die cartesische Physik tatsächlich die überlieferte Lehre von der Ohnmacht der Natur mit der vom Grund der Harmonie in der Natur zur Lösung eines zentralen Problems in ihren Grundthesenkomplex übernahm und sie dadurch mit einer ganz neuen Funktion versah, ist eine Vermutung, die sich nicht beweisen läßt, für deren Annahme aber Argumente sprechen. Die Lehre Al-Ghazalis, Aillys und Biels war in den Handbüchern, die die Lehrer Descartes' benutzten und die z. T. Descartes selber konsultierte, mit den Namen ihrer Urheber verzeichnet. Sie pflegte bei der Behandlung der Kausallehre in der Physik wie in der Metaphysik zur Sprache zu kommen. Auch wurden die Thesen von Autoren wie Pereira und Basson in solchen Handbüchern vermerkt (gewöhnlich ohne Namensnennung), und/oder sie befanden sich im Munde der *Curieux,* wie die Korrespondenzen zeigen. Die Lehre von der *anima mundi* ist Descartes bekannt gewesen, denn er polemisiert gegen sie; und seine Physik zeigt eindrucksvolle Analogien zu beiden Thesen. Vor allem aber hat ein beträchtlicher Teil der cartesianischen Tradition die Aussagen Descartes' in diesem Sinn verstanden. Daß Descartes von derartigen Überlieferungen etwas gewußt hat, kann man gelegentlich zeigen, doch kann man nicht beweisen, daß er sie bei der Entwicklung seines Erklärungskontextes als Lösungsmodell oder Gegenmodell verwendet hat. Man kann es lediglich vermuten.

Sollte diese Vermutung richtig sein, dann übernähme die Grundthese von der Ohnmacht der Zweitursachen um 1630 aus zwei verschiedenen Gründen die Aufgabe, die cartesische Theorie der Naturgesetzlichkeit zu begründen. Denn erstens läßt sie eine Mechanik ohne Kraftbegriff als etwas ganz Normales erscheinen, und zweitens nennt sie einen Grund für die Gesetzlichkeit und die Gesamtharmonie in den Bewegungen der Körper. Sie erfüllt also in dem neuen Erklärungskontext weniger ihre ursprüngliche religiöse Funktion, den Gläubigen die Allmacht und Herrlichkeit Gottes vor Augen zu führen, als die innerweltliche, die Natur als ein von mathematischen Gesetzen durchwaltetes System erst denkbar zu machen. Descartes hatte gegebenenfalls den Wunsch, daß die Ohnmachtsthese, von ihren Andachtsimplikationen befreit, im Rahmen der philosophischen Anfangsgründe seiner Naturwissenschaft es glaubhaft machte, daß die Natur insgesamt und im einzelnen mathematisch geordnet sein kann. In Wirklichkeit infizierte er seinen Erklärungskontext mit einer radikalen Theologie. Die Inkubationszeit war erstaunlich kurz, denn es zeigte sich spätestens in den sechziger Jahren, daß die cartesische Mechanik nicht leisten konnte, was sie an naturwissenschaftlichem und technischem Fortschritt zu leisten versprach. Als sich danach eine Universalmechanik ohne metaphysische Begründungen als attraktiver erwies, bot die These von der Ohnmacht der Natur den Physikern keine Diffusions- und Begründungschance mehr. Sie verlor ihr wissenschaftliches Interesse und kehrte in das Arsenal der Frömmigkeit zurück. Wer sie einige Jahre nach dem Tod Descartes' in Gestalt der cartesischen Physik noch vertrat, vertrat sie zumindest nicht *nur* aus einem wissenschaftlichen, sondern zumindest *auch* aus jenem religiösen Interesse heraus, dem sie lange vor Descartes zunächst entsprungen war.

Damit gewann die Vorstellung von der Ohnmacht der Natur schon gegen Ende des Jahrhunderts nicht nur ihre ursprüngliche religiöse Dimension zurück, sondern diese überspielte ihre gleichsam zivilisatorische Funktion vollkommen. Die cartesianische Bewegung, deren meditativer Grund am Anfang (vielleicht nach ignatianischem Vorbild) eine große gesellschaftliche und politische Aktion hatte tragen sollen, endet mit der tatenfremden Betrachtung der Macht und Weisheit Gottes und der Ohnmacht aller Kreatur. Was bei Descartes als reale technische Hoffnung entworfen wurde, dient bei La Forge bezeichnenderweise zur Beschreibung der Annehmlichkeiten des Lebens nach dem Tode. Dies ist der Endzustand der Schule, wie er v. a. aus den geradezu wissenschaftsfeindlichen Arbeiten von Geulincx und Malebranche bekannt ist. Für die Geschichte der westeuropäischen Spiritualität bedeutet er einen einzigartigen Höhepunkt, für die Geschichte der Wissenschaft einen Rückschlag (dieser Widerstreit wird von nun an symptomatisch). Hier zeigt sich aber noch einmal, daß vorgegebene Grundthesen zur Behebung ganz unterschiedlicher Probleme geeignet sein können. Die Ohnmachtsthese war zur Lösung mechanischer Probleme nicht mehr erforderlich. Zur Lösung der spirituellen Folgeprobleme, die das Fremdheitsgefühl der Seele in einer mechanischen Welt, die Problematisierung der Kommunikation zwischen Intelligenzen und das Ausbleiben einer radikalen Veränderung der Lebensbedingungen durch die cartesische Mechanik hervorrief, bot sie sich geradezu an.

Die Philosophie Malebranches feierte schließlich am Anfang des 18. Jahrhunderts noch eine erstaunliche Auferstehung in der Philosophie George Berkeleys, eines der wenigen britischen Philosophen seit Locke, die am ehesten vom Kontinent her zu verstehen sind. Er ist der letzte philosophisch große Vertreter der Ohnmachtslehre, und wäre seine Naturphilosophie, die jünger ist als die newtonsche Physik, nicht anachronistisch gewesen, dann hätte sie der Menschheit erstaunliche Vorteile gebracht, denn sie hätte die Physiker von der Mühsal der Dynamik und die Mathematiker von der Last des Infinitesimalen befreit. Allerdings ist das berkeleysche und malebranchische Heimweh nach der religiösen Geborgenheit der wissenschaftlichen Vorrevolution eher ambivalent, denn die szientistische Revolution der frühen Neuzeit, die den Theologen als Traditionsbruch erschien, wahrte zumindest in einer Hinsicht die Interessen des Christentums. Die Gesellschaft glaubte sich an einen Punkt geraten, an dem das zentrale Gebot der Liebe sich nicht mehr mit traditionellen Mitteln wie Mildtätigkeit und Spitalwesen erfüllen ließ, sondern nur noch mit einer gut funktionierenden Technik und Medizin auf der Grundlage einer gesicherten Wissenschaft. Sofern aber diese Möglichkeit gegen den Widerstand der Theologen verwirklicht werden mußte, gefährdeten gerade die Hüter des christlichen Glaubens das, was man für die Erfüllung des christlichen Hauptgebotes hielt. Nachdem also die Grundthese von der Ohnmacht der Zweitursachen in der cartesischen Mechanik für einen Augenblick die Zukunft Europas geprägt hatte, tasteten sich schon wenige Jahre später gerade an ihr Autoren wie Geulincx, Malebranche und Berkeley in die vorcartesische Andacht und Ehrfurcht mit ihrer zivilisatorischen Hoffnungslosigkeit zurück. Dies ist vielleicht eins der eindruckvollsten Beispiele dafür, daß dieselben Grundthesen in unterschiedlichen Kontexten sehr unterschiedliche Funktionen übernehmen können.

Descartes' Veränderung der Wissenschaft führt gegenüber der Schulphysik einen neuen Komplex von Grundthesen ein, in dem die Mathematizität aller Naturprozesse behauptet und durch die Lehre von der Passivität der scharf vom Geist getrennten Körper bei gleichzeitiger Erschaffung und Erhaltung der Trägheitsbewegung durch Gott begründet wird. Aus diesem außerordentlich leistungsfähigen Grundthesenkomplex, zu dessen angemessener Kombination wahrscheinlich ein größerer kreativer Aufwand erforderlich war als zu der bloßen Entwicklung seiner Elemente, leitet Descartes eine Anzahl neuer physikalischer Hypothesen ab: seine „natürlichen Gesetze der Bewegung", in denen die Geschwindigkeit, die Richtung und das, was man später „Masse" nennt, sowie die jeweilige Veränderung der beiden ersten dieser Faktoren bei typischen Stoßvorgängen berücksichtigt wird. Diese Gesetze beschreiben die neuen Verknüpfungsmuster für Tatsachen in der Physik. Im Hinblick auf sie entwickelt Descartes sein neues Kriterium für die Wirklichkeit physikalischer Gegenstände und Sachverhalte: die Beschreibbarkeit und Erklärbarkeit durch Gestalt und Bewegung als die physikgemäße Erscheinungsform des allgemeinen Kriteriums der klaren und deutlichen Erkennbarkeit. Dadurch gewinnt er einen neuen Bestand an S-Wirklichkeiten, deren es jetzt nur noch drei Klassen gibt: Korpuskeln, die als reale Bestimmungen Gestalt und Bewegung und keine anderen haben. Damit ist auch die Zahl der Verknüpfungsmuster für Gegenstände und Eigenschaften radikal reduziert, und das trägt viel zur Übersichtlichkeit und Diffundierbarkeit der neuen Wissenschaft bei. Um die neue physikalische S-Welt durchzusetzen, werden die S-Wirklichkeiten der Schulphysik und der naiven Erfahrung teils geometrisch uminterpretiert und teils für chimärisch erklärt. Es handelt sich bei der cartesischen Physik um ein Beispiel umfassender Innovation: die gesamte S-Welt und der gesamte Erklärungskontext wird neu strukturiert, z. T. auch in den Elementen neu geschaffen.

Diese Innovation muß intensiven Bedürfnissen und Erwartungen der damaligen Gesellschaft entsprochen haben. Nur dadurch läßt sich der öffentliche Erfolg der cartesischen Physik (im Gegensatz zu den zahlreichen anderen neuen Physiken) einigermaßen erklären. Eine Antwort auf die Frage, ob Descartes aus spontaner Freude an Veränderungen, unter dem theoretischen Zwang der Konsequenzen von ihm vorgefundener oder entwickelter Thesen oder allein aus praktischen Interessen innovierte, darf als Erfordernis zweiten Ranges gelten. Keine der Antworten wäre entscheidbar, doch halte ich jede, abstrakt genommen, für gleichermaßen unwahrscheinlich. Die wichtigste Feststellung dürfte es sein, daß die gegebene Situation nach Innovationen solcher Art geradezu verlangte und daß die Auseinandersetzung mit dem cartesischen System und dessen Diffusion durch diesen Umstand garantiert war. Der neue Erklärungskontext war außerordentlich erfolgversprechend. Er wurde erst nach beinahe zwei Generationen durch die Ausbildung der klassischen Mechanik mit ihrer Präzisierung von Aussagen über die Kraft prinzipiell in Frage gestellt, die man vielleicht am ehesten entwicklungsökonomisch verstehen sollte. Dafür sprach schon im vorigen Jahrhundert der Umstand, daß Kirchhoff, Mach und Heinrich Hertz bei der Entwicklung der Prinzipien der Mechanik auf die Verwendung des Kraftbegriffs verzichteten, und schließlich in diesem Jahrhundert das Konzept der Allgemeinen Relativitätstheorie, die die Gravitation nicht mehr als Kraft verstand und dadurch Jammer zu der Bemerkung bewog: *„Descartes' program has finally been carried out by Einstein!"* („Concepts of Force", Cambridge, Mass. 1957, S. 260). Es scheint, daß gegen Ende des 17. Jahrhunderts die Einführung des newtonschen Kraftbegriffs am ehesten die Möglichkeit bot, theologische Begründungen in der Mechanik entbehrlich erscheinen zu lassen, ohne zugleich die cartesische Forderung nach einer mathematischen Explikation der gesamten Natur zu desavouieren. Nachdem der Begriff der Kraft diese Aufgabe erfüllt hatte, konnte die Mechanik wieder auf ihn verzichten. Er ließ es in seiner newtonischen Präzisierung zunächst als einleuchtend erscheinen, daß man in der Physik bestimmte Fragen nicht zu stellen braucht. Als sich die Wissenschaft daran gewöhnt hatte, sie nicht zu stellen, war es nicht länger nötig, ihr einen Grund dafür zu nennen, weshalb sie sie nicht stellen muß. Denn was zur Selbstverständlichkeit geworden ist, trägt sich allein.

Die cartesische Innovation war ein Versuch, eine Anzahl damals aktueller theoretischer und praktischer Probleme mit Mitteln, die die Situation erlaubte, in einem Gesamtentwurf zu lösen. Es bleibt noch anzudeuten, wie sich an ihr die Erfahrung bestätigt, daß die Lösung bestimmter Probleme zu neuen Problemen führen kann und daß man in dieser Hinsicht mit umso größeren Überraschungen zu rechnen hat, je unerprobter das Lösungsverfahren ist. Die Physik Descartes' erzeugte Probleme, mit denen Europa auf Jahrhunderte hinaus beschäftigt blieb. Wären solche Nebenfolgen schon im vorhinein abzusehen, dann würden Innovationen von einem solchen Umfang vermutlich in keiner Gesellschaft akzeptiert. In diesem Fall war offenbar die Unabsehbarkeit der Folgen eine Bedingung für das, was man seit mehreren Generationen als „Fortschritt" bezeichnet. Zu diesen Folgen gehörte eine nachhaltige Verunsicherung des theoretischen und des moralischen Wissens, die Entseelung der Natur und die Problematisierung der Leiblichkeit.

Durch die Verunsicherung der Gewißheit, die eine Folge der Unerfüllbarkeit des Anspruchs der cartesischen Theorie des Erkennens war, wirkte der Versuch Descartes' weit über den Rahmen der Philosophie und Naturwissenschaft hinaus und führte zu Schwierigkeiten, die wahrscheinlich nicht harmloser waren als jene, die er zunächst überwinden sollte. Übereinstimmung mit der Tradition, erweisbar durch Interpretation, war z. B. das Wirklichkeits- und Beweiskriterium der Offenbarungstheologie. Wer wie Descartes seine Gültigkeit für den Bereich der Wissenschaft bestritt, gab den Gläubigen Anlaß zu Zweifeln und provozierte zugleich die Verfassungssolidarität der Theologen. Deren Instinkt erwies sich später als richtig. Bei aller gelegentlichen Feindschaft gegen Theologien sparte die Kritik der Neuerer den Bereich der Offenbarung zunächst zwar aus, doch zeigte sich die Vorläufigkeit eines solchen Verhaltens sehr bald. Schon in den siebziger Jahren war über Hobbes' Versuche hinaus in den Arbeiten Spinozas und Richard Simons auch die Offenbarung zum Gegenstand der Kritik geworden. Zugleich brachte die neue Physik die Theologen in ihr klassisches Dilemma. Weil sich die Theologie als wissenschaftliche Interpretation der Offenbarung verstand, hatte sie ihre Selbstverschmelzung mit aristotelischen Physiken vollzogen. Ihre Dogmen waren in der Sprache dieser Physiken formuliert, und eine schnelle Änderung dieses Zustandes war nicht möglich. Gute Neuformulierungen verlangen Zeit, und unter Druck formuliert man nicht gern. Namhafte Theologen reagierten denn auch auf den Angriff gegen ihre Sprache, der von einem Angriff gegen die Sache selbst schwer abzugrenzen war, mit allen verfügbaren Mitteln. Weil sie am Ende scheiterten, ist die Theologie der westlichen Öffentlichkeit bis heute als Feindin des Fortschritts suspekt geblieben.

Natürlich gab es nicht viele Alternativen, nicht einmal die der Selbstaufgabe in Gestalt des Verzichts der Theologen auf weitere Betätigung, der unmittelbar zu öffentlichen Katastrophen führen mußte. Hätte man andererseits die religiösen Dogmen nun plötzlich cartesianisch formuliert, dann wäre man fünfzig Jahre später, da der Cartesianismus als Wissenschaft so gut wie überwunden war, schon wieder in einer vergleichbaren Verlegenheit gewesen. Erst der kantische Erklärungskontext bot mehr als hundert Jahre später eine Möglichkeit, Aussagen der Theologie gegen Innovationen der Wissenschaft zu immunisieren, die freilich ihrerseits nicht unerhebliche Nebenfolgen zeitigte. Die Theologen der Offenbarungsreligion haben trotz Kant bis weit in unser Jahrhundert hinein markante Vorstellungen über die Wahrheit und über die Abbildbarkeit von Wahrheit in Sprachen gehabt. Erst recht mußte ihnen im 17. Jahrhundert der Gedanke fremd sein, daß die Pointe von Wissenschaft weniger im Finden und Aufbewahren der Wahrheit als im Finden jeweils erfolgreicher Beschreibungen und Erklärungen liegen sollte (eine Ansicht, die freilich in anderen Kreisen bereits im 17. Jahrhundert geäußert wurde). Die große Verweigerung, mit der die Theologen auf dieses Dilemma reagierten, hat nicht nur für sie selbst, sondern auch für die Neuerer erhebliche Folgen gehabt. Sie waren gegebenenfalls gezwungen, neben den Konfessionen her religiös oder christlich bzw. neben den Religionen her gut oder edel zu sein. Die Konfessionen mußten dem Phänomen, das später „Fortschritt" hieß, aufgrund der speziellen Umstände seiner Entstehung im Wege sein, und die Tatsache, daß sie es waren, verrät bei aller taktischen Torheit eine objektive Weisheit, die schlechthin entwaffnend ist. Daß sie dem Fortschritt im Wege waren, führte angesichts der westlichen Entscheidung für den Fortschritt ganz folgerichtig zur Entchristlichung der Humanität, die inzwischen ihrerseits in Krisen geraten ist. Es gab in den folgenden Generationen eine Anzahl von Unternehmungen, um den Schwierigkeiten zu begegnen, die die cartesische Wissenschaft für Theologen und Gläubige in die Welt gebracht hatte. Dazu gehören die leibnizsche und die berkeleysche Philosophie, doch eine der erstaunlichsten ist Spinozas Versuch einer Vereinigung von Theologie und Physik mit Hilfe der Gleichsetzung von Gott und Natur.

Descartes' Aktion gegen das Kriterium Traditionalität, die nicht nur Folgen im Bereich des Religiösen hatte, entsprang eher den Umständen als einer Feindschaft gegen die Tradition als Prinzip. Er scheint gehofft zu haben, daß sich eines Tages die eigene Lehre zur geschützten Tradition entwickelte, und gegen solche Traditionen war nichts einzuwenden. Auf der anderen Seite blieb Descartes in vielen Punkten auch material in der Traditon, die er vorfand, befangen. Z. B. übernahm er in großem Umfang moralische und politische Zielvorstellungen seiner Gesellschaft. Beides kann aber, wenn man in breiter Front den Angriff auf Traditionen als Legitimitätsinstanzen eröffnet, nicht unproblematisch sein. Neben der Verunsicherung des Verhältnisses zur tradierenden Offenbarungsreligion ist denn auch der zweite Aspekt der allgemeinen Verwicklungen, zu denen die cartesische Innovation geführt hat, eine tiefe Verunsicherung des Verhältnisses zum politischen und moralischen Herkommen, mit der sich die sehr scharfsichtige politische Theorie der Restauration noch hundertfünfzig Jahre später auseinandersetzen mußte. Dabei ist es erstaunlich, wie sehr den Neuerern die Einsicht fehlt, daß sie selbst in ihrer Terminologie, Prioritätensetzung und Essentialrezeption zunächst in einem erheblichen Maß der Tradition verhaftet bleiben. Ihre Selbstdarstellung abstrahiert davon so überzeugend, daß erst in unserem Jahrhundert das Ausmaß ihrer faktischen Traditionalität annäherungsweise umrissen wurde. Im übrigen ist eine solche Traditionalität nicht ganz erstaunlich, denn die neuen Systeme sind jeweils ein Versuch zur Lösung ganz bestimmter, nicht aller Probleme. Deswegen kann man in vielen Fällen überkommene Lösungen, die sich auf andre als auf die eigenen Probleme beziehen, so lassen, wie sie sind. Grundsätzlich erkennt jedoch die cartesische Wissenschaft, indem sie als Kriterium für Realitätserfassung Klarheit und Deutlichkeit des Erkennens verlangt, allein die Einsicht des Fachmanns als Instanz für Entscheidungen an. Das führt folgerichtig zu einer Distanzierung des Publikums von den moralischen und politischen Begründungstraditionen, in denen man bekanntlich mit anderen Kriterien als Klarheit und Deutlichkeit operiert, und damit zu dem Bedürfnis nach einem neuen, nicht durch die Tradition begründeten Konzept der Ethik und der Politik, von dem im Zusammenhang mit Spinoza die Rede sein wird. Eine Art Versöhnung von Einsicht und Überlieferung bringt nach den großen, doch für das Publikum zu schwierigen Versuchen Leibnizens der sogenannte „historische Sinn", der die Vernunft der menschlichen Individuen wieder prinzipiell in die Schranken der Zeitlichkeit verweist, ihr aber zugleich die Erwartung nahelegt, daß sie (gleichsam hinter ihrem eigenen Rücken) trotzdem am Absoluten teilhat.

Die Diffusion des neuen gesellschaftlichen Programms verändert aber auch abgesehen vom Verhältnis zur religiösen, moralischen und politischen Tradition das Selbstverständnis des Menschen auf nachhaltige Weise. Denn die Vernunft der Individuen des 17. Jahrhunderts war mit der Aussicht auf eine radikale Änderung der Zustände (noch dazu unter der Voraussetzung, daß eine solche Änderung alles andere als problematisch sei) stark überfordert. Das zeigt nicht nur die spätere Entwicklung, es kündigt sich sogleich in literarischen Zeugnissen der Hoffnungslosigkeit und des Verzagens an, auf die der Tröstungsversuch der spinozischen Ethik eine frühe Antwort ist. Die theoretischen Anfangserfolge der neuen Wissenschaft führten zunächst zu einer positiven Veränderung der Selbsteinschätzung der beteiligten Individuen. Man gewann die Überzeugung, daß für den Menschen fast alles möglich, berechenbar und erkennbar sei. Dem standen etwa hundertfünfzig Jahre lang teils eindrucksvolle praktische Mißerfolge, teils Fortschritte der Wissenschaft gegenüber, die bei aller Bedeutung doch hinter den ursprünglichen Erwartungen zurückbleiben mußten. So stellte sich schon bald die Frage nach dem Preis eines Fortschritts, dessen Ertrag im Grund enttäuschend war, und führte bei einer Anzahl von Autoren zu Unzufriedenheit. Denn die neuen Kriterien, die den Fortschritt ermöglichen sollten, hatten jedenfalls zu einer Verarmung der Realität und zu einem vorher unbekannten Maß von Vereinsamung der Seele geführt. Nicht nur das Verhältnis des Menschen zu seiner Sinnlichkeit, sondern auch sein Verhältnis zu der ihn umgebenden Natur war erheblich gestört, und das war u. a. deshalb von Bedeutung, weil der Leib des Menschen als Teil dieser Natur gedeutet wurde. Nun eine glaubwürdige Deskription und Erklärung für das Zusammenwirken von Leib und Seele bei Information, Kommunikation und willkürlicher Bewegung zu finden, erwies sich als außerordentlich schwer, wie die mehrfach erneuten Versuche der Influxionisten und Occasionalisten und die Gegenangebote Spinozas und Leibniz' zeigten. Die Psychophysik blieb bis zu Kant nicht nur der große Leitfaden der philosophischen Systementwicklung auf dem Kontinent, sondern lieferte vermutlich auch die unmittelbarsten Motive für die beiden großen kontinentalen Versuche zur Reform der Mechanik durch eine Neubestimmung der Begriffe „Kraft“ und „Richtung“.

Descartes hatte die Natur gleichsam über Nacht für ohnmächtig und unbeseelt erklärt, nachdem sie soeben noch die große Bergerin und Mutter aller Wesen war. Diese Umdeutung, der Spinoza seine Identifizierung von Gott und Natur als Mittel zur Wiederbelebung der Natur entgegensetzte, führte zu einer Krise der Leiblichkeit mit mehreren Aspekten. Leibliche Liebe z. B. entlarvte sich als Liebe zu Maschinen und Zeugung als Reproduktion von Maschinen unter eher sonderbaren Bedingungen. Auch verstärkte sich die Ansicht, daß Kommunikation unter menschlichen Geistern nur durch ein kompliziertes und nicht sehr zuverlässiges System von sinnlichen Zeichen zustande kommt, und zwang zu neuem Nachdenken über die Sprache. Und schließlich entstand im Zusammenhang mit der Umdeutung der Natur in ein mathematisch beschreibbares System die Schwierigkeit, den göttlichen Mathematiker mit dem himmlischen Vater der Tradition zu identifizieren. Dieser besonderen Schwierigkeit versuchte man schließlich dadurch zu begegnen, daß man unter Berufung auf neue Wirklichkeitskriterien Gottes Wirklichsein für beendet erklärte. Spinoza begegnete ihr durch seine Theorie von der Verwurzelung der Individuen in einem Gott, der durch die Lehre von den Attributen in einem versöhnenden neuen Sinn gleichzeitig Geist und Leben war.

Man könnte dramatisierend sagen, daß die cartesische Innovation der Physik den Menschen mutterlos und einsam machte. Es gibt in den Generationen nach Descartes eine Reihe von Fluchtversuchen aus der als unwirtlich empfundenen S-Welt, die der neue Erklärungskontext hervorgebracht hat, in die Geborgenheit einer aus cartesischen Aschen wieder auferstandenen lebendigen Natur, die nicht erst mit Rousseau beginnt, unmittelbar vor und nach der deutschen Klassik literarische Höhepunkte erreicht und nicht schon mit dem Wiener Kreis beendet ist. Auf einem anderen Niveau ergibt sich der Ausweg in die Geschichtlichkeit, die mit der Natur spekulativ verbunden wird und es dem Individuum erlaubt, sich bei aller konkreten Vereinzelung in einen Gesamtprozeß hineingenommen zu wissen. Auch hier geht Spinoza (wie schon der deutsche Idealismus weiß) einen anderen Weg, der nicht zur Hineinnahme der Individuen in die Geschichte, sondern eher zu ihrer Erlösung von der Geschichte führen soll. Diese unterschiedlichen, jeweils durch Distancierung von der neuen Wissenschaftlichkeit gekennzeichneten Fluchttendenzen sind Indizien dafür, daß die innovierte Physik die Folgeprobleme, die sie erzeugt, nicht selbst zu lösen weiß. Soweit ich sehe, haben auch die Fluchttendenzen nicht den Weg zu einer Lösung gewiesen, und erst im Hinblick auf die Odyssee des Westens kommt die Kritik der cartesischen Vernunft zu dem begütigenden Ergebnis, daß ihre Selbsteinschätzung auf Irrtümern beruhte, wenngleich auf fruchtbaren. Denn ganze Passagen der späteren Geschichte des Denkens wurden durch die cartesische Veränderung von S-Welt und Erklärungskontext provoziert. Sie war zu gut, um auf den ersten Blick nicht überzeugend zu wirken, und zugleich zu schlecht, um die von ihr georteten und erzeugten Probleme schonend und dauerhaft zu bewältigen, eröffnete aber den Blick auf eine vage Fülle von Alternativen. Vielleicht liegt darin das Geheimnis einer großen Philosophie.

4. Kapitel

Spinoza: Umgestaltung der Grundthesen

I Erhöhung der Gewißheit

Spinozas „*Ethica*" ist u. a. ein Versuch, Nebenfolgen des Cartesianismus zu beheben, ohne Errungenschaften des Cartesianismus aufzugeben. Wenn man, wie es der deutsche Idealismus wohl angeregt hat, im Spinozismus gleichsam einen in sich selber eingerollten Höhepunkt des spekulativen Denkens sieht, versteht man wesentliche Züge nicht. Der Spinozismus ist in der Tat ein Höhepunkt des spekulativen Denkens, das aber hängt zunächst mit seiner Innovationstechnik zusammen, die sich (aus welchen Gründen immer) auf den Bereich der stets spekulativen Grundthesen konzentriert. Diese spinozische Spekulation ist aber weder autark noch ihr eigener Zweck. Sie bleibt vielmehr immer auf Probleme des Hypothesen- und Faktenbereiches bezogen, wie sie am Ende des vorigen Kapitels angedeutet waren. Es geht ihr z. B. um die Krise der Gewißheit und des Verhältnisses zur ethischen und religiösen Tradition, um die Erklärung der Kraft und des organischen Lebens, um Schwierigkeiten der Naturgesetzlichkeit und der Psychophysik und um die neue Vereinsamung des Menschen. In allen Fällen liegt ihr viel daran, bei der Lösung solcher Probleme das neuzeitliche Wissenschaftskonzept mit seinem Postulat der Mathematizität aller Prozesse und der Beherrschbarkeit der Umwelt nicht nur unangetastet zu lassen, sondern es darüber hinaus noch besser theoretisch zu fundieren.

In dieser gleichsam therapeutischen Philosophie wird die S-Welt Descartes' bis auf wenige folgerichtige Negierungen, z. B. die der psychophysischen Vermittlerfunktion der Zirbeldrüse, mitsamt den cartesischen Wirklichkeitskriterien rezipiert; die Erfahrung stellt sich also noch nicht als Kriterienproblem. Im Erklärungskontext werden die cartesischen Interpretationen von Gegenständen und Sachverhalten sowie die cartesischen Hypothesen und Verbindungsregeln fast ausnahmslos übernommen. Die Innovation beschränkt sich praktisch auf den Grundthesenkomplex, dessen Elemente zwar denen des cartesischen auch weiterhin entsprechen, jedoch in eine andere Zuordnung geraten. Diese neue Zuordnung scheint gerade zur Behebung der früher angedeuteten Schwierigkeiten besonders geeignet zu sein. Denn wenn man sagt, daß Gott die Natur ist, besteht das Problem der Ohnmacht und Unlebendigkeit der Natur (also das Problem der cartesischen Mechanik und Physiologie), aber auch das Problem des Widerstreits von Physik und Theologie nicht mehr. Und wenn man sagt, daß Ausdehnung wie Geist nicht verschiedene Substanzen, sondern nur Attribute derselben Natur- und Gottsubstanz sind und deren Zustände gleichsam in unterschiedlichen Sprachen simultan in die Erscheinung bringen, besteht das Problem der intelligiblen Struktur aller materiellen Prozesse (d. h. das Problem der Naturgesetzlichkeit und der Übereinstimmung von Leib und Seele) nicht mehr. Die wenigen spinozischen Innovationen im Ding- und Tatsachenbereich (wie die Verwerfung der Zirbeldrüsenfunktion) wurden erst durch die Umformung des Grundthesenkomplexes erforderlich. Sie gaben nicht den Anstoß, sondern waren Folgen.

Auch Spinozas Ethik im engeren Sinn ist eine Auseinandersetzung mit dem Stand der Dinge, den Descartes geschaffen hat. Dieser stellte in mehreren Ansätzen Regeln für menschliches Verhalten auf, die bis zuletzt den Zug des Provisorischen behielten, denn der ihnen zugrundeliegende Prioritätenkatalog wurde nicht aus neuen Positionen des Systems entwickelt, sondern im Rahmen des Gesamtpakets als systemverträglich empfundener überkommener Bestände rezipiert und bloß pauschal und ohne Einzelnachweis unter die neuen Theorien, Hypothesen und Kriterien gestellt. Der ethische Prioritätenkatalog Descartes' blieb also wesentlich im Einklang mit den Überzeugungen seiner Gesellschaft, ohne sie seinerseits zu begründen. Das entsprach jedoch den methodologischen Forderungen des Cartesianismus nicht sonderlich gut. Demgegenüber erweist sich Spinozas Hauptwerk als ein Buch, das seine ethischen Prioritäten nicht einfach übernehmen, sondern aus den Grundthesen ableiten möchte. Es zeigt den Weg, den Menschen gehen sollen, und erklärt zugleich von den ersten Gründen her, weshalb sie ihn gehen sollen. Infolgedessen enthält es Metaphysik und dezidierte anthropologische Thesen. Der Titel *„Ethica"* wirkt fast verwunderlich und leuchtet am ehesten ein, wenn man ihn als Übersetzung von *„halakah"* versteht. Im Talmud, dem ersten Erklärungskontext, in den Spinoza eingeführt wurde, bezeichnet man zum Unterschied von der *haggadah,* die Geschichten erzählt, die Behandlung und Begründung der Gesetze als *„halakah"*. Zur *halakah,* der Auskunft, wie man gehen soll, gehören aber wie zu Spinozas *„Ethica"* theoretische wie praktische Aussagen.

Für eine Ethik, die das Sollen durch das Sein begründet, besitzt die Frage nach den Wirklichkeitskriterien besondere Bedeutung. Spinoza übernimmt hier das cartesische Angebot ohne Änderung – sowohl das Kriterium der Physik, Reduzierbarkeit auf Gestalt und Bewegung, als auch das allgemeinere und sie umschließende Kriterium der Klarheit und Deutlichkeit des Erkennens, aus dem in allen Bereichen auf Wirklichkeit geschlossen werden darf. Er erweitert allerdings den Anwendungsbereich, denn er wendet es konsequent auch auf Prämissen der Ethik an. Während Descartes eine Anzahl von Spielregeln seiner Gesellschaft in seine Lehre übernimmt und allenfalls (auf eindrucksvolle Weise) mit Argumenten des gesunden Verstandes zu rechtfertigen sucht, hat Spinozas *„Ethica"*, deren Verfasser aus einer ganz anderen Gruppe hervorgegangen ist, u. a. die Besonderheit, daß sie Vertrauen auf Autorität und Herkommen nicht einmal implizit verlangen will. So sucht Spinoza einer nachcartesischen Situation gerecht zu werden, in der man mit dieser Art von Vertrauen prinzipielle Schwierigkeiten hat.

Damit wird aber eine folgenschwere Wendung in der praktischen Unterweisung besiegelt, die ebenfalls in der Konsequenz des cartesischen Ansatzes liegt. Frühere Generationen neigten eher der Ansicht zu, daß Ethikvermittlung auf persönlicher Erfahrung und auf Tradition beruht. Persönliche Erfahrung des Lehrers und Tradition der Gruppe stehen in Spannung, und das Bestehen auf der Kontrolle der Erfahrung des Lehrers an der intersubjektiven Tradition bietet dem Schüler Schutz vor Willkür und Vereinzelung, weil es den Lehrer zu Konsensbemühungen zwingt, die die bloße Bindung an eigene Erfahrungen nicht garantiert. Der Lehrer lehrt den Schüler den von der Gruppe gewählten und von ihm selbst bereits durchwanderten rechten Weg und überliefert ihm das Ziel. Der Schüler vertraut auf die Autorität des Lehrers und geht den Weg, der ihm gewiesen wird. Erst nach der Befolgung der Lehre aus bloßem Vertrauen auf Autorität verfügt er über eine Art von Gegenprobe. Nur wenn er versucht zu leben, wie der Lehrer vorschreibt, gewinnt er Anhaltspunkte für die Entscheidung, ob dessen Unterweisung richtig oder falsch war.

Ein solches vorhergehendes Vertrauen erwartet Spinoza nicht. Die neue Philosophie verspricht eine andere Art von Zuversicht, als persönliche Autorität und Tradition verleihen könnten. Das ist kein Wunder, denn die Tradition wird inzwischen (nach dem Ausweis schlichter historischer Erfahrung) nicht mehr als eine Veranstaltung empfunden, die mindestens *auch* dem Schutz von Individuen dient. Sie wurde in den letzten Generationen mehr und mehr dazu benutzt, ohne allzuviel Rücksicht auf die Belange von Individuen miteinander konkurrierende Institutionen zu legitimitieren. Als Quelle der Gewißheit nennen die Neuerer nicht mehr die in der Tradition gespeicherte und vielfach interpretierbare Erfahrung von Gruppen (zumal die Gruppen sich soeben anschicken, ganz überraschende neue Erfahrungen zu machen), sondern die gesicherte Einsicht des Individuums in Sachverhalte. Wer unter diesen Umständen wissen möchte, wie die Dinge sind, braucht nicht einem Lehrer auf dessen Autorität hin zu vertrauen, denn nach der neuen Regel berechtigt nicht Autorität, sondern nur die unmittelbare und gleichsam private Einsicht zu einer Behauptung. Das Ergebnis der klaren und deutlichen Einsicht, so setzt man voraus, ist aber bei allen Individuen dasselbe. Sie müssen sie nur deshalb selbst vollziehen, damit sie vergewissert sind. Die Wissenschaft beginnt also gerade durch das Beharren auf privater Einsicht zu etwas Öffentlichem im heutigen Sinne zu werden, denn das Öffentliche schickt sich soeben an, die Sache vieler einzelner zu sein. Jeder soll ohne Rücksicht auf Gruppenzugehörigkeit und Partizipation an Vorentscheidungen in der Lage sein, die Thesen der Wissenschaft, also auch der praktischen Wissenschaft, zu kontrollieren, sobald er die dazu erforderlichen (und leicht erwerbbaren) Kenntnisse besitzt. So entspricht es den Intentionen des Cartesianismus: es geht um die Beseitigung des Wissenschaftsmonopols der traditionalistischen Universitäten aus Gründen, die oben angedeutet wurden. Zwar war der Zugang zu der Monopolgruppe, zumal sie sich nicht biologisch zu reproduzieren pflegte, nie auf bestimmte soziale Gruppen beschränkt. Doch hatte sie in den Augen der Neuerer den Fehler, aus Rücksicht auf ihre besonderen Interessen den Irrtum zu monopolisieren und der Wahrheit keinen Raum mehr zu geben. Daher war sie aus der Verfügung über Wissenschaft zu entfernen, und die Wissenschaft hatte in die Verfügung derer überzugehen, die nur Interesse an der Wahrheit hegten.

Inzwischen hat sich gezeigt, daß die rigorose Forderung nach Wissenschaftskontrolle durch jedermann, die das Verlangen nach Selbstvollzug statt vertrauenden Hinnehmens einschließt, allenfalls in einem archaischen Stadium von Wissenschaft durchsetzbar ist. Es gibt auch heute, und zwar aus sachlichen, nicht aus politischen Gründen, noch keine bürgerliche Öffentlichkeit, die Einzelthesen von Einstein oder Heisenberg kontrollieren könnte, und es hat nicht einmal eine bürgerliche Öffentlichkeit gegeben, die Einzelthesen Faradays kontrollieren konnte. Wer heute beginnt, eine Naturwissenschaft zu lernen, ist auf ein ähnliches Maß anfänglichen Vertrauens angewiesen wie früher jemand, der zu lernen hatte, wie man leben soll. Aber das ist eine spätere Erfahrung. Im 17. Jahrhundert durfte man, da diese Erfahrung noch zu machen war, die Hoffnung hegen, daß prinzipiell über alles für Menschen Wichtige durch nahezu jedermann entscheidbare Aussagen möglich sind.

Eine solche Hoffnung war sogar, da man innovieren wollte, auch sachlich angebracht, denn es gibt keine Innovation ohne Antizipierung von Zielen. Solche Ziele pflegen mit den übrigen Motiven der Innovation in einem mehr oder weniger engen Zusammenhang zu stehen und liegen gewöhnlich außerhalb des Realisierbarkeitsbereichs. Das schließt nicht aus, daß sie beachtliche Realisierungen veranlassen können. Der Cartesianismus grenzte z. B. durch sein Wirklichkeitskriterium in der Hoffnung auf durchgängige Entscheidbarkeit aus dem Bereich der Wissenschaften alles aus, was solcher Entscheidbarkeit nicht fähig schien. Dies allein war bereits eine äußerst folgenreiche Realisierung, denn es betraf nicht nur den Erklärungskontext, sondern reduzierte radikal die S-Welt. Unter solchen Begründungserwartungen ergaben sich verständlicherweise für Metaphysik und Ethik ganz neue Begründungschancen.

In dieser Lage unternimmt Spinoza den Versuch, beide Wissenschaften über den bei Descartes erreichten Stand hinaus durch Anwendung der euklidischen Methode entscheidbar zu machen, und zwar für jedermann ohne vorherige Erprobung. Es soll in der Ethik keine Sonderstellung der wenigen Weisen geben, denn bei solchen Weisen besteht die Gefahr, daß sich Institutionen ihrer bemächtigen. Statt dessen soll ethisches Wissen jedem, der es haben möchte, mit voller Gewißheit verfügbar sein. Spinoza steht insofern in einem zukunftsträchtigen Trend des 17. Jahrhunderts, der v. a. auf der britischen Insel erfolgreich war. Allerdings stößt dieser Trend auf sachliche Schwierigkeiten. Sobald man jedem einzelnen das Recht zuspricht, aufgrund für ihn verfügbarer Kriterien zu entscheiden, wie man leben soll, erhöht sich die Wahrscheinlichkeit einer Senkung des Anspruchsniveaus und die Wahrscheinlichkeit der Bildung von weniger empfehlenswerten Konsensen. Man kann zwar mit Spinoza den Einwand erheben, die Entscheidung der vielen pflege nur deshalb oft sittlich minderwertig zu sein, weil ihnen bisher niemand den richtigen Weg der Erkenntnis gewiesen hat. Dadurch errichtet man aber praktisch ein neues Monopol, das Monopol der fürsorglichen Unterscheidung von nunmehr richtigem und falschem Erkenntnisweg. Die Kontrollschwierigkeiten, die sich bei dem Versuch ergeben, die Forderung nach rationaler Transparenz aller ethischen Begründungen und Vorschriften zu verwirklichen, sind also (mindestens im Stadium des Übergangs), weil diese Transparenz von irgend jemandem vermittelt werden muß, kaum weniger groß als die notorischen Kontrollschwierigkeiten, die eine Autoritätsethik *per definitionem* stellt.

Die „geometrische Methode“, mit der Spinoza Ethik, Physik und Metaphysik zu sicheren und entscheidbaren Wissenschaften machen möchte, entspricht nicht der Methode, mit der man heute axiomatische Systeme macht. Spinoza unterscheidet nicht konsequent zwei Klassen von Ausdrücken, von denen die zweite durch Anwendung expliziter Regeln auf die erste gewonnen wird. Auch nennt er keine Bildungs-, Definitions- und Ableitungsregeln. Das alles überläßt er (als etwas scheinbar Selbstverständliches und damit der Erwähnung nicht Bedürftiges) dem „gesunden Verstand“. Deshalb ist dieses System nicht ohne weiteres formalisierbar. Spinoza schließt sich vielmehr dem antischolastischen Trend der frühen Neuzeit an. Man braucht sich nur von dem *bon sens* des wohlgeratenen Menschen leiten zu lassen, wenn man das Richtige finden will. Die Regeln der formalen Logik aber lenken uns vom Spruch des gesunden Verstandes und von der Sache selbst nur ab — eine Überzeugung, die die Philosophie der Neuzeit nicht nur mit einem eindrucksvollen Niveauverlust der Logik, sondern auch mit großer Anfälligkeit für theoretische Kunstfehler bezahlen mußte. Wenn Spinoza die „synthetische Methode“ Euklids übernimmt, so heißt das nicht, daß er formale Beweisverfahren verwenden will. Dies wäre gegen alle methodischen Regeln des Cartesianismus, der insofern der gegenwärtigen Methodologie viel ferner steht als irgend eine Scholastik. Wie es im Angriff gegen die Scholastik die *„Regulae“* Descartes' verlangen, wollen Spinozas Beweise auf unmittelbarer Einsicht in Sachverhalte beruhen und werden entsprechend durch Rückblick auf Sachverhalte geprüft. Wegen der Vereinigung von Geist und Ausdehnung in der Substanz wird dieses Vorgehen einer neuen metaphysischen Begründung fähig. Spinoza bemüht sich um materiale Beweisverfahren und ist an formalen Verfahren nicht interessiert. Das wäre prinzipiell ein zulässiges Verhalten.

Doch sind Spinozas materiale Beweise, wie sich bei näherer Prüfung zeigt, nicht selten kaum vertretbar. Das ist schon bei der Bestimmung des Sinnes von Termen vorauszusehen. Spinoza definiert z. B. den Ausdruck *„causa sui“* unter Verwendung von Ausdrücken wie *„existentia“*, *„essentia“* und *„conceptus“*, bei denen er keine verbale Definition für erforderlich hält. In Wirklichkeit sind aber diese Wörter schon damals historisch überfrachtet und von Schule zu Schule umstritten. Der bloße *bon sens* ist ihnen keineswegs gewachsen, und gerade er vermöchte sie nicht ostensiv zu definieren. Was Spinoza tut, wäre selbst in einem materialen Beweisverfahren nicht zu empfehlen: er macht umstrittene Terme stark differenzierter Spezialistensprachen ohne eine andere Absicherung als die Auslegungsgrenzen seines Kontextes zu Definitoren. Darüber hinaus verwendet er mehrfach dasselbe Zeichen ohne In-

dex für unterschiedliche Gegenstände. So führt er das Wort *„infinitum"* mit mehreren Bedeutungen ein. Erstens steht es für die Unendlichkeit des Einzelattributs, sofern dieses nicht durch seine eigenen Modi begrenzt wird, zweitens für die Unendlichkeit Gottes, sofern von diesem kein Attribut verneint werden darf, und drittens für die zahlenmäßige Unendlichkeit der Attribute in der Substanz. Aber solche Zweideutigkeiten wirken sich später nachteilig aus. In der Stelle I, 8 wird z. B. bewiesen, daß jede Substanz unendlich ist, allerdings, wie der Kontext zeigt, im Hinblick auf die erste Bedeutung. In der Stelle I, 12 verhält sich dann Spinoza so, als hätte er es in der Stelle I, 8 auch im Sinn der zweiten Bedeutung bewiesen. An zahlreichen Beispielen kann man zeigen, daß die materiale Beweisführung der *„Ethica"* fehlerhaft ist. Deshalb bleibt die Anwendung der geometrischen Methode für die Entscheidbarkeit der spinozischen Lehre belanglos.
In der Konsequenz des cartesischen Aktionsprogramms sucht Spinoza, mit Hilfe der geometrischen Methode die Zugänglichkeit und Kontrollierbarkeit des Systems über den bei Descartes erreichten Stand hinaus zu erhöhen. Es ist jedoch beim bloßen Wunsch geblieben. Vertrauen zu Spinoza kann sich auf dieses oder jenes, aber nicht auf den *mos geometricus* stützen. Dieses methodisch so interessante Unternehmen zur Erhöhung der Überzeugungskraft der cartesischen Philosophie ist schon durch vermeidbare Fehler gescheitert. Wahrscheinlich war es auch unabhängig davon zum Scheitern verurteilt, denn eine in allen Teilen entscheidbare Ethik ist weder bei cartesischen noch bei empiristischen Kriterien erreichbar. Denn Ethiken müssen auf theoretische Thesen und Grundthesen rekurrieren, die weder zwingend intuitiv begründbar noch aus Erfahrung ableitbar oder tautologisch sind. Auch pflegen sie Normen und Obernormen einzuführen, deren Obligationscharakter nicht evident ist, sondern nur aufgrund behaupteter Voraussetzungen beansprucht, einfach behauptet oder zur Annahme vorgeschlagen werden kann. Weil aber Ethiken, mögen sie explizit sein oder nicht, für Individuen und Gruppen sehr wichtige Funktionen zu erfüllen haben, können methodologische Ansprüche, die eine Ethik mit durchgängigem Gewißheitscharakter und daher gar keine Ethik erstreben, als unangemessen zurückgewiesen werden. Daß Analoges für Metaphysiken gilt, wird gegenwärtig akzeptiert. Spinozas Versuch, die Gewißheit in der Ethik zu erhöhen, scheint also nicht allein infolge seiner fehlerhaften Beweisführung ein bloßer Wunsch geblieben zu sein, er hatte vermutlich auch prinzipiell zu scheitern. Denn man kann keine Metaphysik oder Ethik entwickeln, ohne Thesen einzuführen, die mit Autorität gelehrt und mit Vertrauen akzeptiert oder die als akzeptabel angeboten und in der Über-

zeugung, daß sie tatsächlich akzeptabel sind, im Wege der Konvention übernommen werden. Daher scheint es prinzipiell ein fruchtbareres Unternehmen zu sein, die Implikationen aufzuzeigen, die die Entscheidung für diese oder jene Ethik birgt, als doch noch einen Beweis für die theoretische Alleinrichtigkeit des einen oder anderen Ethikkonzeptes zu suchen. Spinozas Versuch, seine Ethik zwingend zu begründen und dadurch den Cartesianismus in Hinsicht auf seine methodologische Konsequenz zu verbessern, konnte jedenfalls nicht nur aus äußeren, sondern auch aus inneren Gründen kaum zu so eindrucksvollen Ergebnissen führen wie sein Versuch, die cartesische Physik durch eine Operation im Bereich der Grundthesen zu verbessern.

II Die Immanenterklärung der Kraft

Die Ontologie der *„Ethica"* ist ein überholtes Begründungssystem, sofern sie bestimmte Annahmen der cartesischen Physik plausibler machen soll, als sie es ohne solche Bemühungen wären. Sie ist eine Theorie aus einer bestimmten geschichtlichen Situation – so wie die S-Wirklichkeiten, als deren Erklärungskontext sie dient, in eine bestimmte geschichtliche Situation gehören. Was die deutsche Philosophie v. a. des 19. Jahrhunderts in ihr an Ewigkeitsbedeutung entdeckte, ergab sich z. T. aus einer Art der Interpretation, die diese bestimmte Situation und die auf sie bezogenen Intentionen des Autors für weniger wichtig hielt, z. T. aber auch daraus, daß Spinoza Metaphern verwendet hat, die auch in den Erklärungskontexten der betreffenden Interpreten eine Rolle spielten. Spinoza nimmt die S-Fakten des Cartesianismus fast ohne Rückfrage hin und orientiert an ihnen seine Erklärungsleistung. Erklärungssystemen des 19. Jahrhunderts liegen ganz andere S-Fakten zugrunde. Wenn für sie spinozische Grundthesen von unmittelbarer Bedeutung sind, so zeigt sich daran, daß aus derselben Theorie beim Vorhandensein entsprechender Regeln ganz unterschiedliche Hypothesen abgeleitet werden können. Nimmt man Spinozas Grundthesen für sich allein, so erscheint seine Philosophie als ein Vorgeschmack jener Blüte der spekulativen Systeme, die Deutschland in der ersten Hälfte des 19. Jahrhunderts erlebte. Die Frage ist aber, ob diese Grundthesen, die auf eine ganz bestimmte S-Welt hin konstruiert worden sind, für sich allein genommen werden sollten. Die S-Welt, die Spinoza vorfand und deren Begreifen ihn interessierte, ist nicht irgend etwas, das lose beiherspielt und durch beliebige Größen ersetzt werden kann, ohne daß der Spinozismus aufhört zu sein, was er ist. Spinoza hat wie jeder Autor seinen Fundus an Selbstverständlichkeiten, die er zu bezweifeln vergißt und die seine Erklärungsleistung vergänglich machen. Das heißt nicht, daß sie keine Früchte trägt: sie ist ein Teil des Weges.

Was immer für Spinozas Ethik gelten mag — seine Ontologie und die Physik, die er rezipiert hat, entsprechen schon lange nicht mehr dem europäischen Stand der Dinge, obgleich sie zu dessen Bedingungen gehören. Doch bieten sie ein eindrucksvolles Beispiel für den allgemeineren Sachverhalt, daß man Schwächen einer Einzelwissenschaft nicht nur unmittelbar durch Modifizierung der S-Wirklichkeiten, der Thesen und Verbindungsregeln, sondern auch sehr mittelbar durch Eingriffe in den Grundthesenbereich begegnen kann. Spinoza übernimmt zwar die physikalische Konzeption von Ausdehnung, Gestalt und Bewegung, die der Cartesianismus eingeführt hat, desgleichen die cartesischen Bewegungsgesetze. Doch auffällige Schwächen dieser Physik, z. B. die Erklärung der Kraft durch ein transzendentes Prinzip, die mangelnde Überzeugungskraft der Deskription und Erklärung organischer Vorgänge mit den Mitteln einer verhältnismäßig unentwickelten Physik sowie die unbefriedigende Erklärung der Vereinigung von Körper und Seele behebt er nicht etwa durch eine Modifizierung der cartesischen Mechanik, sondern vielmehr durch eine zweckmäßige Umformung des Grundthesenfundus. Dieser Umformung entspricht die Identifizierung der S-Wirklichkeiten Gott, Natur und Kraft, die für die Lösung auch anderer Probleme des Cartesianismus sehr nützlich ist. Deshalb kann man bisweilen den Eindruck gewinnen, daß Spinozas charakteristische Positionen weniger von individuellen spekulativen Interessen als von konkreten Problemen einer bestimmten Wissenschaftslage veranlaßt sind, auf die sie stets bezogen bleiben.

Betrachtet man Spinozas Erklärungskontext unter diesem Aspekt, dann wirkt er geradezu exoterisch und schlicht verständlich. Er sucht bestimmten Schwierigkeiten zu begegnen, die durch die cartesische Physik entstanden sind. Daß das Publikum die überraschend einfache Lösung, die ihm hier geboten wird, nicht akzeptieren mag, liegt weniger an inneren Unzulänglichkeiten des Systems als daran, daß es Essentials der christlichen Institutionen verletzt und damit eine notwendige Bedingung der Akzeptierung nicht wichtig nimmt. Das wiederum geht nicht auf eine Fehleinschätzung der Ausgangsbedingungen durch Spinoza zurück: Spinoza *wollte* keine öffentliche Philosophie entwickeln. Ihn interessierte eine Philosophie für Konventikel, in denen spezielle Bedingungen des Rezipierens galten. Nicht ohne Grund hat seine Staatstheorie ja die Tendenz, das Vorhandensein eines gesicherten Freiraums für solche dissentierenden Minderheiten als politisch angemessen, ja als politisch nützlich erscheinen zu lassen. Daß sich Spinozas Erklärungskontext nicht auf die situationsbedingten Erwartungen einer ganzen historischen Gesellschaft konzentriert, verleiht ihm einen Anschein der Zeitentrücktheit, der einerseits seiner Akzeptierung durch die Zeitgenossen im Wege steht, es aber andererseits ermöglicht, daß es in den folgenden Jahrhunderten trotz ihrer unterschiedlichen Ausgangsbedingungen zu einer Anzahl mehr oder weniger esoterischer Spinoza-Rezeptionen kommt.

Zunächst behebt Spinozas Operation gewisse Schwierigkeiten, die sich aus der cartesischen Grundthese von der Ohnmacht der Natur ergeben. Das Problem geschöpflicher Kausalität stellt sich in einer Schöpfungsreligion wie Judentum und Christentum auf jeden Fall, der Cartesianismus hat es aber entschieden verschärft. Nach christlicher Lehre ist Gott die prinzipiell der Welt äußere Kraft des Erschaffens und Erhaltens. Er hilft den Dingen und Wesen bei allen Bewegungen. Dies ist im Blick auf systematische Sparsamkeit zwar keine glückliche Lösung. Doch wird von Descartes, wie sich zeigte, darüber hinaus (um denkbar zu machen, daß sich Naturprozesse nach mathematisch darstellbaren Regeln vollziehen) die völlige Kraftlosigkeit der Natur durch ihre Bestimmung als bloße Ausgedehntheit behauptet. Die Dinge sind unter dieser Voraussetzung für jeden positiven Akt in einer viel präziseren Weise als früher auf die Tätigkeit des transzendenten Gottes angewiesen, der sich nunmehr (als das Prinzip der Trägheitsbewegung) zum Kosmos zugleich wie Ingenieur und Antrieb verhält. Während die Natur soeben noch die große lebendige Nährerin war, muß man sich nun an den Gedanken gewöhnen, daß sie ein toter Mechanismus ist, daß selbst geliebte Leiber nur Maschinen sind. Die christliche Theorie war systematisch nicht befriedigend, doch pflegte sie so unbestimmt zu bleiben, daß sie mit beinahe allen Erfahrungen vereinbar war. Die cartesische Präzisierung aber konnte in ihrer unmittelbaren Gestalt auf Menschen, die Erfahrung mit der Natur besaßen, kaum überzeugend wirken. Wer mit Tieren, Pflanzen und menschlichen Leibern vertraut war, entfremdete sich früher oder später einer Biologie, die keine subtileren Erklärungsmittel kannte als cartesische Korpuskeln und cartesische Stoßgesetze. Darauf haben mehrere Autoren des späten 17. Jahrhunderts ironisch hingewiesen.

Bei Spinoza aber wird die Natur durch eine bloße Umgestaltung des cartesischen Grundthesenkomplexes von neuem zur lebendigen Gebärerin. Spinoza sagt nicht mehr, daß die Natur passiv und ohnmächtig ist und daß ihr Gott (gleichsam über den Abgrund hinweg) die Bewegung mitteilt. Er vereinfacht das Begründungsargument und sagt, daß die Natur das Prinzip ihrer Bewegung in sich enthält, weil sie nichts anderes als Gott ist. Sobald die Natur mit Gott identifiziert wird, ist es nicht mehr erstaunlich, daß sie alles nach strengen Gesetzen aus sich selbst hervortreibt, denn Gottes innerstes Wesen ist Weisheit und Kraft. Spinozas Behauptung, daß die Natur ihrem Wesen nach Kraft *(potentia)* sei, ist also weniger eine schroffe Antithese zur cartesischen Physik als die Zusammenfassung zweier cartesischer Erklärungsschritte zu einem einzigen Grundsatz. Sie kündet zugleich das Dringlichwerden der Disziplin Dynamik an und ist ein frühes Argument in der berühmten Grundlagendiskussion, zu welcher der Wissenschaftsstand das späte 17. Jahrhundert beinahe zwang und deren großes Resumé die huygenssche, die leibnizsche und newtonsche Mechanik werden sollte. Einer der Anlässe dieser Diskussion war die Antwort auf die „philosophische" Frage, die der Physik des Cartesianismus zugrunde lag: „Wie kann es möglich sein, daß Ausdehnung bewegt ist, und zwar nach Gesetzen bewegt?" Die Antwort, die Descartes darauf gab, lautete so: Gott erschafft das ausgedehnte Universum als ein passives Chaos, dann teilt er ihm die Trägheitsbewegung mit und unterwirft sie den Naturgesetzen, die die Verteilung der Bewegung bei Wahrung ihrer quantitativen Konstanz garantieren.

Die Diskussion der folgenden Jahrzehnte lag deshalb nahe, weil dieser Grundthesenkomplex zwei so gravierende systematische Schwächen hatte, daß seine Akzeptierung für die Dauer nicht wahrscheinlich war. Das für den cartesischen Erklärungskontext entscheidende Prinzip der Naturprozesse, die Inertialkraft, entstammt nicht der Natur, sondern ist ihr gleichsam fremd und wird ihr von außen her wie über den Abgrund hinweg verliehen. Die Beschreibung dieses Vorgangs ist denn auch im Grunde kein Teil der Physik, sondern Teil einer anderen Wissenschaft, der natürlichen Theologie. Und zweitens entspringen die Gesetze der Natur nicht inneren Gesetzlichkeiten der Körper selbst, sondern werden ihnen gleichsam von außen her oktroyiert (ähnlich, als würden die Regeln des Schachspiels mit Regeln der Moral begründet und ergänzt). Solche Schwächen behebt Spinoza. Die Bewegung in der Natur entstammt Gott oder der Natur, denn die Natur oder Gott ist Kraft. Und die Gesetze der Natur sind der Natur nicht von außen her oktroyiert, sondern die Natur oder Gott ist das intelligente Prinzip und nur intelligenter und innerlich begründeter Verfahren fähig. Die Ausdrucksmittel der spinozischen Lösung sind schon lange außer Gebrauch gekommen, und deshalb klingt sie heute fremd und kompliziert. Doch läßt sich deutlich die Tendenz erkennen: Zur Überwindung der cartesischen Leblosigkeit und Passivität der Natur führt die Identifizierung von Gott, Natur und Kraft.

Gott oder die Natur heißt „die Substanz", denn nach der traditionellen Definition besteht die Substanz in sich und bedarf keines anderen zum Existieren. Zwar besteht das Wesen der Substanz für Spinoza (wie später auch für Leibniz) in Kraft, doch sind ihr Wesen auch die Attribute. Das ist kein Widerspruch. Sofern die ursprüngliche Kraft das Denken hervorbringt, darf sie „Denken" heißen, kommt ihr als dem Prinzip das Attribut der Denkung zu. Sofern sie außerdem die Körper hervorbringt, darf sie auch „Körper" heißen, kommt ihr als dem Prinzip das Attribut des Körpers zu. Die Natur oder die Substanz heißt also „Kraft", sofern sie sich überhaupt aktuiert. Sie heißt aber „Attribut", sofern sie sich in dieser oder jener Klasse von Wirklichkeiten aktuiert und so die Vielfalt des Seienden hervorbringt. Weil sie unendlich ist, so daß ihr nichts im Wege stehen kann, muß sie sich bei jedem Prozeß zugleich in allen denkbaren Attributen aktuieren. Aus demselben Grund muß aber jedes einzelne Attribut auch die gesamte Substanz repräsentieren. Nichts widerfährt der Substanz, das nicht zugleich jedem Attribut widerführe, denn die Attribute sind die Substanz. Weil eine bestimmte Zahl die Verneinung aller anderen Zahlen und damit Verendlichung wäre und weil die unendliche Substanz verneinender und endlich machender Bestimmungen nicht fähig ist, darf schließlich die Zahl ihrer Attribute nicht endlich sein. Sie muß vielmehr unendlich viele Attribute haben. Daß menschliche Intellekte infolge ihrer Begrenztheit nicht entscheiden können, ob es zwei oder mehr Substanzen unterschiedlicher Bestimmtheit gibt, wird übrigens im späten Cartesianismus mehrfach vermutet. Spinoza muß in diesem Zusammenhang statt von Substanzen nach den Regeln seines Sprachspiels zwar von Attributen sprechen. Im übrigen nimmt er einen schon vorliegenden Gedanken auf.

Obgleich es unendlich viele Attribute oder Aspekte ihrer Aktuierung gibt, gilt die Substanz nicht als durch diese Attribute determiniert, sondern immer nur als determinierend. Ihre Attribute dürfen nicht (im Sinne eines Erleidens) als Determinierungen an ihr, sondern nur (im Sinne einer Aktivität) als ihr unterschiedliches Determinierenkönnen gedeutet werden. Durch solche Unterscheidungen verliert der Naturbegriff allerdings die Eindeutigkeit, die er durch die cartesische Bestimmung als „Ausdehnung" erhalten hatte. Man muß jetzt streng zwischen dem Sichgestaltenkönnen und den tatsächlichen Gestaltungen unterscheiden, dem ewigen Sichaktuieren und den bestimmten Aktuierungen. Das ist der Sinn der Unterscheidung von naturierender und naturierter Natur. Die eine ist die Natur, sofern sie Attribute hat; die andere, sofern sie sich in allen Attributen durch Modi bestimmt.

Der umgestaltete Grundthesenkomplex, der damit grob umrissen ist, mag außerordentlich abstrakt erscheinen, doch hat er eine Reihe von Konsequenzen für die Einzelwissenschaften. V. a. gibt er eine plausiblere Erklärung als Descartes dafür, daß die Natur bewegt ist. Sie ist nun selber Kraft. Wie unbestimmt der Ausdruck „Kraft" hier sein mag – seine Verwendung tendiert offenbar in eine Richtung, die sich in wenigen Jahren als Richtung der Zukunft erweisen wird, nämlich in Richtung auf eine Theorie der Kraft, die unter den Bedingungen des Kontinents in der Gestalt „dynamistischer" Systeme erscheint. Spinoza hat übrigens seine Grundthesenlehre bis ins Detail entwikkelt. Die Modi oder bestimmten Gestaltungen der Substanz entstehen und vergehen in einem unablässigen Prozeß, jedoch die Kraft, die ihr Entstehen und Vergehen bewirkt, ist selber vom Entstehen und Vergehen frei und bleibt sie selbst, wie viele Gestalten sie auch aus sich hervortreibt. Die naturierende Natur treibt im Attribut der Ausdehnung das physische Universum als naturierte Natur aus sich hervor. Sonnensysteme und Milchstraßen entstehen und vergehen, jedoch die Kraft, die sie hervortreibt, bleibt unaufhörlich die Kraft, die Sonnensysteme und Milchstraßen hervortreiben kann.

Was als konkrete Gestaltung (Modus) bestimmbar ist, muß deshalb von der gestaltenden Kraft unterschieden werden. Als oberste konkrete Gestaltung der ursprünglichen Kraft im Attribut der Ausdehnung gilt die als $m \cdot v$ bestimmte Bewegung, die in der Tat die Ausdehnung voraussetzt. Aber diese Trägheitsbewegung oder Kraft im Sinne der cartesischen Mechanik ist von der ursprünglichen Kraftsubstanz unendlich verschieden. Sie zeigt sich hier und da, wirkt immer am konkreten Vergänglichen, setzt sich entgegen und hebt sich auf. Allerdings ist sie als mechanische Kraft schlechthin nicht selbst vergänglich, sondern erhält sich ohne jeden Abstrich, und deshalb heißt sie bei Spinoza „ewiger Modus" – ein Beispiel für die Vorformulierungen der heutigen Erhaltungssätze, die das 17. Jahrhundert kennt. Zugleich ist sie eingewoben in Vergänglichkeit. Sie ist der Motor des Entstehens und Vergehens von Einzeldingen oder endlichen Modi in der Natur, besitzt also eine geringere Art von Ewigkeit als die Substanz oder das Attribut. Entstehen und Vergehen vollziehen sich in diesem durch Wirkungen der Kraft bestimmten sichtbaren Weltall, der *facies totius universi*, als zweitem unendlichen Modus der Ausdehnung, der unablässig in sich verändert wird und gleichsam innerlich pulsiert. Zwar ist das sichtbare Weltall von unvorstellbarer Beständigkeit in der Zeit, doch seine inneren Bewegungen zeigen, daß dies eine andere Art von Beständigkeit ist als die Beständigkeit des Attributes oder der Substanz.

Descartes fand sich zur Annahme der Ohnmacht der Natur gezwungen, weil er die mathematische Gesetzlichkeit aller natürlichen Bewegungen plausibel machen wollte. Die Umformung des cartesischen Grundthesenkomplexes durch Spinoza hat jedoch die Folge, daß die S-Wirklichkeit Natur mit der S-Wirklichkeit Gott als dem cartesischen Prinzip der Kraft zu jener neuen S-Wirklichkeit identifiziert wird, die nun allein den Namen „Substanz" tragen darf. Weil damit der These von der Ohnmacht der Natur widersprochen ist, wird eine neue Erklärung der Naturgesetzlichkeit erforderlich. Der Name „Substanz" muß im Zuge dieser Erklärung allen Instanzen außer Gott oder der Natur abgesprochen werden, damit Materie und Geist, deren Deutung als getrennter Substanzen zwar die Lösungen des Cartesianismus ermöglicht, jedoch zugleich seine größten Probleme verursacht hat, nicht mehr als eigene Prinzipien, sondern nur noch gleichsam subordiniert als Attribute oder Ausdrucksformen der einen göttlichen Substanz in Erscheinung treten können. Mit dieser Umdeutung löst oder mildert Spinoza eine Reihe von Schwierigkeiten des Cartesianismus, v. a. die der mathematischen Gesetzlichkeit aller Vorgänge in der Natur, der Seelenlosigkeit der Organismen, der Interaktion zwischen Seele und Körper und der Deduktion der ethischen Prinzipien. Daß durch eine bloße systemtechnische Operation im Grundthesenbereich so viele Einzelprobleme gelöst werden können, ist wahrscheinlich eine überraschende Erfahrung. Aber unglücklicherweise mußte das, was Spinoza für den geringsten möglichen Aufwand hielt, in den Augen der Gesellschaft, in der er lebte, als der größte mögliche Aufwand erscheinen. Es gibt, wenn man statt des Aspektes der Systemkonsistenz die übrigen Bedingungen der Diffusion ins Auge faßt, wohl keinen anspruchsvolleren und auch keinen unproduktiveren Aufwand als das Antasten von Essentials.

Mit der Vermutung und Präzisierung mathematischer Gesetze in der Natur ergibt sich das Problem der Verbindung von Materie und Rationalität, das Descartes auf seine Weise zu lösen versucht und das noch Immanuel Kant beschäftigen wird. Nach der aristotelischen Theorie entstehen Veränderungen in der Natur aufgrund von Kräften, die den Einzeldingen innewohnen. Sobald man annimmt, daß diese Veränderungen naturgesetzlich normiert sind, erhebt sich die Frage, ob die Formen der Einzeldinge Mathematik verstehen oder ob nicht die Annahme einer mathematischen Ordnung in den Bewegungen der Körper ein anderes Erklärungsmodell als das aristotelische wünschenswert macht. Descartes spricht in dieser Situation, wie sich zeigte, den Einzeldingen die aristotelischen Kräfte ab, erklärt sie für passiv und überträgt das Geschäft des Bewegens der Körper dem Schöpfer der Natur, der selbstverständlich, da er allwissend ist, beliebig komplizierte mathematische Probleme lösen kann. Leibniz spricht später den Einzelsubstanzen von neuem die aristotelischen Kräfte zu, nicht ohne ihnen zugleich auch Perzeptionen zuzusprechen, die sie naturgesetzlichen Verhaltens erst fähig machen. Die auf den ersten Blick so abstrakt erscheinende spinozische Metaphysik erlaubt hier eine besonders einfache Antwort, die an Descartes' Modell der Sinnlichkeit geschult ist. Nach diesem sind den Bewegungen des Organismus Vorstellungen der Seele aufgrund eines göttlichen Willensaktes so zugeordnet, daß beim Entstehen einer Bewegung des Körpers die mit ihr gekoppelte Vorstellung der Seele und bei dem Auftreten einer Vorstellung der Seele die mit ihr gekoppelte Bewegung des Körpers entsteht. Dieses Modell wird bei Spinoza radikal verallgemeinert und zugleich nicht mehr mit einem seinerseits unbegründbaren Willensakt Gottes begründet, sondern aus den Grundthesen abgeleitet. Wenn dasselbe Prinzip Materie und Denken hervorbringt und wenn Materie und Denken in der geschilderten Weise nur synchrone „Ausdrücke" dieses Prinzipes sind, dann ist es klar, daß alle Naturprozesse in Denkprozessen und alle Denkprozesse in Naturprozessen exakte Abbildung finden. Dies ist der generelle Sachverhalt in der Natur, bei dem die Psychophysik den für Menschen interessantesten Spezialfall bildet. Die Verbindung von Materie und Rationalität, die im Begriff der mathematischen Naturgesetzlichkeit gedacht ist, geht also darauf zurück, daß die Materie als Attribut nur ein Aspekt der Kraft oder der Substanz ist, deren zweiter Aspekt auf der anderen Seite der Geist als Attribut ist. Diese Kraft treibt im Attribut der Ausdehnung die physischen Erscheinungen und zugleich nach demselben Ablaufgesetz im Attribut des Geistes ihnen zugeordnete mathematische Ausdrücke hervor. Sie kann nicht anders, wenn sie nicht ihr Wesen verneinen will. Es bedarf daher nicht (wie im Erklärungskontext Descartes') der Annahme eines besonderen Entschlusses Gottes zur Mathematizität der Bewegungen. Diese Mathematizität ist vielmehr eine unausweichliche Folge des Wesens der lebendigen Natur, sofern es geistig ist.

IV Die neue Deskription der Organismen

Dieselbe Konstruktion erlaubt es auch, die Zweifel an der Angemessenheit der mechanistischen Biologie Descartes' zu mildern, die damals immer überzeugender zum Ausdruck kommen. Weil Spinoza (in einer schon bald nicht mehr ungewöhnlichen Wendung) den jeweils einem Materiezustand zugeordneten Vorstellungskomplex als „Seele“ bezeichnet, gelingt es ihm, eine Allbeseelungsthese zu entwickeln, ohne die Vorteile des Mechanizismus aufgeben zu müssen. Sein Verfahren hat mithin denselben Vorzug wie später der leibnizsche Versuch einer Harmonisierung der Final- und Wirkursächlichkeit. In dieser Hinsicht wird Spinoza einer Erfahrung gerecht, die die Gesellschaft, in der er lebte, nicht zuletzt wegen ihrer scheinbaren Unvereinbarkeit mit dem Mechanizismus besonders erregt hat. Es ist die Entdeckung von Mikroorganismen, die poetische Spekulationen nahegelegt und die die neu entwickelten Mikroskope ermöglicht haben. Sie machen eine weitaus kompliziertere Struktur der Ausdehnung wahrscheinlich, als sie das cartesische Korpuskularmodell, das alles schlicht mit der Bewegung verschieden geformter Körperchen erklären wollte, vorausgesetzt hatte. Dieses Erlebnis der Mikrowelt erscheint nun auf dem Hintergrund der spinozischen Grundthesen als etwas völlig Einleuchtendes, denn das vernunftabbildende Wirken des unendlichen Modus mechanische Kraft in dem unendlichen Modus konkretes Weltall ergibt eine unabsehbare Fülle von Hervorbringungen oder Untermodi, die nach dem Maße ihrer Mittelbarkeit oder Unmittelbarkeit hierarchisch gestuft sind. *„Infinita infinitis modis sequi debent“*, „Unendlich vieles muß aus den unendlichen Modi folgen“ (Eth. I, 16). Durch ihr Zusammenwirken entsteht eine sinnreiche Unendlichkeit natürlicher Gestalten im extensiven wie im intensiven Sinne. Die Materie ist in diesem Kontext nicht mehr tote Ausdehnung, die aus sich selber keiner Wirkung fähig wäre. Sie ist bereits (ganz ähnlich wie für Leibniz, obgleich nicht in der leibnizschen Präzision des Sprechens) Ausdehnung verbunden mit Perzeption und Kraft. So zeigt sich in dieser nur scheinbar abstrakten Spekulation außer der angedeuteten Tendenz zu einer dynamistischen Grundlegung der Mechanik ein neuer Ansatz, Organismen zu verstehen.

Denn angesichts der unaufhörlichen Untergliederung des räumlichen Universums in Einzelgestaltungen oder Einzelmodi und dieser selber in sie wiederum zusammensetzende Einzelgestaltungen oder Einzelmodi, die schon Descartes gelehrt hat, und der nunmehr von Spinoza geforderten ganz parallelen Untergliederung des gesamten Denkens verwandelt sich das Universum aus einem Block von Ausgedehntheit in eine bis zu den letzten Fasern beseelte und sinnvoll gegliederte Ganzheit. Es bildet einen Makroorganismus, der aus unendlich vielen durch Kausalreihen und Querverbindungen miteinander in Beziehung stehenden und ihrerseits unendlich gegliederten Unterorganismen besteht. Diesen entsprechen als ihre Seelen unendlich viele Untergliederungen im Attribut der Denkung. Das vernunftabbildende Wirken der mechanischen Kraft auf die Ausdehnung bringt immer neue beseelte Gestaltungen hervor, die ihrerseits aus anderen beseelten Gestaltungen sinnreich zusammengesetzt sind. So gelangt man über Wirkung und Unterwirkung bis zur Gestalt des Einzelmenschen und des Einzeltiers, der Einzelpflanze und des Einzelminerals, die, wie das Mikroskop vermuten läßt, immer wieder Gewebe aus sie zusammensetzenden und submikroskopisch durchgliederten beseelten Unterorganismen sind. Das Universum erscheint als gegliederter Leib, als lebendiger Teppich, dessen Textur in immer feineren Verknüpfungen tief unterhalb des mikroskopisch Faßbaren sich intensiv verzweigt. Entsprechende Metaphern treten unter dem Eindruck der Mikroskopie gegen Ende des 17. Jahrhunderts häufiger auf, regen ein neues Organismusverständnis an und finden ihre klassische Deutung bei Leibniz.

So ist hier bei Spinoza ein weiterer bemerkenswerter Schritt über Descartes hinaus vollzogen, der seinerseits die Lösung des Problems der Naturgesetzlichkeit durch die Immanenterklärung der Kraft zur Voraussetzung hat. Doch bleibt die Formulierung (wie es die theologische Version erlaubt) nach den Standards der späteren Wissenschaft eher vage. Zur Bildung neuer mathematischer Ausdrücke gelangt Spinoza im Gegensatz zu Leibniz genau so wenig wie zu einer verbesserten Theorie der Bewegungsrichtung, deren Erwünschtheit durch das Versagen der kinematischen Physik Descartes' vor dem Leib-Seele-Problem immer dringlicher wird. Sofern man aber geringere Ansprüche an die Präzision der Formulierung stellt, muß die spinozische Lehre für die Behebung der von Descartes provozierten Schwierigkeit, Organismen mit einer Seele vereinigt zu denken, besonders geeignet scheinen. Die geschilderte Verwurzelung der Attribute in der einen Substanz, deren „Ausdruck" sie sind, überwindet die cartesische Trennung, denn sie benennt ein unmittelbares gemeinsames Prinzip für Leib und Seele, die mindestens im Menschen auf eine mit bloß cartesischen Mitteln so schwer erklärbare und doch zugleich so unbestreitbare Weise zusammenwirken. Diese Lösung ist, wie die Bestimmung des Leibes und der Seele als endlicher Modi statt als Substanzen vermuten läßt, zugleich in der Anthropologie und in der Kosmologie verwendbar. Das Problem des Zusammenwirkens von Leib und Seele wird also durch dasselbe Argument gelöst wie das Problem der Naturgesetzlichkeit und des Lebens. Zunächst muß freilich eine befremdliche Asymmetrie der cartesischen S-Welt behoben werden, die sich unglücklicherweise ohne Essentialverletzung nicht beheben läßt.

Zwar ist die Deutung des Leibes als eines endlichen Modus bei Descartes bereits vollzogen. Ein Organismus ist für ihn ein Teil des substantiellen Materiekontinuums und unterscheidet sich von den umgebenden Korpuskelmassen allein durch eine vorübergehende Struktur. Die danach naheliegende Deutung auch der Seele als eines Modus ist demgegenüber für Cartesianer zumindest aus äußeren Gründen sehr schwierig und findet sich vermutlich nur bei Geulincx. Sie gefährdet so wichtige Essentials von Juden und Christen wie die Unsterblichkeit der Einzelseele und ihre Verantwortlichkeit beim Jüngsten Gericht. Spinoza, den Unvereinbarkeiten in dieser Hinsicht nicht mehr stören, erklärt die Einzelseele zum Modus, nicht wie Descartes zur Substanz. Auch die Seele ist für ihn (genau wie für Descartes der Körper) ein vorübergehender Zustand in ihrem Attribut. Dadurch gewinnt Spinoza eine eindrucksvolle Systemsymmetrie und vermittelst dieser Symmetrie die Identifizierung mehrerer fundamentaler Probleme. Die Bedingung der Möglichkeit für diese Identifizierung ist eine metaphysische Vorentscheidung über das Wesen des Menschen und seine Stellung in der Natur, die weder für das offizielle Christentum noch für das offizielle Judentum erträglich ist und diese systematisch überzeugende Behebung von Nebenfolgen des Cartesianismus allein für Konventikel akzeptabel macht. Eine solche Vorentscheidung über das Wesen des Menschen ist nicht selbstverständlich, und sie geschieht auch nicht von ungefähr. Der Aufweis der Bedingungen, unter denen sie möglich werden konnte, wäre vermutlich bei der Erklärung des Entstehens dieser Philosophie eins der wichtigsten Probleme.

V Die psychophysische Konstruktion

Die Übereinkunft von Denken und Sein, für die Descartes nur das moralische Argument des Hinweises auf die Vertrauenswürdigkeit Gottes besaß, wird durch Spinozas Modifizierung der Grundthesen metaphysisch zwingend: Physis und Denken sind nun gleichsam parallelgeschaltet. Alle Attribute sind in gleicher Weise Ausdruck der einen Substanz. Alle Prozesse dieser Substanz manifestieren sich notwendig in allen Attributen zugleich. Durch die Verwurzelung der Attribute Ausdehnung und Denken in derselben Substanz sind alle Prozesse der Ausdehnung mit Prozessen des Denkens synchronisiert. Jedem Übergang von einem physiologischen Zustand zum andern muß laut Voraussetzung ein Übergang von einem psychischen Zustand zum andern zugeordnet sein. Physische und psychische Prozesse erscheinen als genaue Übersetzungen derselben Sache in zwei verschiedene Zeichensysteme: jedem Körper im Attribut der Ausdehnung ist eine Idee im Attribut der Denkung zugeordnet. Die Körperwelt ist bis ins Unendliche untergliedert. Entsprechend muß auch das Denken bis ins Unendliche untergliedert sein. Dem Universum entspricht die Idee des Universums als seine Seele, und den das Universum zusammensetzenden Einzelkörpern entsprechen die die Universumsidee zusammensetzenden Einzelideen als deren Seelen. Irgendwo auf der Stufenleiter dieser aktuellen Unendlichkeit steht der Mensch, ungesichert durch substantielle Bestimmungen nach unten oder oben und gleichsam ein Tier im Tier. Auch allen Pflanzen, Tieren und Steinen und den sie wiederum zusammensetzenden Organismen oder Mineralen entsprechen jeweils Ideen im göttlichen Intellekt. Spinoza entwickelt damit seine eigene Version der durch die Mikroskopie plötzlich wieder begünstigten Allbeseelungslehre, die später ihre klassische Formulierung bei Leibniz findet. Dadurch ist aber die cartesische Zerrissenheit des Menschen im Grunde schon geheilt. In der S-Welt des Cartesianismus war die Materie dem Geist das Allerfremdeste. Die Seele war in die Natur versprengt und existierte in ihr mit Hilfe der Sinnlichkeit als eines Systems von Signalen zur Orientierung im biologischen Raum. Bei Spinoza werden Leib und Seele wieder verschwistert, und beider Gemeinsamkeit beruht auf metaphysischem Zwang. Jedem physiologischen Prozeß entspricht mit Notwendigkeit ein psychischer, weil beide nur einander zugeordnete Zeichen desselben Substanzprozesses sind. Dies ist eine der wenigen Stellen, an denen in diesem System, dessen Innovationsinteresse sich auf die Grundthesen konzentriert, mit Rücksicht auf das Erfordernis der Konsistenz die Änderung eines cartesischen S-Faktums und einer cartesischen Hypothese erforderlich wird.

Descartes sieht mechanische Quasikausalität für die Körper und in Hinsicht auf die Bewegung des Leibes Quasikausalität durch Willen für die Seelen vor. Die Frage nach dem Grund des Zusammenspielens und nach der Vereinbarkeit beider Kausalitäten bleibt dunkel, doch ist an zeitliche Sukzession wie beim Ursache-Wirkung-Verknüpfungsmuster gedacht: Vorstellungen und Emotionen folgen zeitlich auf bestimmte mechanische Veränderungen, und willkürliche Bewegungen folgen zeitlich auf bestimmte seelische Akte. In Spinozas Erklärung wird das Muster kausaler Sukzession durch das Muster der Simultaneität abgelöst. Es gibt keine für sich funktionierende Quasikausalität der Körper mehr, die mit einer für sich funktionierenden Quasikausalität durch Willen in ein Zusammenspiel treten könnte, sondern Körperbereich und Seelenbereich sind gleichermaßen an die Substanz als beider zentrale Ur-

sache angeschlossen, empfangen von ihr dieselben Impulse und reagieren gleichzeitig mit ihren spezifischen Reaktionen: der Körper mit mechanischer Zustandsänderung, die Seele mit dem Wechsel ihrer Vorstellungen und Emotionen. Das Problem der Überbrückung des Abgrunds zwischen getrennten Substanzen besteht für Spinoza dank seiner Grundthesenumstellung nicht mehr, und in der Psychophysik tritt an die Stelle der Wechselwirkungshypothese die Parallelismushypothese. Durch sie erweist sich die Frage nach dem Zusammenhang von Leib und Seele als eine bloße Spezialisierung der Frage nach der naturgesetzlichen Ordnung der Bewegungen in der Natur. Denn für Spinoza bedeutet „Seele“ nichts anderes als „zugeordneter Ideenkomplex“.
Die Identifizierung von Gott, Materie und Denken, die bereits eine Antwort auf die von Descartes nach Meinung der Folgegenerationen nicht befriedigend beantworteten Fragen nach dem Ursprung und der Naturgesetzlichkeit der Bewegung und nach dem Wesen der Organismen erlaubte, erweist auch bei diesem die nachcartesischen Generationen so sehr bewegenden Sachverhalt ihre erstaunliche Lösungskraft. Die geradezu klassische Einfachheit der Lösung wird allerdings mit einem hohen Preis erkauft. Die Sinnlichkeit, die bei Descartes noch die entscheidenden Vermittlerdienste zu leisten hatte, verliert bei Spinoza jede sinnvolle Funktion und erscheint als bloße Redundanz. Ihr Vorhandensein ist mit den Mitteln dieses Systems nicht mehr plausibel zu machen, und es ist vermutlich das größte Handicap der spinozischen Anthropologie, daß sie mit einem entscheidenden Merkmal des Menschen nichts anzufangen weiß. Ein solcher Sinnverlust der Sinnlichkeit ist wahrscheinlich ein zu hoher Preis für die Einfachheit eines anthropologischen Konzepts.
Man kann gelegentlich der Meinung begegnen, es sei der Grund für solche Malheurs des Spinozismus, daß er das philosophisch ganz wertlose Dogma der cartesischen Substanzentrennung und die aus ihr sich ergebenden Probleme zu ernst genommen habe. Hätte er sich der richtigen Philosophie bedient, die solche Scheinprobleme sogleich entlarvt, dann hätte er zu einer schönen, ewig gültigen Lösung werden können. Diese möglicherweise etwas abstrakte Meinung übersieht zunächst, daß der Spinozismus als System die cartesische Grundthese von der Substanzentrennung gerade voraussetzt und daß es ihm daher nicht freistand, sie ernst zu nehmen oder nicht. Wenn sie nicht ernst genommen wurde, dann konnte man sich auch die Mühe ersparen, den Spinozismus auszudenken (und Mühen, die man sich ersparen kann, erspart man sich fast immer). Die genannte Meinung übersieht zudem, daß Grundthesen der Philosophie gewöhnlich nicht aus spekulativem Behagen, sondern zur Lösung bestimmter Probleme entwickelt werden. Bestimmte Pro-

bleme bestehen jedoch in bestimmten Situationen und in anderen nicht. Allein daraus, daß ein Problem möglicherweise in unserer Situation nicht mehr besteht, ergibt sich nicht, daß es in seiner eigenen Situation ein Scheinproblem war. Es ergibt sich allenfalls, daß es das Problem einer früheren Epoche war, aber frühere Epochen sind kein Schein. Vermutlich ist es für die Beurteilung einer Grundthese gar nicht entscheidend, ob sie dieselben Probleme zu lösen versucht oder auf dieselben Lösungsmethoden verweist, die der Beurteiler aufgrund seiner eigenen Situation für angemessen hält. Entscheidend dürfte vielmehr die Antwort auf die Frage sein, was eine Grundthese in ihrer Situation zu leisten vermochte. Diese Antwort muß aus zwei Teilantworten bestehen. Sie hat zu zeigen, welche Probleme die Grundthese löst und welche neuen Probleme sie dabei erzeugt. Denn eine Problemlösung, die nicht ihrerseits neue Probleme erzeugt, hat es nach bisherigen Erfahrungen noch nicht gegeben. Das ist der Grund für die Zweideutigkeit von Innovationen. Wenn beide Teilantworten gegeben sind, kann man manchmal beurteilen, ob die neuen Lösungen so wünschenswert sind, daß man dafür die neuen Probleme in Kauf nehmen möchte. Bei dieser Beurteilung können verschiedene Generationen zu sehr verschiedenen Ergebnissen kommen.
Das rechtfertigt aber beispielsweise noch nicht die Behauptung, die cartesische Trennung von ausgedehnter und denkender Substanz, die im Zuge der Fortentwicklung der Mechanik zum Anlaß solcher Schwierigkeiten bei der Konsistenterhaltung des Erklärungskontextes wurde, sei nur ein selbstgemachtes Scheinproblem gewesen. Gewiß machen Menschen ihre Probleme selbst. Doch pflegen von einem bestimmten Niveau des Philosophierens an derartige Probleme nicht mehr willkürlich oder abstrakt zu sein, sondern als Nebenfolgen von Lösungen, für die man sich wohl oder übel entscheiden muß, in Kauf genommen zu werden. Sie sind dann immer noch „selbstgemacht", denn sie entspringen selbstgewählten Lösungen. Doch die Beachtung des Umstands, daß sie um einer Lösung willen in Kauf genommen wurden, die aus praktischen Gründen erforderlich schien, setzt die Akzente anders. Alle Probleme der großen westlichen Philosophien scheinen mit dem Interesse an Lösungen zusammenzuhängen und erst nach Abwägung zugelassen worden zu sein. Gelegentlich könnte der Eindruck entstehen, bei dieser Abwägung seien wichtige Gesichtspunkte vernachlässigt worden. Die angemessene Reaktion auf einen solchen Eindruck dürfte aber eher der Reaktion auf eine mißglückte Kalkulation als der Reaktion auf spekulative Geschwätzigkeit gleichen. Das leuchtet in diesem Falle besonders ein, denn die cartesische Physiologie versprach zunächst beachtliche Vorteile, z. B. die Chance einer

mechanistischen Medizin, die eine Berücksichtigung der voraussichtlich nie exakt erfaßbaren Seelenzustände ersparte. Zugleich bot sie die Chance einer radikalen Befreiung der Seele von der kompromittierenden Vergänglichkeit des Leibes und damit eines unkomplizierten Beweises für die Unsterblichkeit der Seele, der damals aufgrund politischer und moralischer Erwägungen überaus erwünscht schien. Das Problem der menschlichen Vergänglichkeit behandelt Spinoza in einem anderen Zusammenhang. Die Chance der mechanistischen Physiologie aber bleibt ihm trotz seiner Innovation erhalten. Möglicherweise treten bei ihm sogar zu den bisherigen Vorzügen der neuen Medizin noch weitere hinzu, denn es müßte in der Konsequenz des Parallelismus liegen, daß sich Diagnosen jetzt auch mit dem Segen der Theorie je nach Bequemlichkeit mit demselben Erfolg auf psychische wie körperliche Symptome berufen können.

Descartes' in anderer Hinsicht so erfolgreiches Verfahren der Substanzentrennung hatte die Übereinstimmung der von ihr für disparat erklärten Prinzipien zu einem theoretischen Problem gemacht. Das ist der allgemeine Ansatzpunkt, und hier setzen auch die drei mit dem Spinozismus konkurrierenden kontinentaleuropäischen Lösungen an, deren Widerstreit Kant im Paralogismusabschnitt endgültig zu lösen hoffte: *Influxus physicus,* Occasionalismus und prästabilierte Harmonie. Es ist nicht schwer zu zeigen, daß diese Lösungen (vielleicht außer der letzten) dem Spinozismus systematisch unterlegen waren. Dessen ungeachtet hielt die Gesellschaft sie für akzeptabler, weil sie immerhin bestimmte Essentials des Christentums und des Judentums respektierten. Auch in diesem Falle war also der Innovationsspielraum durch Institutionen eingeschränkt, und eine solche Einschränkung ist schwerlich das Privileg bestimmter Epochen, denn jede Epoche hat Institutionen. Es ist verhältnismäßig leicht, die Schwächen der Lösungen zu sehen, deren Diffusionschancen mit Rücksicht auf die genannten Essentials damals größer als die des Spinozismus waren. Doch hat man offensichtlich keine besseren gefunden. Wer sagt, sie seien deshalb so schwach, weil sie den cartesischen Dualismus als ein Problem akzeptieren, der denkt abstrakt, denn keine Epoche sucht ihre Probleme selbst. Man hatte in der zweiten Hälfte des 17. Jahrhunderts auf dem Kontinent nicht die Wahl, am cartesischen Dualismus vorbeizugehen, denn er gehörte zur Situation, war ein Teil der Ausgangsbedingungen. Wer ihn einfach ignorieren wollte, der hätte zugleich z. B. die Chance einer quantitativen Naturwissenschaft und einer mechanistischen Medizin ignoriert. Man kann das tun, es führt jedoch zu Konsequenzen, die nicht viel angenehmer sind als die Probleme, die der cartesische Dualismus erzeugt.

Natürlich hat die Geschichte fast immer Alternativen, doch pflegen sie dilemmatisch zu sein.

Die Vertreter des *Influxus physicus* waren der Ansicht, daß trotz der cartesischen Komplikationen in der Theorie der Leib bei der Sinneswahrnehmung unmittelbar auf die Seele und die Seele bei der willkürlichen Bewegung unmittelbar auf den Leib einwirken kann. Dies bezeichnet noch Kant als Lehre vom „physischen Einfluß". Mehrere Äußerungen Descartes' schienen einen solchen „Einfluß" nahezulegen. Sobald man freilich die mechanische Relevanz der Richtung realistischer einzuschätzen begann, als Descartes es tat, gefährdete die Influxusthese die Konsistenz des Systems. Denn es ist nicht sonderlich sinnvoll, auf der einen Seite zu betonen, Leib und Seele seien gänzlich disparat, und auf der anderen Seite der Seele trotz dieser Disparatheit mechanische Kausalität zuzuschreiben. Bezeichnenderweise hat sich die Einflußlehre erst im Gegenzug gegen den Occasionalismus zu einer eigenen Schule profiliert, und sie dürfte auch weniger von theoretischen als wissenschaftspolitischen Erwägungen veranlaßt sein. Wer die theologischen und metaphysischen Abenteuer voraussah, bei denen im Streben nach Überwindung des Dualismus zahlreiche Essentials kompromittiert zu werden drohten, der mochte in der scheinbar am wenigsten präjudizierenden Influxuslösung noch den attraktivsten Ausweg erblicken und daraufhin bereit sein, ihren Mangel an theoretischer Fundierung mit engagierten Lehrentscheidungen zu kompensieren. Während Spinozas Angebot die Bedingungen der Diffusion gegenüber der Konsistenz und Schönheit des Systems vernachlässigte, vernachlässigte der Influxionismus die Ansprüche der Theorie zugunsten der Bedingungen der Diffusion. Eine solche Politik ist nicht im Grundsatz abwegig, denn sie bewährt sich oft. Sie war jedoch in diesem Fall erfolglos, denn sie brachte die erhoffte Beruhigung nicht. V. a. in Deutschland blieb die Diskussion unter dem Eindruck der leibniz-wolffischen Schwierigkeiten, deren glänzendste Formulierung von G. B. Bilfinger stammt, noch hundert Jahre lebendig und wurde z. B. von Lehrern und Zeitgenossen Kants intensiv geführt. Die Verständigkeit des öffentlichen Interesses, dem der Influxionismus entsprang, war ebenso unbestreitbar wie seine theoretische Dürftigkeit, und beiden Eigentümlichkeiten ließen sich gewichtige Argumente entnehmen. Davon hat man offenbar Gebrauch gemacht.

Der von den Influxionisten bekämpfte Occasionalismus, den noch Kant als „System der übernatürlichen Assistenz" bezeichnete, war systematisch konsequenter und verwarf den physischen Einfluß aufgrund der Disparatheit der beiden Substanzen. Die unbestreitbare Übereinstimmung ihres Wirkens erklärte er durch „übernatürliche Assistenz“, durch einen Beistand Gottes. Leib und Seele scheinen zwar aufeinander zu wirken, doch können sie es aufgrund ihrer prinzipiellen Verschiedenheit in Wirklichkeit nicht. Zwar sind nach einigen Autoren dieser Richtung substanzimmanente Wirkungen, z. B. Wirkungen von Einzelkörpern auf Einzelkörper (als Modi derselben Substanz) erklärlich, aber niemals substanztranseunte Wirkungen wie die materieller Modi auf geschaffene Geister. Weil aber im Interesse der Information der Seele und der Erhaltung der Leibmaschine ein Zusammenwirken beider Instanzen unentbehrlich ist, wird angenommen, daß Gott Bewegungen im Körper, die in der Seele bestimmte Sinneseindrücke erforderlich erscheinen lassen, und Regungen der Seele, die im Körper bestimmte Bewegungen erforderlich erscheinen lassen, zum Anlaß nimmt, solche Bewegungen und Sinneseindrücke hervorzurufen. Dieser Entwurf entgeht den Widersprüchen, die sich im Cartesianismus bei der Annahme eines physischen Einflusses stellen. Er hat aber neben anderen Nachteilen den, kein einheitliches Erklärungsprinzip für die Natur und den Menschen zu bieten und zugleich den transzendenten Gott in einem noch stärkeren Umfang in physikalische Detailaufgaben hineinzuziehen, als es Descartes erforderlich zu sein schien.

Die strengere Version des Occasionalismus verfällt dadurch, daß sie dem ersten Nachteil zu begegnen sucht, dem zweiten um so mehr. Sie nimmt zwar Anstoß daran, daß dem Menschen ein kausaler Sonderstatus zugebilligt werden soll, sieht aber aus Konsistenzgründen keine Möglichkeit, zum *Influxus physicus* zurückzukehren, und dehnt deswegen den anthropologischen Sonderstatus in einem an Biel und Ailly erinnernden Schritt auf die gesamte Natur aus. Die Zuordnung aller Wirkungen zu ihren „Ursachen“ und nicht nur die Zuordnung der leiblich-seelischen Folgen beruht nunmehr allein auf Gottes Willen und Eingriff. Die Lösung hat den Nachteil, daß sie wegen des Verzichts auf jede natürliche Kausalität sehr aufwendig verfährt und zugleich mechanisch unbefriedigend ist. Denn sie setzt, wie Leibniz gern hervorhebt, ein mechanisches Weltsystem von derart mäßiger Konstruktion voraus, daß der göttliche Mechaniker ständig nachhelfen muß, um es in Gang zu halten – genau, als hätte jemand eine Uhr gebaut, die nur funktioniert, wenn er mit seinem Finger selbst die Zeiger bewegt. Welchen Sinn behalten dann die physiologischen Konstruktionen zur optimalen Steuerung und Übertragung von Bewegung, die man in Europa soeben entwickelt hat?

Diesem speziellen Nachteil begegnet eine Zusatzkonstruktion, die Zeitgenossen Wolffs für leibnizisch hielten, obgleich sie von Geulincx stammt und bei Malebranche ein Äquivalent besitzt. (Wenn sie zu Ende gedacht worden wäre, hätte sie wahrscheinlich den Rahmen des Cartesianismus sprengen müssen.) Sie arbeitet mit dem für Mißverständnisse des leibnizschen Systems so fruchtbaren Uhrengleichnis. Gott steht nicht etwa wie ein Dienstbote ständig zu hilfreichen Eingriffen bereit. In Wirklichkeit ist er allwissend und sieht von Ewigkeit voraus, zu welchem Zeitpunkt der Geschichte bestimmte Seelen in bestimmten Körpern bestimmte Bewegungen hervorrufen möchten. Deshalb hat er den Mechanismus des Leibes so programmiert, daß er, sobald die Seele ihn bewegen möchte, ohne Einwirkung der Seele allein aufgrund seines inneren Programms gerade diese Bewegung ausführt. Die Seele ist eine vollkommene Uhr, der Leib ist eine vollkommene Uhr von anderer Art, und Gott ist ein vollkommener Uhrmacher. Er hat die beiden Uhren aufeinander abgestimmt, und deshalb ist es kein Wunder, daß die eine läutet, sobald die andere spielt. Aus dieser Version lassen sich verhältnismäßig leicht absurde Konsequenzen entwickeln. Wahrscheinlich wurde sie nicht aus einem theoretischen Ansatz folgerichtig entwickelt, sondern verdankt ihre Gestalt verschiedenen Defensivmaßnahmen. Daß bei einem solchen Versuch, am Cartesianismus und zugleich an den Essentials des Christentums festzuhalten, zumindest einem der beiden Interessen nicht voll entsprochen wurde, ist nicht erstaunlich. Doch mochte dies in den Augen von Theologen, die im Cartesianismus v. a. eine Methode zur Heilung der Person von der Konkupiszenz erblickten, ein einigermaßen erträglicher Nachteil sein.

Leibniz lehnt diesen Zusatzvorschlag u. a. deshalb ab, weil ihm die cartesische Interpretation der Materie als einer ausgedehnten Substanz wegen seines neu entwickelten Kraftbegriffes unhaltbar scheint. Materie muß erstens außer Ausdehnung programmierte Kraft enthalten (es gibt keine andere natürliche Erklärung für die Rationalität der Naturprozesse), und sie kann zweitens nicht Substanz, sondern nur Phänomen, geordnete Erscheinung von Substanzen sein. Weil die Substanzen offenbar zielstrebig sind und sinnvoll wirken, müssen sie vom Wesen dessen sein, was „denkend“ heißt: alle Monaden haben Perzeptionen. Erscheinung gibt es nur für Sehendes wie menschliche Organismen: Materie ist undeutliche Vorstellung der Welt (als einer unendlichen Menge diskreter Monaden) durch die menschliche Sinnlichkeit, vor der sie als Kontinuum erscheint. Sie ist ein Block undeutlicher Vorstellungen von Dingen an sich. Ein Bestandteil dieses Blocks undeutlicher Vorstellungen ist der menschliche Leib. Wir perzipieren die ihn zusammensetzenden Monaden unter der Chiffre der Leiblichkeit. Dies ist ein neuer Erklärungsansatz, der über die cartesischen Fragestellungen hinausführt. Wer ihn übernimmt, bedarf für die Synchronie der physischen und psychischen Prozesse genau so wenig einer besonderen Erklärung wie ein Spinozist. Das läßt sich leicht an Metaphern zeigen. Es ist z. B. selbstverständlich, daß die Bewegungen eines Schattens Bewegungen des Dings entsprechen, das den Schatten wirft.

Der Ausdruck „Harmonie" bezieht sich denn auch bei Leibniz zunächst auf etwas anderes. Der Mensch ist für ihn (in einem Entwurf, der an das Organismusmodell Spinozas erinnert) nicht ein mechanisches System ohne eigenen Antrieb, sondern gleichsam ein Staat aus unendlich vielen aktiven Substanzen. Er besteht, wenn man ihn unter dem Aspekt der Erscheinungswelt betrachtet, aus zahllosen Unterorganismen, die ihrerseits aus kleineren Organismen zusammengesetzt sind. Nichtsdestoweniger sind die Tätigkeiten aller dieser Organismen so koordiniert, daß sich kohärente Handlungen des menschlichen Organismenaggregates ergeben. Übersetzt man dies aus den Bedingungen der Erscheinungswelt in die Bedingungen der Welt der Monaden zurück, so erhält man die These, daß die Perzeptionen aller Monaden, die im Gesamtphänomen des menschlichen Leibes zur organischen Erscheinung kommen, mit den Perzeptionen der menschlichen Seele abgestimmt sind. In dieser Abstimmung besteht zunächst der anthropologische Aspekt der prästabilierten Harmonie: nicht in der Übereinstimmung angeblich heterogener Substanzen wie Leib und Seele, sondern in der Übereinstimmung der Einzelmonaden im Rahmen jener Monadenhierarchie. Dieses neue Modell unterscheidet sich von dem der Cartesianer und bietet gegenüber dem spinozischen gewisse Vorzüge. Daß es nicht allgemein akzeptiert worden ist, dürfte weder auf die Verletzung religiöser Essentials noch auf systematische Inkonsistenzen zurückzuführen sein. Wahrscheinlich war die literarische Darbietung zu unvollständig und auch die intellektuelle Anforderung zu hoch. Zudem scheint die Öffentlichkeit des 17. und 18. Jahrhunderts gegenüber der Phänomenalisierung der Körperwelt, die bei der Überlieferung leibnizscher Thesen bezeichnenderweise am stärksten unterdrückt worden ist, besonders starke Hemmungen empfunden zu haben. Das läßt sich auch an anderen Beispielen zeigen.

Sieht man von Leibniz als einem Sonderfall ab, so erweist sich die überzeugende Einfachheit und Leistungsfähigkeit der spinozischen Antwort auf das vom Cartesianismus gestellte psychophysische Problem vielleicht am eindrucksvollsten, wenn man sie mit konkurrierenden Lösungen wie Occasionalismus und Influxionismus vergleicht. Dieser Eindruck wird schwerlich dadurch abgeschwächt, daß wegen der europäischen Fortentwicklung der Mechanik Spinozas Vorschlag in dieser Form nur kurze Zeit diskutabel war. Er hat die Überlegungen, die Leibniz zum Verwerfen des cartesianischen

Materiebegriffs bewegen mußten, noch nicht vollzogen, aber dennoch den dringendsten Unzulänglichkeiten dieses Begriffs durch die Identifizierung von Substanz und Attribut, von Kraft und Ausdehnung, provisorisch begegnen können. Dadurch war ihm freilich der Anlaß genommen, die Materie wie Berkeley, Leibniz oder Kant als ein reales Phänomen zu deuten. Sie behielt bei Spinoza im Prinzip die Stellung, die sie bei jedem Cartesianer hatte. Doch diese Lösung war systematisch sparsamer und auch wohl konsistenter als die der Occasionalisten und Influxionisten. Die Frage wäre allenfalls, ob etwas so Kompliziertes wie der Mensch durch etwas so Übersichtliches wie die spinozische Organismuslehre in angemessener Weise repräsentiert werden kann.

Das 17. Jahrhundert hielt dies wahrscheinlich im Prinzip für möglich. Es hat die Kompliziertheit des Weges zur theoretischen Einfachheit, die es als Ziel formulierte, bedeutend unterschätzt und wohl nur dadurch den Mut gefunden, ihn zu betreten. Auch Spinoza war überzeugt, daß alle wahren Lösungen einfach sind. Indem er folgerichtig Denkung und Ausdehnung zu Attributen der einen Substanz und Leib und Seele zu partiellen Zuständen dieser Attribute erklärte, wurden Leib und Seele unmittelbar in jede Regung des substantiellen Einheitsgrundes hineingenommen, ohne daß so komplizierende Probleme wie Kraftübertragung und Substanzenheterogenität sich stellten. Der schwerwiegendste theoretische Einwand, den man gegen diese erstaunliche Konstruktion erheben könnte, ist vermutlich der Hinweis auf ihre Ausklammerung der Sinnlichkeit. Die stärksten Einwände sind aber eher praktischer Natur. Z. B. war die Diffusion eines Systems, das so mit akzeptierten Essentials verfuhr, nicht möglich – es zwang die Öffentlichkeit geradezu, es zu verwerfen. Allerdings war Spinoza aufgrund von Überlegungen, die man heute als „elitär“ bezeichnen würde, gar nicht daran interessiert, so etwas wie eine herrschende Theorie zu liefern und lediglich deshalb bestimmte Essentials zu respektieren. Der wichtigste Einwand praktischer Art dürfte der später zu führende Nachweis sein, daß die ethischen Implikationen dieser Theorie nicht überzeugend sind. Sieht man von Fragen der Praktikabilität dagegen ab, dann erscheint der Spinozismus als eine der erstaunlichsten Antworten auf eine der wichtigsten Wissenschaftsfragen seiner Zeit, das Leib-Seele-Problem. Auch diese Antwort knüpft – wie die Lösung des Problems der Kraft, der Naturgesetzlichkeit und der Organismen – unmittelbar an die Umformung der cartesischen Grundthesen an. Unter diesem Aspekt erweist sich noch einmal die Bezogenheit der Metaphysik Spinozas auf den Stand der Wissenschaft in der zweiten Hälfte des 17. Jahrhunderts.

Demnach dürfte Spinoza in seiner Metaphysik, die durch eine Umformung des cartesischen Grundthesenfundus entstand, schwerlich als ein isoliert spekulierendes Individuum eine abstrakte Privattheologie entwickelt haben. Die bisherigen Überlegungen über die Entstehung und Ordnung der Bewegung, das Wesen der Organismen und das Verhältnis von Leib und Seele legten den Gedanken nahe, daß sich diese Metaphysik am damals aktuellsten Stand der Wissenschaft orientiert und spezielle Schwierigkeiten, die er enthält, zu lösen sucht. Dagegen könnte man den Einwand erheben, daß sich Spinozas Lehre immerhin wie eine natürliche Theologie präsentiert. Das ist nun in der Tat der Fall und liegt auch nahe, denn wenn ich in der S-Welt Gott und Natur identifiziere, dann fallen im Erklärungskontext Physik und Theologie zusammen. Ein solches Ineinandergehen der beiden Wissenschaften hat aber z. B. die nachteilige Folge, daß Spinozas Text im Gegensatz zu Texten von Leibniz kaum je die sprachliche Präzision erreicht, die einer Abhandlung zur Grundlegung der neuzeitlichen Mechanik angemessen wäre. Auf der anderen Seite erweist sich aber sogar die theologische Präsentation als eine Wendung von praktischer Bedeutung.

Sie hat zunächst den Vorzug, die Theologie modellhaft noch einmal als fundierende Disziplin in das Gefüge der Wissenschaften zu integrieren. Die Theologie, die vor dem Umbruch eine relativ organische Einheit mit der Philosophie oder Wissenschaft bildete, ist inzwischen zunehmend wissenschaftsfremd geworden. Jetzt gibt es zwei verschiedene Welten des Denkens, die trotz der cartesischen Abgrenzung der Zuständigkeiten unablässig in Konflikte zu geraten drohen. Spinoza holt zwar die alte Theologie nicht wieder aus ihrer Randlage heraus, interpretiert jedoch die neue Wissenschaft mit theologischen Kategorien und stellt dadurch zumindest formal wieder eine Entsprechung zu dem früheren Zustand her. Es gelingt ihm, mit der Modellentwicklung einer neuen, der Wissenschaft der Zeit entwachsenen Theologie ein Konzept zur Konfliktregulierung anzubieten, das bis in unser Jahrhundert attraktiv geblieben ist, obgleich es sich aus etwas komplizierten Gründen nicht durchsetzen konnte.

Die Darstellung des Spinozismus als Theologie (wie viele der ihr vorgeworfenen Nachteile sie im übrigen haben mag) bringt aber vermutlich noch weitere Vorzüge praktischer Art. Spinoza bewirkt z. B., indem er die Notwendigkeit der Naturgesetze streng auf die Notwendigkeit des Wesens Gottes gründet, eine Art von Heiligung des Wissensfortschritts der Gesellschaft: der theologisch begründete Determinismus Spinozas ist gleichsam die sakrale Präsentation der mechanistischen Naturansicht, die die großen Autoren der neuen Physik soeben nicht ohne persönliches Risiko durchgesetzt haben. An der Bedeutung beider Intentionen ändert es nichts, daß ihre öffentliche Billigung durch die Gesellschaft nicht zu erwarten war. Spinozas Verfahren hatte die Bedeutung einer Geste, und es ist zumindest als Geste außerordentlich wirksam geworden.

Drittens bietet die Identifizierung von Gott und Natur, wie anstößig sie für Juden und Christen auch sein mag, eine Anzahl von Vorteilen bei der Systembildung. Z. B. bewahrt sie Spinoza vor der leibnizschen Schwierigkeit, aus religiösen Gründen auf der Transzendenz Gottes und aus intellektuellen Gründen auf der Deutung der Welt als eines geschlossenen Folgezusammenhanges bestehen und deshalb eine so komplizierte Konstruktion wie die Lehre von der prästabilierten Harmonie entwickeln zu müssen. Weil diese leibnizsche Konstruktion das Problem der Kraftübertragung nicht im direkten Zugriff lösen kann, muß sie obendrein auf der Leugnung geschöpflicher transeunter Kausalität bestehen. Man wird freilich zugeben müssen, daß das Enthobensein von den Schwierigkeiten, die Leibniz zu schaffen machten, zunächst nur in einem abstrakten Sinn ein Vorteil des Spinozismus war, denn gerade die Operation, die in systemökonomischer Hinsicht seine Akzeptierung hätte erleichtern können, mußte sie auf der anderen Seite, da sie bei Juden wie Christen als häretisch galt, radikal unterbinden. Es gibt in den kommenden Generationen zwar eine verschwiegene Spinoza-Rezeption, ja Spinoza-Assimilierung. Aber was davon am Ende akzeptiert wird, wird unter anderem Namen akzeptiert.

Viertens ist die theologische Wendung so etwas wie eine Verständnishilfe für den Leser. Descartes hat schon vor Spinoza „*Deus sive Natura*“ gesagt, obgleich in einem anderen Sinn. Wenn aber das Prinzip, das in Descartes' Physik das Getriebe des Universums auf seine ferne und transzendente Art in Gang hält, als „Gott“ bezeichnet wird, dann hat es einen gewissen Sinn, daß auch Spinoza das Prinzip, das in seiner Physik das Getriebe des Universums in Gang hält, gleichsam metonymisch als „Gott“ bezeichnet. Gegen dieses Vorgehen mögen Theologie und Religion sehr gute Einwände vorzubringen haben, doch daß es unter den gegebenen Umständen systematisch zweckmäßig ist, läßt sich kaum bestreiten. Im übrigen wäre zu fragen, inwiefern die präzise Trennung von *natura naturans* und *natura naturata* nicht theologischen Bedenken entgegenkommt, denn auch die traditionellen Beschreibungen des Aufenthaltes und des Wirkens Gottes in der Natur, die das Christentum und das Judentum kennen, sind von großer Vieldeutigkeit und Tiefe. Die systematische Zweckmäßigkeit der spinozischen Wendung ist jedenfalls beträchtlich. Sobald das Vernunft abbildende Prinzip der Bewegung in die Ausdehnung hineingenommen und mit ihr verschmolzen wird, hat diese ihre geordnete Bewegung aus sich selbst, und damit ist umschrieben, was in Spinozas Metaphysik und Physik an Wichtigem geschieht. Die Gleichsetzung von Natur und Geist bietet eine Lösung für das cartesische Problem der Unvereinbarkeit von Kraft und Ausdehnung, die obendrein den Vorzug hat, die Intelligibilität des Naturgeschehens und die Übereinstimmung von Leib und Seele als selbstverständlich erscheinen zu lassen und mit den neuen Entdekkungen der Mikroskopie vereinbar zu sein.

Schließlich macht die Gleichsetzung von Natur und Gott etwas damals so Wichtiges und zugleich so Schwieriges wie die Beweise des Daseins Gottes im Grunde überflüssig. Daß Gott oder daß die Substanz existiert, mag für viele Menschen nicht unmittelbar erkennbar sein. Ersetzt man aber, wie es nach Spinoza zulässig ist, die Wörter „Gott“ oder „Substanz“ durch das Wort „Natur“, so entfällt die Pflicht zu beweisen, weil niemand mehr einen Beweis verlangt. Denn daß die Natur existiert, weiß man ohnehin. Mit diesen und ähnlichen Argumenten ließe sich zeigen, daß die bloße theologische Präsentation, wenn man die wissenschaftsgeschichtliche Situation in Rechnung zieht, diese Philosophie nicht im geringsten diskreditierte, sondern daß sie im Gegenteil für sie in mancher Hinsicht von Vorteil war. Damit ist selbstverständlich nicht gezeigt, daß Spinoza sein System als Theologie präsentierte, um diese Vorteile zu erreichen. Dagegen ist gezeigt, daß der Hinweis auf die Theologisierung des Systems nicht die These widerlegen kann, daß es nicht notwendig esoterischer und abstrakter Spekulation entspringen muß. Denn es orientiert sich von vornherein an den allgemein zugänglichen Problemen, die die Entwicklung der Wissenschaft jedem Denker des späteren 17. Jahrhunderts stellt. Die Frage, ob eine bestimmte Art der Präsentation ein System wissenschaftlich disqualifiziert, ist nie abstrakt, sondern nur im Hinblick auf akzeptierte Kriterien zu entscheiden. Wer in der Weise Freuds argumentierte, war 1900 disqualifiziert, aber 1920 nicht. Wer bei philosophischen Erwägungen mit theologischen Kategorien arbeitet, kann sich heute schon dadurch disqualifizieren. Das trifft jedoch für 1670 noch keineswegs zu. Denn unter den Kriterien des späten 17. Jahrhunderts gilt (anders als heute) die Beschäftigung mit Theologie als eine Beschäftigung mit wirklichen Gegenständen und nicht etwa als Argument schon gegen die bloße Fähigkeit zur Beschäftigung mit solchen Gegenständen.

Die Umformung des cartesischen Grundthesenkomplexes, die schon für die Probleme der Natur und ihrer Gesetzlichkeit, der Organismen und der Leibseeleverbindung eine Lösung bot, ermöglicht schließlich Spinoza eine Antwort auf die beiden Fragen, die er für die wichtigsten Fragen einer Ethik hält. Auch in den drei letzten Teilen der *„Ethica"* wird also deutlich, wie sehr die theoretischen Einleitungsteile auf Anwendung bezogen und daher praxisnah sind: Spinoza lehrt vor der Ethik die Metaphysik und Physik, weil er in diesen Disziplinen die wichtigsten Argumente dafür zu finden glaubt, daß die von ihm empfohlene Art zu leben die richtige ist. Ihre Richtigkeit wird nicht *a posteriori* durch die Erwünschtheit der mit ihr verbundenen Folgen erwiesen, sondern es soll mit den letzten Gründen gezeigt sein, daß sie der wahren Natur der Dinge entspricht. Im Sinn der großen cartesischen Forderung wird also die spinozische Ethik aus theoretischen Prinzipien hergeleitet. Die *„Ethica"* Spinozas stiftet nach dem Umbruch der Neuzeit und mit den Kategorien einer neuen Philosophie noch einmal die traditionelle Einheit von Metaphysik, Physik und Ethik.

Schon wenige Jahre danach werden andere Schulen diese Einheit wieder radikal in Frage stellen, und zwar in einer Tradition, die bis zum Positivismus nicht abreißt und die für Kant zu einer wichtigen Erfahrung wird. Die Möglichkeit einer theoretischen Letztbegründung für die Praxis zu verneinen, liegt vermutlich sehr nahe, solange trotz schubartigen Veränderungen im Faktenbestand infolge starker Modifizierungen des Erklärungskontextes die frühere Ethik noch nicht abgelöst ist. Gerade die Veränderungen der S-Welt durch den Erklärungskontext könnten allerdings den überaus engen Zusammenhang von Theorie und Praxis deutlich machen. Vielleicht empfinden die Autoren, die nach größeren Umwälzungen auf den Grenzen der Theorie bestehen, zunächst nur die Normalisierung in Gestalt einer definitiven Feststellung der Veränderungen, die die Theorie bewirkt haben soll (als des Bestandes, mit dem nunmehr für Theorie und Praxis bis zum Beginn des nächsten Umbruchs zu rechnen ist) als stark verfrüht. Komplette Erklärungskontexte mit Theorie- wie Praxisbegründung findet man denn auch, soweit ich sehe, wohl häufiger in Etappen der Konsolidierung und Sicherung. Sie dekretieren die Perpetuität der neuen Epoche. Spinozas Generation erlebte zwar eine beträchtliche Veränderung der Faktizität, der Hypothesen und der Theorien, doch hoffte Spinoza ein System zu stiften, das alle Zeiten überdauerte – vielleicht, weil er trotz allem noch zu sehr ein Cartesianer war.

Der Cartesianismus wollte die vorgebliche Ewigkeit der Schulphilosophie beenden, doch hoffte er, sie durch die Ewigkeit des Cartesianismus zu ersetzen (der schließlich etwas mehr als drei Generationen überdauert hat). Es fiel ihm schwer zu verstehen, daß noch zweckdienlichere S-Fakten, Kriterien, Regeln und Thesen, wenn sie erst einmal entwickelt sind, sogar akzeptierte cartesische ersetzen können. Schon deshalb lag es für diese Schule nahe, Schwierigkeiten mit der Geschichte zu haben (nicht ohne Grund hat sie nur einen einzigen Historiker hervorgebracht) und vor der eigenen Zeitlichkeit die Augen zu schließen. Aber diese Zeitlichkeit mußte sich angesichts so vieler (zur Erhaltung der Erklärungskraft des Systems trotz des unablässigen Eindringens neuer Fakten erforderlicher) Korrekturen dem Blick geradezu aufdrängen.

Bisweilen wird die Ansicht geäußert, daß wenigstens Spinozas Ethik z. T. nicht an Spinozas Epoche gebunden sei. Doch spricht nicht weniges dafür, daß schon die Ableitung aus einer bestimmten Metaphysik und Physik, die ihn eigentlich immunisieren soll, auch diesen Teil des Systems vergänglich macht. Die Philosophie der Schulen hat dadurch, daß sie bei aller Traditionalität immerhin die legitimierende Interpretation zuließ, der Vergänglichkeit zumindest im methodischen Ansatz Rechnung getragen. Spinoza aber kann wie die meisten Cartesianer nicht sehen, daß schon die bloße Beschäftigung mit bestimmten S-Fakten, Kriterien, Regeln und Thesen der Zeitlosigkeit einer Philosophie im Wege steht. Denn wer Wissenschaft betreibt, nimmt Gegenstände und Sachverhalte im Vertrauen auf gegebene Kriterien als wirklich hin, argumentiert nach Maßgabe bestimmter Regeln mit Thesen, die sich in bestimmten ihm zugänglichen Situationen bewährten, von denen aber nicht erwiesen ist, daß sie sich in allen Situationen bewähren müssen, und selektiert unter Regeln und Thesen aufgrund von Selbstverständlichkeiten, die häufig morgen nicht mehr selbstverständlich sind. Gerade die Cartesianer, die eine alte Tradition durch eine neue, aus zeitloser Vernunft gerechtfertigte Tradition ersetzen wollten, mußten erleben, daß viele ihrer Selbstverständlichkeiten durch scheinbar empirische oder zeitlos vernünftige Gegenargumente unhaltbar wurden. Ihre Versuche, auf der Überzeitlichkeit des Cartesianismus nichtsdestoweniger zu bestehen, bieten ein genauso bemerkenswertes Schauspiel wie all die vielen Versuche dieser Art. Der Spinozismus unterliegt der Zeitlichkeit aus ähnlichen Gründen wie der Cartesianismus.

Nichtsdestoweniger sind bestimmte Details seiner ethischen Ausgangsargumentation noch heute unmittelbar verständlich. Spinozas Ethik möchte einen *modus vivendi* für den Menschen finden, der sich plötzlich nicht mehr als

Mittelpunkt seiner S-Welt, sondern nur noch in äußerster Gefährdung und Vergänglichkeit als eine flüchtige Kombination von Korpuskeln und Vorstellungen verstehen kann. Vor diesem Hintergrund bekommt die Frage nach dem Tod und nach der Freiheit einen neuen Klang. Ein endlicher Modus ist erstens vergänglich: wie stillt ein Mensch, der sich am ehesten als endlichen Modus verstehen kann, seinen Hunger nach Unvergänglichkeit? Das ist die erste Frage, auf die die *„Ethica"* eine Antwort weiß. Daß diese Antwort (und damit auch die folgende) durch dieselbe Veränderung des Erklärungskontextes möglich wird, mit der Spinoza bereits den übrigen vom Cartesianismus hervorgerufenen Schwierigkeiten begegnen konnte, beweist eine unvergleichliche Virtuosität im Kontextspiel. Hier wird eine komplizierte Situation mit einem einzigen Zug bereinigt. Daß durch die Identifizierung von Gott und Natur eine Antwort auf die Frage nach der Vergänglichkeit möglich wird, ist leicht zu sehen. Jeder Modus ist ein Modus an der einen Substanz und kann dadurch an ihrer Ewigkeit partizipieren. Korpuskelverbände wie menschliche Leiber lösen sich auf, doch die Materie erleidet keine Minderung, und Ideenverbände wie menschliche Seelen lösen sich auf, das Denken aber leidet keine Minderung. Materie und Denken sind jedoch nichts anderes als die Substanz. — Ein endlicher Modus ist zweitens bedingt, hervorgebracht aus einem Ganzen, über dessen unausweichliche Gesetze er nicht verfügt: wie stillt ein Mensch, der sich als endlichen Modus interpretiert, seinen Hunger nach Selbstverfügung? Dies ist die zweite Frage, auf die die *„Ethica"* eine Antwort weiß. Im Grunde gibt aber Spinoza auf beide Fragen nur eine einzige Antwort. An dieser Antwort ist viel Vergängliches, denn sie geht von epochegebundenen Voraussetzungen aus, und sie verkennt auch wohl die Lage des Menschen. Vielleicht beruht jedoch der Rang der spinozischen Ethik viel weniger darauf, daß sie Antworten gibt, als darauf, daß sie genau die Fragen präzisiert, die nach dem Erlebnis der Schutzlosigkeit des Menschen im plötzlich unendlich gewordenen Universum zu stellen waren.

Die S-Wirklichkeit Selbstverfügung, um die es in der zweiten Frage geht, weil sie angesichts der Modalität der menschlichen Individuen problematisch geworden ist und gerettet werden soll, erscheint bei Spinoza ebenfalls in einer zeitgebundenen Gestalt. Es ist ihm selbstverständlich, daß Selbstverfügung dasselbe wie Beherrschung der Affekte und daß die Ethik die Lehre von jenen Methoden ist, die zur Beherrschung der Affekte führen. Eine solche Betonung des Problems der Affektbeherrschung liegt zwar im Umkreis christlicher Gruppen nahe, die die Zielvorstellung einer Vervollkommnung noch im Sinn des Hochmittelalters, bei der es um die Aktuierung natürlicher

Potenzen ging, mit der einer Vollkommenheit im Sinn negierender Aszetiken vertauschten, die eher die Aktuierung bestimmter natürlicher Potenzen zu verhindern suchten (wenn eine so grobe Beschreibung der herrschenden Tendenz erlaubt ist). Diese Fixierung der Ethik auf Affektbeherrschung ist aber nicht selbstverständlich. Freilich scheinen ihr die Vulgärethiken des 20. Jahrhunderts zuzustimmen, sofern sie anzunehmen pflegen, daß Glück durch die Stillung bestimmter Affekte wie Angst oder Begierde verwirklicht werden kann. Spinoza glaubt jedenfalls, daß der Mensch, solange er Affekte hat, sich noch in einem Zustand des Leidens befindet und nicht sein eigener Herr ist, daß er aber, sobald er sich von seinen Affekten befreit, zur Selbstverfügung kommt. Der Weg zur Selbstverfügung ist, wie sich am Ende zeigt, zugleich der Weg zur Unvergänglichkeit. Zum Verstehen des Einbaus der Forderung nach Affektbeherrschung in das System bedarf es einiger Erläuterungen.

Ein Affekt ist für Spinoza (nach der psychophysischen Affektdefinition) eine Modifizierung des Körpers, die seine Leistungsfähigkeit vermehrt oder vermindert und stets mit der Vorstellung dieser Modifizierung im Attribut der Denkung verbunden ist. Weil aber die betreffende Modifizierung von außen her verursacht wird, verfügt der Geist nicht über ihre Ursachen. Das heißt in der Terminologie dieser Schule: der Geist hat keine klare und deutliche, sondern nur eine undeutliche Vorstellung von ihr. Hier findet sich eine etwas andere Begründung für die Undeutlichkeit der Affekte, als sie der Cartesianismus gab; sie gleicht bereits der leibnizschen. Die Ursachen von Modifizierungen des Körpers, die wir selbst hervorrufen, sind uns dagegen bekannt. Das heißt in der Terminologie dieser Schule: der Geist hat klare und deutliche Vorstellungen von ihnen. Aus der Deutlichkeit oder Undeutlichkeit der Erkenntnis läßt sich umgekehrt auf Selbstverursachung oder Fremdverursachung schließen. Wir haben uns selbst als die adäquaten Ursachen unserer Zustände anzusehen, wenn sie allein aus der Vorstellung unseres Leibes klar und deutlich abgeleitet werden können. Dagegen haben wir uns als die inadäquaten Ursachen in Wirklichkeit von außen her verursachter Zustände anzusehen, wenn sie durch Bestimmungen aus einer anderen Idee als der Idee unseres eigenen Leibes begründet werden müssen. Daraus ergibt sich eine grammatische Regel. Wir heißen „handelnd", sofern wir in dem genannten Sinn adäquate Ursachen sind, und „leidend", sofern wir in dem genannten Sinn inadäquate Ursachen sind. Weil Affekte, wie schon Descartes gelehrt hat, keine klaren und deutlichen Vorstellungen sind, bleibt nach diesen Bestimmungen nur übrig, daß sie Erleiden sind. Erleiden aber ist das Gegenteil von Handeln oder Selbstverfügung.

Als undeutliche Vorstellungen gehören die Affekte, wie ebenfalls bereits Descartes gelehrt hat, in den Bereich der Sinnlichkeit im Gegensatz zum Bereich der Vernunft als des diskursiven Denkens und zum noch höheren Bereich des *intuitus* als der unmittelbaren Schauung des Geistes. Sinnlichkeit ist insgesamt ein Zustand des Leidens. Man darf aufgrund der genannten Bestimmungen vermuten, daß Lösung von den Affekten und Eintritt in den Zustand der Freiheit mit der Abkehr vom Leiden der Sinnlichkeit durch Hinwendung zunächst zur diskursiven Vernunft als einer Instanz der deutlichen Erkenntnis zusammenhängen. In den Stellen, an denen Spinoza diesen Gedanken nahelegt, scheint die große Umkehrpredigt des reformierten Cartesianismus in den Niederlanden gegen die Sinnlichkeit wieder aufzuleben. Zugleich ist aber die diskursive Vernunft der Weg zur Schau und die Schau der Weg zur erkannten Unvergänglichkeit. Deshalb arbeitet jemand, der seine Affekte überwindet und zunächst auf die Stufe der diskursiven Vernunft gelangt, zugleich für die Gewißheit seiner Unvergänglichkeit: wer seine Affekte aufhebt, das wird sich zeigen, hebt seine Endlichkeit auf. Umgekehrt haben wir Affekte nur, sofern wir endlich sind, denn Leiden setzt ein Innen und Außen voraus. Ein Affekt ist (nach der psychischen Affektdefinition) ein Leiden unserer Seele und eine undeutliche Vorstellung, mit der die Seele ihrem Leib oder einem seiner Teile ein größeres oder geringeres Vermögen unterstellt, sich selber zu erhalten. Diese Vorstellung determiniert wiederum die Seele zu bestimmten Folgevorstellungen. Mit dem Stichwort „Selbsterhaltung" gelangt man bei der Behandlung der zweiten Grundfrage dieser Ethik, der Frage nach der Möglichkeit der Affektbeherrschung als angemessener Form der Selbstverfügung, unversehens wieder zu der ersten Frage, die die Sorge um die Vergänglichkeit des Menschen betrifft.

Das an antike Konzepte erinnernde Verlangen nach Selbsterhaltung, von dem die *„Ethica"* wie von einer bloßen Selbstverständlichkeit ausgeht, klingt in den Ohren des cartesianischen Lesers, wie weit die Formulierung auch in der europäischen Geschichte zurückverfolgbar sein mag, zunächst wie eine Verallgemeinerung des damals noch neuen Trägheitsgesetzes, das bei Descartes als „erstes Gesetz der Natur" erscheint. Spinoza nimmt unter deutlicher Anspielung auf das cartesische Gesetz der Zustandserhaltung an, daß jedes Ding nach Möglichkeit im Dasein verharrt. Auch diese Annahme ist nicht unmotiviert, jedoch kaum zwingend – es finden sich in der Geschichte bedeutende Kontexte, die auf sie verzichtet haben. Der Mensch, meint Spinoza, strebt danach, sich selbst im Dasein zu erhalten, gleichgültig, ob er auf der Stufe der Affekte, des Denkens oder des Schauens steht. Ein Unterschied besteht allenfalls darin, daß er auf den höheren Stufen besser beurteilt, wie seine Chancen sind, und sich infolgedessen angemessener verhält. Das der Trägheit analoge Streben nach Selbsterhaltung ist für die „*Ethica*" fundamental, weil ihr Glückseligkeit als das Gelingen der Selbsterhaltung gilt. Erhaltung ist nicht Lohn der Tugend, sondern letzten Endes Tugend selbst. Wenn man aber die Affekte, deren Beherrschung im Sinn der zweiten Grundfrage dieser Ethik erstrebt wird, einem Kriterium unterwerfen will, muß man im Einklang mit dem ersten ethischen Grundinteresse untersuchen, ob sie die Selbsterhaltung fördern oder nicht. Dadurch erhält man eine Antwort auf die Frage, ob die Tendenz eines bestimmten Affektes zu bejahen ist oder nicht.

Man bekommt also auf die beiden ethischen Grundfragen des Spinozismus letzten Endes nur eine einzige Antwort. Unter den Bedingungen der Zeitlichkeit gilt als wünschenswert, was die Leistungsfähigkeit des Leibes vermehrt, und als schädlich, was sie vermindert – als böse, was den Leib beschädigt, und als gut, was ihn erhält. Vieles spricht dafür, in dieser Frage nicht die Sinnlichkeit zur Instanz zu machen. Denn zur richtigen Entscheidung über Nutzen und Schaden und über Gut und Böse ist schon unter den Bedingungen der Zeitlichkeit nicht etwa die Sinnlichkeit, sondern nur die Vernunft (zunächst als diskursive) imstande: man pflegt den verständigen Arzt und nicht den Appetit zu fragen, ob etwas förderlich ist. Deshalb bedeutet „*ex ductu rationis* zu leben" oder „unter der Leitung der Vernunft zu leben" zunächst nur soviel, daß man mit Hilfe der Vernunft und nicht mit Hilfe der Sinnlichkeit versucht, sein Dasein zu erhalten. Die diskursive Vernunft ist aber zugleich das Vermögen, mit dem wir im Wege unserer Befreiung undeutliche Vorstellungen in deutliche zu übersetzen lernen. Also dient die Vernunft, die zur Erhaltung unseres Daseins dient, zugleich zu unserer Befreiung von Affekten, so daß die Antwort auf die erste Frage dieser Ethik zugleich die Antwort auf die zweite impliziert.

VIII Beherrschung der Affekte ist Unvergänglichkeit

Die Möglichkeit, der Forderung nach Affektbeherrschung und Unvergänglichkeit gerecht zu werden, wird in der „*Ethica*" mit metaphysischen Erwägungen begründet, die wiederum die schon in der Physik so fruchtbare spinozische Umformung des cartesischen Grundthesenkomplexes nahelegt. Nachdem diese Umformung dem Spinozismus eine Lösung für die von Descartes veranlaßten Komplikationen im Verhältnis von Gott und Natur, Natur und

Gesetzlichkeit und Seele und Körper vorzuschlagen erlaubt hat, erleichtert sie nun die Überwindung jener fundamentalen praktischen Schwierigkeiten, für die der Cartesianismus gegebenenfalls eine Lösung wußte, jedoch eine Lösung, die aus dem Fundus des längst Akzeptierten und nicht aus den Grundsätzen der neuen Lehre stammte. Ich habe auf solche Schwierigkeiten am Ende des vorigen Kapitels hingewiesen.

Das nächstliegende Problem ist vermutlich das der Leiblichkeit, präzisiert als Problem des Verhältnisses der Person zu ihren Emotionen, die durch die anthropologische Konstruktion Descartes' zu bloßen Indikatoren für die Erfordernisse und Zustände des der Seele zugeteilten Organismus geworden sind. Ihre Einschätzung wird im Spinozismus noch prekärer als bei Descartes, und das entspricht der spinozischen Behandlung der gesamten Sinnlichkeit. Doch rücken sie zugleich in das Zentrum der Aufmerksamkeit, weil sie zum Ansatzpunkt für alle ethischen Bemühungen werden. Sie begründen die menschliche Knechtschaft, und diese Knechtschaft ist zugleich Vergänglichkeit. Unter „Knechtschaft" versteht Spinoza das Unvermögen des Menschen, mit den Affekten fertig zu werden, die er erleidet, weil er als Modus ein endlicher Teil der Substanz ist, dessen Zustände nicht sämtlich aus ihm selbst und ohne Rückgriff auf andere Teile der Substanz begriffen werden können. Denn das Wachsen und Beharren der Affekte wird durch Ursachen außerhalb des Menschen bestimmt, und er steht in Knechtschaft, sofern er sich von außen her zu Zuständen determinieren läßt, die nicht primär ihm selbst, sondern den Bedingungen ihm äußerer Modi angemessen sind. Solche Zustände sind z. B. Haß, Verachtung und Mitleid. Die Möglichkeit, sich ihnen zu entziehen, eröffnet die Vernunft. Affekte als undeutliche Vorstellungen sind etwas Blindes, Verhängtes und Undurchschaubares. Wenn sich der Mensch jedoch bemüht, zu deutlichen Vorstellungen zu gelangen, dann gewinnt er Einsicht in Gesetze und in die Notwendigkeit alles Geschehens. In der Helle dieser Notwendigkeit schwindet das Blinde, Verhängte und Undurchschaubare. Der Mensch ist von seinen Affekten befreit, ist, da er die Gesetze bejaht, allein sich selbst zu Willen und wird nicht mehr getrieben, sondern tut mit Einsicht und Gelassenheit, was sich als unumgänglich erweist. Dies bedeutet, daß er frei geworden ist und Selbstverfügung hat. Spinozas Beschreibung des frei gewordenen Menschen am Ende des Vierten Teils der *„Ethica"* gehört zu den eindrucksvollsten Texten der Philosophie, die ich kenne.

Affekte sind Leiden, und das Mittel gegen Leiden ist Handeln. „Handeln" wurde als „klare und deutliche Erkenntnis" definiert. Das wirkt nicht sehr erstaunlich, wenn man sich vergegenwärtigt, daß Spinoza die Parallelität der geistigen Abläufe zu materiellen Veränderungen lehrt: jedem klaren und deutlichen Erkenntnisakt entspricht eine (in ihren Ursachen und ihrer Tragweite erkannte) physikalische Zustandsänderung innerhalb des Körpers selbst. Sofern ein Affekt als Leiden eine undeutliche Vorstellung ist, besteht das Mittel gegen ihn in Handeln als klarer und deutlicher Erkenntnis. Man wird von ihm befreit, indem man ihn in einen Kontext klarer und deutlicher Vorstellungen übersetzt, denen im Attribut der Leiblichkeit synchrone Handlungen entsprechen. Spinoza entwickelt bei der Behandlung der Technologie solcher Übersetzungen Methoden der Emotionsbalance und Emotionsneutralisierung, die gegenüber den Empfehlungen der Cartesianer in mancher Hinsicht originell und außerdem vermutlich praktikabel sind. – Auf den ersten Blick scheint es sich hier um Bemühungen zu handeln, die nur zur Befreiung unter den Bedingungen der Zeitlichkeit führen und bei denen, weil der Mensch ein endlicher Modus ist, sein Tod im Spiele bleibt. Sie lösen also befriedigend das Problem der zweiten, in dieser Form jedoch noch nicht das Problem der ersten Grundfrage der spinozischen Ethik. Hier tritt der Gedanke ein, daß dieselben Bemühungen, die zunächst der Erhaltung des Modus dienen, am Ende, wenn das diskursive Denken in die Schau umschlägt, auch zur endgültigen Behebung der Vergänglichkeit führen. Der Mensch kann ihr nämlich erkennend entweichen, wenn ihm der Übergang von der Stufe des sukzessiven Diskurrierens zu der höheren Stufe der simultanen Schau gelingt. Wie sich dieser Übergang vollzieht, wird nicht sehr deutlich beschrieben, doch ist vermutlich an eine Modifizierung des Übergangs von den Einzelschritten der Demonstration zum Überschauen des Ganzen gedacht, den Descartes an mehreren Stellen erwähnt, z. B. in der 7. *Regula.* Schon bei Descartes bringt die Überführung der sukzessiven Erkenntnis durch beweisende Schritte in die simultane Erkenntnis beim schließlichen Überschauen des Gesamtverfahrens eine Angleichung des Menschen an Gott. Denn Gott ist gerade dadurch ausgezeichnet, daß er alles in einem Nu erkennt. Diese Tendenz zur Vergöttlichung wird bei Spinoza viel stärker.

Der Übergang zur Schau ist die Entwindung aus den Bedingungen der Zeitlichkeit und zugleich die radikale Überwindung der Affekte. Danach bedarf es, um undeutliche Empfindungen zu übersetzen, nicht mehr der immer neuen Bemühung des Hin- und Herwechselns von deutlichen Prinzipien zu deutlichen Folgerungen und ihrer Anwendung, sondern alles liegt (das ist die Frucht sehr langer intensiver Übung) zugleich im Blick. Sobald die diskursive Erkenntnis in die Schau übergeht, geht aber die Befreiung von den Affekten, die zunächst, weil sie der Selbsterhaltung dient, den Untergang des Modus hinausschiebt, in die endgültige Befreiung von der Vergänglichkeit über. Denn diese Schau ist Anschauung Gottes, und jeder weiß schon aus der gewöhnlichen Sprache, daß *visio beatifica* und Unvergänglichkeit dasselbe ist. Weil Gott, von dem kein Attribut verneint werden darf, unendlich vollkommen ist, muß der Mensch ihn lieben. So wird die Anschauung Gottes durch den Geist unmittelbar zur Liebe des Geistes zu Gott, zum *amor Dei intellectualis.* Dieser Weg des Geistes zur Anschauung und zum Lieben der Substanz führt über die Beschäftigung der diskursiven Vernunft mit der *natura naturata,* und die Glückseligkeit des Menschen ist erreicht, wenn er nach langer Gewöhnung gelernt hat, in jeder Situation den Zusammenhang von naturierender und naturierter Natur gegenwärtig zu haben, der ihm sein immerwährendes Beharren im Sein garantiert. In der Anschauung Gottes sieht er die Ursachen aller Veränderungen des Körpers in Gott. Dadurch erkennt er an diesen Veränderungen ihre Notwendigkeit und Schönheit. Was ihm ohne den Blick auf Gott verhaßt oder angsterregend erscheinen müßte, erkennt er nun als wünschenswert und angemessen, weil er es im Kontext der Gesetzlichkeit des Universums sieht. Geist und Körper sind flüchtige Modi. Was immer ihnen aber zustößt, folgt aus der Notwendigkeit der Attribute Gottes, und sofern der vollkommene Gott alle Ketten von Folgen aus sich hervortreibt, sind Leib und Seele mit seiner geliebten Unvergänglichkeit untrennbar verbunden.

In dieser Erkenntnis besteht der letzte Schritt. In Gott als dem Ursprung aller möglichen Notwendigkeiten ist das Wesen unseres Leibes und unserer Seele so aufbewahrt, wie in jedem Kreis die Möglichkeit aller seiner Sehnen aufbewahrt ist. Ist aber unser Wesen in Gott aufbewahrt, dann ist unser Wesen so unvergänglich wie er – wie immer auch die sorgsame Bewahrung des Leibes durch die Vernunft am Ende scheitern mag. Diese Einsicht befreit die Seele nicht nur von der Last der Vergänglichkeit und nimmt ihr Lust und Schmerz und Gier, sondern bringt sie auch zur erkannten Vereinigung mit ihrem Ursprung. Diskursive Vernunft und Einsicht in Gesetze geleiten den Menschen bis zur Anschauung Gottes, die ihm die letzte Befreiung bringt. Dank dieser Anschauung erkennt er sich schon in der Zeit als einen Teil der Ewigkeit, der im Wesen unzerstörbar ist. Er erblickt sich selbst und die Dinge nicht länger in jener angsterregenden Isolierung und Gefährdung, die durch die raumzeitliche Explikation des Seins nur vorgespiegelt wird und in der die Dinge lustvoll oder schmerzlich sind. Jetzt erkennt er alles *sub specie aeternitatis* in seiner Bindung an die eine Substanz, die der scheinbaren Isolierung die Schrekken nimmt, und in seiner Notwendigkeit als Wesensausdruck jenes Gottes, den er lieben muß, sobald er ihn erkennt. Dadurch ist der Mensch im Sinn der zweiten Grundfrage der spinozischen Ethik habituell von den Affekten befreit (deshalb ist die Glückseligkeit nicht der Lohn des Tugendhabitus, sondern dasselbe wie der Tugendhabitus). Auch ist der Mensch, der so im sicheren Genuß der Selbstverfügung steht, im Sinn der ersten Grundfrage seiner Unvergänglichkeit versichert und gleichzeitig erkennend mit seinem Ursprung vereinigt.

Die spinozische Metaphysik, die auf einer Umstrukturierung des cartesischen Grundthesenkomplexes beruht, begründet also nicht nur die Möglichkeit der Befreiung von den Affekten und von der Vergänglichkeit, gibt nicht nur eine Besitzstandgarantie, sondern verspricht zugleich die völlige Vereinigung des scheinbar in ein fremdes Universum Versprengten mit seinem Ursprung, und damit beweist diese verhältnismäßig geringfügige Kontextveränderung ihre beispiellose Effizienz. Die Schau erfüllt den Menschen mit geistiger Freude und äußerster Stille. Weil er sich selbst als einen Modus der Substanz erkennt, ist auch die Anschauung seiner selbst zur Anschauung Gottes geworden, die ihn zur Liebe Gottes führt. Diese Liebe vereinigt die schauende Seele mit dem Ewigen, und die Affekte sinken in die Zeit. Weil Gott vollkommen ist und seine Denkung keine Schranken hat, liebt er sich selbst. Weil aber alle Attribute in sich unendlich gegliedert sind, erweist sich unsere Liebe zu Gott als Teil der Liebe Gottes zu sich selbst. Liebe des Menschen zu Gott und Liebe Gottes zum Menschen sind dasselbe, und damit ist der Gott liebende Mensch bei vollem Wissen und voller Bejahung seiner Veränderlichkeit in Gottes Unzerstörbarkeit hineingenommen.

Auf die beiden Fragen nach der Selbstverfügung als Affektfreiheit und nach der Unvergänglichkeit des Menschen gibt also Spinoza unter Berufung auf seine Grundthesen, die sich bereits in der Physik als außerordentlich fruchtbar erwiesen, die Antwort einer umfassenden Heilslehre. Befreiung von Affekten wird möglich durch die deutliche Erkenntnis des Verhältnisses von Substanz und Modus, aber durch die deutliche Erkenntnis des Verhältnisses von Substanz und Modus erlangt der Mensch zugleich die Erkenntnis seiner eigenen Unvergänglichkeit und wird, sobald sie in die Schau des Geistes umschlägt, mit Gott bewußt und liebend vereinigt. Diese Ethik wirkt außerordentlich eindrucksvoll und konsistent. Spinoza beansprucht darüber hinaus, daß sie aufgrund der geometrischen Methode entscheidbar sei. Dieser Anspruch besteht allerdings nicht zu Recht, gleichgültig, ob er prinzipiell erfüllbar ist oder nicht. Auch der Adressat der *„Ethica“* befindet sich in der Situation des Hinnehmensollens, deren Beendigung zum Programm dieses Buches gehörte. Das ist für ihn nicht angenehm, denn es verbietet ihm, die spinozische Theorie des Heils mit theoretischer Gewißheit zu akzeptieren oder zu verwerfen. Er bleibt auf indirekte Erweise wie Quasibewährung oder Quasinichtbewährung angewiesen. Die aufwendigste Möglichkeit einer indirekten Überprüfung der Ethik Spinozas wäre ihre Befolgung auf bloßes Vertrauen hin, wie am Anfang dieses Kapitels angedeutet wurde. Dieses Verfahren ist aber vermutlich etwas riskant. Ein weniger aufwendiges Verfahren wäre die Vorüberlegung, ob nicht gewichtige Gründe von vornherein dagegen sprechen, der „*Ethica*" ein solches Vertrauen entgegenzubringen.

Einen derartigen Grund könnte man in Spinozas besonderer Einschätzung der Affekte sehen, die seiner Einschätzung der sinnlichen Wahrnehmung entspricht. Doch wäre es gründlicher, den Ansatzpunkt zu überprüfen. Wenn es tatsächlich die zentrale Frage der Ethik zu sein hat, wie der einzelne mit seiner Stellung im Weltall nach ihren beiden Aspekten der Determiniertheit und Vergänglichkeit zu Rande kommen kann, dann spricht für Spinozas „*Ethica*" ein entscheidendes Argument. Sie lehrt den einzelnen, im Angesicht des universalen Determinismus gelassen zu bleiben. Er braucht nur zu erkennen, daß alles so, wie es geschieht, zu geschehen hat, weil das innerste Gesetz des Universums es verlangt. Weil er selbst ein Teil des Universums ist, ist das Gesetz des Universums zugleich sein eigenes Gesetz: Schicksalsbejahung wird zu Selbstbejahung, denn der Unvergänglichkeit des Ganzen, das den Menschen aus sich hervorbringt und in sich behält, kann kein Prozeß im Weltall Abbruch tun. Diese Konstruktion könnte durchaus zu einer befriedigenden Lösung der menschlichen Fragen führen, wenn die Voraussetzung, von der sie ausgeht, sich halten ließe.

Es fragt sich aber, ob eine Belehrung darüber, wie der einzelne das Leben im Universum zu ertragen vermag, tatsächlich die zentrale Aufgabe einer Ethik darstellen kann, die allgemein praktikabel sein möchte. Dagegen spricht, daß eine solche Privatisierung des Glücksproblems Abhängigkeiten des Individuums vernachlässigt, auf deren Wahrnehmung es angewiesen ist und deren Berücksichtigung ihm Verbindlichkeiten auferlegt, denen er mit der spinozischen Theorie nicht gerecht werden kann, die es aber in der Praxis möglichst nicht vernachlässigen sollte. Deshalb könnte man der Ansicht sein, daß die Frage nach der Befreiung des einzelnen von seinen Affekten und selbst die Frage nach seiner Vergänglichkeit unter einem Teilaspekt zwar als zentrale Frage erscheinen mag, daß sie sich aber, aufs Ganze gesehen, als eine Nebenfrage erweist, die nebenbei beantwortet werden kann. Sobald man ihr ein solches Gewicht gibt, wie es Spinoza tut, gerät die Bestimmung des einzelnen aus dem Blick, daß er mit Anderen zu leben hat und ohne sie nicht leben kann. Aus dieser Bestimmung ergeben sich Schwierigkeiten, die mit den Schwierigkeiten der Affektbeherrschung und Vergänglichkeit zumindest konkurrieren. Sie können nur dann in den Hintergrund abgedrängt werden, wenn eine Theorie die gänzliche Abhängigkeit des einzelnen von anderen erst auf dem Umweg über eine vermittelnde Instanz als wichtig erscheinen läßt. Eine solche Instanz ist bei Spinoza die Substanz, die jeden Menschen in gleicher Weise hervorbringt und ihn mir dadurch zwar verbunden macht, mich aber auch, weil sie ihn aus ihrer eigenen Notwendigkeit hervorbringt, der unmittelbaren Sorge für ihn enthebt. Daß sich ein solches Privatisierungskonzept in der Praxis überhaupt nicht oder allenfalls parasitär verwirklichen läßt und daher unerachtet der Konsistenz und Schönheit des Systems nur sehr begrenztes Vertrauen verdient, läßt sich mit Hilfe trivialer Überlegungen wahrscheinlich machen.

Obgleich sich aber dieses Konzept wegen der Ausgangsbedingungen des Menschen, zu denen seine Abhängigkeit von anderen gehört, nicht allgemein realisieren läßt, ist das Problem des individuellen Unglücks, sofern es als Affektbehaftetheit und als Vergänglichkeit des einzelnen empfunden wird, verhältnismäßig leicht zu relativieren (und die Erfahrung der Ethiken zeigt, daß Relativierung des Unglücks eine Art von Glück ist, die man mit einiger Wahrscheinlichkeit erreichen kann). Tritt nämlich die Sorge des einzelnen um sich selbst gegenüber der Sorge um andere in den Hintergrund, so ist ein Teil des individuellen Glücksproblems, das Spinoza im unmittelbaren Zugriff lösen wollte, ohne die Vernachlässigung einer wesentlichen Ausgangsbedingung zumindest insofern gelöst, als es nicht mehr erscheint. Die spinozische Ethik vernachlässigt dagegen diese Bedingung, sofern sie den Eindruck erweckt, als könnten die einzelnen ihr Glück unter Umgehung ihrer Abhängigkeit von anderen im direkten Zugriff erreichen. Daraus dürfte folgen, daß sie auch, sofern sie nicht ganz zeitgebunden ist und mit anderen Ethiken konkurriert, als allgemeine Ethik kaum empfohlen werden kann. Diese Feststellung könnte aber wiederum für die Beurteilung der spinozischen Metaphysik von Bedeutung sein, sofern diese mit anderen Metaphysiken konkurriert und sich der unmittelbaren Entscheidung entzieht. Denn wenn die spinozische Ethik tatsächlich aus der spinozischen Metaphysik abgeleitet sein sollte, dann darf man angesichts der Regeln der Implikation wie der Äquivalenz die Frage stellen, ob diese größeres Vertrauen verdient als jene (denn $W \rightarrow F$ und $W \equiv F$ sind gleichermaßen falsch). Sollte diese Frage sich verneinen lassen, dann gäbe der Spinozismus ein Beispiel dafür, daß für nicht unmittelbar

entscheidbare theoretische Entwürfe zumindest eine Art von indirekter Probe möglich sein kann, die Überprüfung ihrer praktischen Folgen zur Feststellung der Quasibewährung oder Quasinichtbewährung.
Diese Überlegungen treffen allerdings die *„Ethica"* insofern nicht, als Spinoza nie beansprucht hat, einen Weg zu zeigen, den alle Menschen gehen können. Er schreibt bewußt eine Ethik für Wenige. Sein Heil ist nicht ein Heil für alle, ja nicht einmal ein Heil für viele. Der Einwand gegen sein elitäres Konzept, es lasse sich nur parasitär verwirklichen, geht von Voraussetzungen aus, die nicht selbstverständlicher (wenngleich insgesamt wohl ein wenig plausibler) sind als die des Spinozismus. Sie beruhen wie diese auf einer Entscheidung. Welche Entscheidung Aussicht hat, sich besser durchzusetzen, liegt auf der Hand, weil es von Natur mehr Nichtspinozisten als Spinozisten gibt. Daß es mehr Nichtspinozisten als Spinozisten gibt, hängt, auf die Dauer gesehen, damit zusammen, daß der Spinozismus Dinge verlangt, die (völlig abgesehen von der Frage, ob sie auch nützlich sein mögen) sehr schwierig sind. In der geschichtlichen Situation des Spinozismus hing es außerdem damit zusammen, daß Spinoza akzeptierte Essentials wie z. B. die göttliche Transzendenz nicht respektiert hat. Dessenungeachtet bietet seine Philosophie ein Beispiel dafür, daß schon eine geringfügige Korrektur im Bereich der Grundthesen, wenn sie gut durchdacht ist, imstande sein kann, für schwierige Folgeprobleme einer Innovation eine überraschend einfache Lösung zu geben. Die spinozische Lösung ist an theoretischer Effizienz kaum zu überbieten. Sie lehrt jedoch zugleich, daß einer Lösung, die so zentrale Essentials verletzt, trotz ihrer theoretischen Effizienz die Akzeptierung versagt zu bleiben pflegt. Zur öffentlichen Heilung von Nebenfolgen des Cartesianismus, die zu den ursprünglichen Intentionen dieses Erklärungskontextes gehörte, hat denn auch der Spinozismus nur insofern beigetragen, als spätere Autoren in ihm enthaltene Lösungsvorschläge rezipierten, ohne auf deren Herkunft hinzuweisen.

Anmerkung zu Seite 158

Die Geschichte des *Commerciums* habe ich in meinem Cartesianismus-Buch ausführlicher erörtert[1]. W. *Janke* (Köln) hat die erste Besprechung dieses Buches in einem deutschen Fachorgan verfaßt[2]. Sie gehört zur Klasse der herben Rezensionen, die gewöhnlich für Autoren die nützlichsten sind. Doch haben mich in diesem Fall nicht neue Einsichten, die mir die Rezension vermittelt hätte, für ihre Herbheit entschädigt. Denn der Rez. war (vermutlich, weil ihm der Sachverhalt nicht vertraut genug ist) nicht in der Lage, zutreffend zu referieren oder über meine Argumentation Kommentare abzugeben; im übrigen versieht er den Leser nicht mit der Möglichkeit, zwischen Referat und Kommentar zu unterscheiden. Nun ist das alles nicht besonders wichtig, es sollte aber an irgend einer Stelle festgehalten werden. Deshalb folge ich einem bewährten deutschen Gelehrtenbrauch und gehe hier anhangweise auf die genannte Besprechung ein.

1. In meinem Buch vertrete ich die Meinung, daß Descartes, dem die Substanzentrennung das Verhältnis von Leib und Seele zum Problem macht, möglicherweise von der scholastischen Engellehre eine Anregung zu seiner Lösung dieses Problems empfangen hat. Ich unterscheide dabei Problem und Lösungsverfahren und versuche, in Hinsicht auf das letztere zu zeigen, „daß die scholastische Engellehre eine klare Unterscheidung von vitalen und mechanischen scheinvitalen Akten pflegte und eine Ausnahmephysik für von Engeln angenommene Leiber entwickelte, deren scheinbar vitale Funktionen nicht durch substantielle Formen und reale Qualitäten, sondern durch räumliche Bewegung zu erklären sind" (C 13). Dem Rez. ist entgangen, daß nur von der möglichen Übernahme eines Lösungsverfahrens (nicht eines Problems) die Rede ist (vgl. C 22). Ich habe z. B. nicht behauptet, daß die Engellehre Descartes zur „grundsätzlichen Rechtfertigung einer mechanischen Physiologie" (R 95) dienen sollte. Bevor man eine solche Physiologie grundsätzlich rechtfertigen kann, muß man aber erst einmal auf den Gedanken gekommen sein, sie zu machen. Ausdrücklich zur Erklärung dieses nicht trivialen Details der Invention habe ich meine Vermutung geäußert. Der Rez. wendet ein, Descartes' Physiologie mache gerade das „reelle Automaten-Gefüge von Organen (Herz, Gehirn, Auge, Muskeln) als System ineinander greifender mechanischer Prozesse zu ihrem Thema" (R 95). Entsprechende Einschränkungen hätte er auch bei mir nachlesen können, z. B. C 24. Allein um das Verfahren der mechanischen Darstellung organischer Akte ging es mir, und selbstverständlich arbeitet Descartes, wenn er es benützt, mit einer

1 *Commercium Mentis et Corporis.* Über Kausalvorstellungen im Cartesianismus, Stuttgart-Bad Cannstatt 1966 (zitiert als „C").

2 Philosophische Rundschau, eine Vierteljahresschrift für philosophische Kritik, herausgegeben von Hans-Georg Gadamer und Helmut Kuhn, XVIII/1, 2 (1971), S. 92—105 (zitiert als „R").

anderen Mechanik als die Engellehrer. Nun impliziert ein fundamentales Lösungsverfahren so etwas wie ein Forschungsprogramm, und das Verhältnis von Forschungsprogramm zu Forschungsergebnis ist kompliziert. Wenn der Rez. behauptet: „Für die konkrete Forschung (z. B. für die Innervierung eines Muskels oder die Bewegung des Herzens) läßt sich nicht der Funke einer Anregung aus der mittelalterlichen Lehre herausschlagen" (R 95), macht er die Sache zu einfach. Forschungsergebnisse hängen in der Regel mit Forschungsprogrammen zusammen, und sollte es in diesem Falle anders sein, dann müßte man das zeigen. Darüber hinaus behauptet der Rez., ich hätte den entscheidenden Unterschied zwischen Angelologie und cartesischer Physiologie, den *sensus spiritualis,* übergangen (R 94). Die Engellehre handelt bekanntlich nicht nur von guten Engeln, sondern auch von Dämonen. Beachtet man dies, so wirkt die Behauptung des Rez., sie sei „durchgehend" im *sensus spiritualis* zu verstehen, nicht unbedingt überzeugend („So gesehen, bilden die Erscheinungen der Engel keinen betrügerischen, sondern einen durch sich hindurchweisenden Schein" (R 94). Gibt auch das Essen der Dämonen „ein Sinnbild geistigen Essens, ein *indicium figurale* für geistige Gemeinschaft und einen Vorschein auf die Inkarnation des Gottessohns" (R 94)? So erbaulich ist das alles nicht, und die Gutachter, die sich in Hexenprozessen auf späte scholastische Angelologen beriefen, haben sie bestimmt nicht im spirituellen Sinn gelesen. Auf den Versuch, in diesem Zusammenhang aus dem Schweigen Descartes' ein Ja oder Nein herauszudeuten, hätte der Rez. besser verzichtet, und sein Hinweis auf AT V, 157 beweist nicht viel. Descartes hat über die Scholastik im allgemeinen und besonderen sehr despektierlich geredet, das hat ihn aber nie gehindert, sie nach Bedarf zu explotieren.

2. Bei der Besprechung meiner Hypothese von der scholastischen Herkunft der cartesianischen *Occasio*-Terminologien erklärt der Rez., daß bei Descartes der „sinngebende Grund der Telos-Lehre" des Aristoteles und „der Scholastik" ausgefallen sei — und „dann verliert die Rede von Zufallsursachen ihr Recht, und ihre Wörter werden zu usurpierten Begriffen" (R 97). Ich weiß nicht, wer die Kompetenz vergibt, Autoren die Benutzung öffentlicher Terme zu untersagen (das Reichsgericht zu Leipzig hat es z. B. für statthaft gehalten, von „inadäquater Verursachung" zu sprechen). Der Rez. unterschätzt den Umfang der Verbannung der Zweckursachen in der späteren Scholastik und überschätzt ihn bei Descartes. Deshalb muß er eine Ähnlichkeit zwischen beiden Strömungen in diesem Punkt für unwahrscheinlicher halten, als sie ist. Im übrigen behauptet er, meine Wortuntersuchung räume „auf einmal ein, beim Kommerzium werde die Kausalität auf eine eher lose Weise mit den umgangssprachlichen Ausdrücken von Anstoß und Gelegenheit umrissen" (R 97). Ich schreibe aber vor allem: „In fast allen Fällen, in denen Descartes das Wort zur Kennzeichnung des *commercium mentis et corporis* verwendet, läßt sich nachweisen, daß er mit seiner Hilfe eine klare Idee von akzidenteller und äquivoker Kausalität zum Ausdruck bringt" (C 44). Diese Behauptung belege ich seitenlang mit Stellen (C 47—55). Kenner haben sogleich bemerkt, daß hier ein beachtlicher neuer Aspekt der Sache zum Vorschein kommt. Dem Rez. ist es entgangen.
Meine Vermutung, mit dem Vordringen des Terminus „*Occasio*" kämen dessen althergebrachte Assoziationen göttlichen Eingreifens bei geschöpflichem Unvermögen zur Auswirkung (C 56), erscheint dem Rez. „geradezu raffiniert", „haarfein" und „wenig haltbar" (R 98). Das ist sein gutes Recht, denn ich habe nicht mehr Beweise

als er. Nur ist seine Behauptung falsch, ich vermutete solche Assoziationen allein im Falle Hoogelands und Cordemoys (R 98), denn ich gehe viel weiter (vgl. z. B. C 112–116, 135, 137–138, 144, 152, 159, 161). Der Einwand des Rez.: „Überhaupt dürfte es schwerlich der Anklang von Wörtern, sondern eher der Stachel einer Aporie sein, der das Denken forttreibt" (R 98), trifft vermutlich die Pointe nicht. Ich habe die Vermutung geäußert, „daß Descartes in seiner Auffassung mittelbarer Kausalität von der Scholastik beeinflußt war" (C 55) und daß dieses Modell der mittelbaren Kausalität, das mit Termen des *Occasio*-Bereiches tradiert worden ist, für bestimmte Probleme des Zusammenhanges von Leib und Seele mehr Lösungsverfahren bot als die, von denen Descartes Gebrauch gemacht hat. Sofern nicht schon das bloße Vorhandensein von Aporien, sondern ihre Überwindung das Denken forttreibt, und sofern ein Verfahren zur Überwindung (wie in diesem Fall) durch bestimmte Terme tradiert wird, darf man vermutlich mit Recht behaupten, daß auch „der Anklang von Wörtern" das Denken forttreibt.

3. An meiner Darstellung der Geschichte des Occasionalismus kritisiert der Rez., daß ich „die ebenso selbstlose wie fruchtlose Mühsal" auf mich nehme, sie mit der Erwähnung Heereboords, Regius' und Hoogelands anzufangen, obgleich sie „eigentlich" erst mit Clauberg beginne (R 98). Mir ist nicht klar geworden, weshalb er die genannten Autoren für „interessante Figuren der Kulturgeschichte" hält (ebd.), denn Heereboord ist bekanntlich für die Geschichte des Synkretismus und der akademischen Lehrfreiheit, Regius für die Geschichte der Medizin und Hoogeland für die Geschichte der medizinischen und pharmazeutischen Praxis von Interesse. Der Rez. erklärt: „In der Geschichte der Philosophie als einer Selbsterkenntnis des menschlichen Geistes haben sie keine Stelle", und zwar „wegen erwiesener Gedankenlosigkeit" (ebd.). Er spricht mir damit das Recht ab, unter „Philosophie" etwas anderes zu verstehen als zwei ihm nahestehende Strömungen der neueren deutschen Geistesgeschichte. Ich weiß nicht, wer ihn dazu ermächtigt hat, doch habe ich mir aus zwei Gründen erlaubt, die drei Autoren in einem philosophiegeschichtlichen Buch zu erwähnen. Erstens werden sie in anerkannten philosophischen Handbüchern besprochen, und zwar mit Formulierungen, die z. T. mit dem Textbefund nicht vereinbar sind — diesem Mißstand habe ich auf eine für den Rez. offenbar zu delikate Weise abgeholfen. Zweitens zeigt das Schicksal dieser Autoren, daß in der gegebenen Situation die „kleinen Lösungen" keine Chance mehr hatten, vom Publikum akzeptiert zu werden — ihm leuchteten nur noch „große Lösungen" ein. Ich halte das für eine wichtige Information, denn sie gibt einen Fingerzeig, wie es zu jener erstaunlichen Entwicklung kommen konnte, die der Rez. für die „Geschichte einer immer verstiegener werdenden Problemverstellung" (R 104) hält. Ich glaube nicht, daß man Autoren deshalb tadeln sollte, weil sie in einer bestimmten Situation für ein bestimmtes Publikum schrieben.

Der Bericht des Rez. über das, was er für die „eigentliche" Geschichte hält (R 98–101), krankt daran, daß er (trotz meiner Hinweise) nicht gemerkt hat, in welchem Umfang man sich schon innerhalb der Scholastik von der Concursus-Lehre distanziert und wie intensiv die Frage nach der Determinierung der Erstursache durch Zweitursachen schon in den Gnadenstreitigkeiten diskutiert worden ist. Er sieht z. B. nicht, daß in diesem Fall „die Tradition" (R 99) etwas anderes heißt als „die traditionellen Concursus-Lehren" (C 46), und gerät dadurch in so komplizierte

„Problemverstellungen“, daß der Sinn meiner Darlegung für den Leser fast unerkennbar wird. Die Frage, ob es unter diesen Umständen ratsam war, ein Urteil über den Ertrag meines Buches, ja über den Ertrag des Cartesianismus abzugeben, beantwortet der Rez. dadurch, daß er besonders pointierte Urteile fällt (R 100, R 103—104).

4. Bei einer solchen Urteilsfreudigkeit ist es kein Wunder, daß meine „Enthaltsamkeit im Urteil“ ihm befremdlich scheint, zumal sie einer „Beschränkung der Fragestellung“ entspricht (R 101—102). Ich trenne nämlich „die Betrachtung der Kausalmodelle von der philosophischen Grundfrage nach dem, was in Wahrheit und an ihm selbst ist, nach dem Sein der Substanz“, und tue so, als ob ein philosophisches Einzelproblem „sich abgetrennt von der Rückfrage in das Wesen und den Grund des Seienden lösen ließe“ (R 101). Dieses Fehlverhalten veranlaßt den Rez. dazu, nun seinerseits (gleichsam subsidiär) einen Abriß dessen zu geben (R 101—105), was in meinem Buch von Rechts wegen hätte stehen sollen. Mir als Beteiligtem steht kein Urteil darüber zu, ob dieser Abriß die Erkenntnis fördert. Ich finde allenfalls, daß er eine Reihe von Ungenauigkeiten enthält. Der Rez. ist z. B. der Ansicht, die durchaus traditionelle Zurechnung der Physiologie zur Physik, der sich Descartes nur anschließt, sei eine cartesische Erfindung (R 101); er tut so, als hätte die Seelensitzlehre schon in der ersten Hälfte des 17. Jahrhunderts die Erfahrung gegen sich gehabt (R 102) (hat sie das eigentlich heute?); er behauptet trotz meiner Nachweise, der Occasionalismus habe „zur Erschließung des commercium ein neues Fundamental-Verhältnis von Ursache und Wirkung ausgedacht“ (R 103); er übernimmt kritiklos den leibnizschen Einwurf, der Occasionalismus sei „eine Prinzip-Erhebung des Mirakels“, macht sich aber nicht klar, daß dieser Einwurf nur auf eine speziell leibnizsche und nicht auf die allgemein akzeptierte Bedeutung von „Mirakel“ rekurrieren kann (R 104); und er verwechselt offenbar den von Gilbert Ryle im ersten Kapitel des *„Concept of Mind“* zu speziellen Zwecken konstruierten „Descartes-Mythos“ mit einer philosophiehistorischen Erörterung.

Im übrigen erklärt er, eine Besinnung auf die Tradition sei in dieser Frage nur sinnvoll, sofern sie auf die von Descartes' Metaphysik „abgeschnürte Ontologie der ‚substantiellen Formen‘“ zurückgreife (R 104—105). Ich hätte also besser den Cartesianismus („Er hat das Problem des commercium in keinem Punkt gefördert“ [R 104]) gar nicht erst erwähnt und ohne einen solchen Umweg gleich „unbefangen bedacht, was das Wesen überhaupt und was das Wesen und die Wirklichkeit der Seele ist“ (R 105). Statt dessen habe ich durch meine „Jagd nach historischen Einflüssen das angekündigte (und bis heute durch den Cartesianismus verstellte) Problem des Commercium mentis et corporis aus dem Blick“ verloren — wie denn überhaupt die Jagd nach detaillierter historischer Erkenntnis „das Philosophieren als venatio sapientiae“ „stillstellt“ (R 93). Die Schwierigkeiten des Rez. mit der Philosophiegeschichte beruhen demnach nicht auf Mißgeschicken, sondern auf Metaphysik. Ich weiß nicht, was er unter „Sapientia“ versteht, aber ich weiß, was die europäische Tradition darunter verstanden hat. Auch habe ich früher den ignatianischen und den sulpizischen Weg gelernt und verstehe genug vom Handwerk, um unterscheiden zu können, was geht und was nicht geht. Nach meinen Erfahrungen kommt man dadurch, daß man sich in einem deutschen Seminar für Philosophie über das Wesen, die Substanz und über das, „was in Wahrheit und an ihm selbst ist“, in Hin- und

Widerreden ergeht, dem, was von altersher *„Sapientia“* heißt, nicht eine Elle näher. So leicht läßt sich die Weisheit nicht erjagen.

Den Rez. interessiert nicht die bescheidene Geschichte des Denkens, so wie es gewesen ist, er sinnt in philosophischer *gloire* über das Wesen nach. Die wirkliche Geschichte des Denkens erinnert aber unablässig an philosophische *misère*, und deshalb beschimpft er sie. Hätte er sich die Mühe gemacht, in dieser oder jener Hinsicht nachzuforschen, weshalb es gerade so gekommen ist und aufgrund welcher Bedingungen die tatsächliche *misère* sich jeweils kaum vermeiden ließ, dann spräche er weniger unbarmherzig über sie. Hätte er sich außerdem die Zeit genommen zu beobachten, daß große Philosophien stets auf den Schultern miserabler Lösungen stehen, dann könnte er sich mit der *misère* sogar solidarisieren, weil die *gloire* auch in der Philosophie aus ihr hervorwächst (und unverkennbar an ihr partizipiert).

Weil er schon vorher weiß, was wichtig ist und was herauszukommen hat, kann er das tatsächlich Geschehene unendlich verachten. Weil ihm die mühseligen Reaktionen der armen Menschen, die sich immer in Schwierigkeiten befinden und immer versuchen, aus ihnen irgendwie herauszukommen, gänzlich zuwider sind, sieht er in der cartesischen Metaphysik nur „die leicht fertige Substanzen-Theorie Descartes'“ (R 102), im Cartesianismus nur „fruchtlose Erdichtung“ und „Scheinwesen“ (103), in seinem Weg nur eine Geschichte „der selbstgemachten Schwierigkeiten“ (R 104). (Was zeichnet den Menschen aber anders aus, als daß er seine Schwierigkeiten selber macht?) Für den Rez. bedeutet der Cartesianismus „nicht den Umweg des Geistes, er ist einer seiner Abwege“ (R 104). Mutet er mir wirklich zu, ich hätte so etwas schreiben sollen? Weil ihm die wirkliche Geschichte unendlich verächtlich erscheint, setzt er als Punkt hinter alle „Scheinerfolge der Cartesischen Distinktionen“ (R 105) seine höhere Erkenntnis, daß sie nicht etwa ungewöhnlich leistungsfähige und erfolgreiche Verfahren zur Problemlösung anboten, sondern daß sie nur „Verirrungen menschlichen Fragens und Forschens“ waren. Um dieses gleichsam amtlich zu besiegeln, setzt er darunter (obgleich sie aus einem anderen Kontext stammt und andere Probleme ins Auge faßt) die aristotelische Stelle *De Anima* 412 b 6, nach welcher man nicht fragen darf, ob Leib und Seele eine Einheit sind. Ich wage zu bezweifeln, daß es dem Rez. wirklich lieber wäre, man hätte nicht gefragt.

5. Kapitel

Das neue Wirklichkeitskriterium

I Die Situation

Der Cartesianismus, dessen Geschichte erst mit der französischen Revolution zu Ende geht, sieht sich schon in der zweiten Hälfte des 17. Jahrhunderts einer neuen Richtung gegenüber, die Gassendi und anderen kontinentalen Autoren starke Impulse verdankt, jedoch in England ihre erste klassische Formulierung erfährt. Diese Richtung ist der Ansicht, daß der Cartesianismus die Treffsicherheit der menschlichen Vernunft weit überschätzt, und weist demgegenüber auf die Grenzen der Vernunft, die der verhältnismäßig schmale Bereich der menschlichen Erfahrung markiert. Weil damit die Frage der Wirklichkeits- und Wahrheitskriterien akzentuiert und als Kriterium die Erfahrung empfohlen wird, bekommt die neue Schule den Namen „Empirismus". John Locke, der als der Gründer des britischen Empirismus bezeichnet wird, war nicht allein als Philosoph bemerkenswert, sondern auch als Politiker und als Förderer dessen, was heute „Naturwissenschaft" heißt. Er war ein Freund Robert Boyles. Die beiden haben jahrelang in Oxford gemeinsam experimentiert und über ihre Experimente diskutiert. Ein Ergebnis dieser chemischen Fachdiskussionen war die moderne Umdeutung der Unterscheidung von "*primary*" und "*secondary qualities*", die bezeichnenderweise literarisch zuerst bei Boyle und nicht bei Locke erschien. Locke diskutierte mit Newton, und einiges spricht dafür, daß eine bestimmte Präzisierung des newtonschen Raumbegriffes auf solche Gespräche zurückzuführen ist. Er gehörte zugleich zu den Männern, die die Theorie des Gentleman entwickelten. Er war mit Thomas Sydenham befreundet, der nicht müde wurde, auf die Bedeutung der Beobachtung für die Medizin und für die Naturwissenschaften hinzuweisen. Der medizinisch interessierte Locke hat eine berühmte Operation erdacht und geleitet, den Leberzystenschnitt an Anthony Ashley Cooper, der später die Whig-Gruppe gründete und Erster Earl of Shaftesbury wurde (er war der Großvater des Philosophen Shaftesbury, des Dritten Earl, der nach den Anweisungen John Lockes erzogen wurde). Der hohe Patient, der die lockesche Operation überlebte, wahrscheinlich sogar infolge dieser Operation überlebte, entwickelte in den folgenden Jahren zusammen mit seinem Arzt einen

Teil der Ideen, die heute als klassischer Bestand des Liberalismus gelten. Derselbe Locke war an der Redaktion der Verfassung von Nordkarolina und Pennsylvanien beteiligt, und später stellte sich heraus, daß die Väter der nordamerikanischen Bundesverfassung seine politischen Schriften sehr genau gelesen hatten. Er mußte Anfang der achtziger Jahre vor den Stuarts nach Holland fliehen, kehrte aber 1688 mit Wilhelm von Oranien zurück und spielte, nachdem er mit Newton die große Währungsreform von 1695 organisiert hatte, eine führende Rolle im königlichen Board of Trade, der damals das britische Kolonialwesen neu organisierte.

Dieses Nebeneinander von politischen und wissenschaftlichen Bestrebungen, das für die Biographie John Lockes bezeichnend ist, scheint einen Schlüssel zur Deutung der lockeschen Philosophie zu bieten: der empiristisch, d. h. antitraditionalistisch philosophierende John Locke gehört zu den Ideologen des expandierenden Bürgertums (das übrigens ein besonders kompliziertes Phänomen darstellt). Er teilt seine Antitraditionalität mit Descartes. Sie begleitet gewöhnlich in der Philosophie des 17. Jahrhunderts die Versuche, die alte Führungsgruppe abzulösen. Doch das Bestehen auf dem Kriterium der ganz gewöhnlichen Erfahrung trennt die lockesche Philosophie von der cartesischen, die der bloßen Traditionalität des elitäre Kriterium ihrer klaren und deutlichen Einsicht entgegensetzt. Gewöhnliche Erfahrung ist demgegenüber ein Kriterium, das für die argumentative Einigung unter sehr vielen Gleichgestellten außerordentlich nützlich ist. Schon dadurch wird der lockesche Empirismus geeignet, den Whigs als Ideologie zu dienen, und es wäre naiv, den Namen für das von ihm propagierte Kriterium, "*experience*" oder "*observation*", zu akzentuiert im Sinne dessen zu deuten, was heute „experimenteller Befund“ heißt. "*Experience*" und "*observation*" sind zunächst etwas viel Elementareres, nämlich weniger etwas, das eine Minorität von Spezialisten mit größerem oder geringerem instrumentellem Aufwand produziert, als jenes Kriterium für Behauptungen über die politische, moralische und religiöse Praxis, das jeder Billy Smith mit dem König von England oder mit dem Erzbischof von Canterbury gemeinsam hat.

Das Bürgertum, das schon aus Gründen des Erbrechts in England ein weniger prekäres Verhältnis zum Adel hat als auf dem Kontinent, braucht politischen und wirtschaftlichen Spielraum, und dazu braucht es ideologischen Spielraum. Dabei steht ihm die Tradition, die es festlegen will, im Weg und hat eliminiert zu werden. Das wird mit folgender Argumentation versucht: Die angeblich geheiligte Tradition ist weder angeboren noch geoffenbart. Also ist sie fixierte vergangene Erfahrung. Privates Wissen ist aber ebenfalls weder angeboren noch geoffenbart. Also muß es ebenfalls aus der Erfahrung kommen. Das heißt: Tradition und privates Wissen sind prinzipiell ebenbürtig, und deshalb darf privates Wissen ohne jede Scheu mit der in der Tradition gleichsam geronnenen Erfahrung konkurrieren. Das antitraditionalistische neue Wirklichkeitskriterium Erfahrung gibt den vom Bürgertum erstrebten Innovationen eine Legitimität, die ihnen die Kriterien einer von anderer Seite für es verwalteten Tradition nie geben könnten. Das ist vermutlich das Geheimnis seines frappierenden Erfolges. Allerdings wird man kaum behaupten dürfen, der Empirismus sei schlechthin die Ideologie des Bürgertums. Er war die Ideologie des noch nicht arrivierten Bürgertums. Z. B. dachte die arrivierte Bourgeoisie der Restauration keineswegs empiristisch, sondern bekannte sich (gerade in bewußter Frontstellung gegen jede Art Empirismus, mit dem sie zu Recht „Revolution" assoziierte) zum *Spiritualisme éclectique*, also zu einer subtilen Art von Traditionalismus. Sie war auch keineswegs an der Vergesellschaftung politischer Entscheidungen interessiert, sondern konstituierte ein zensitäres System. Das Beharren auf Tradition hängt auch hier vermutlich mit dem Bestreben zusammen, einen mühsam gewonnenen *Status quo* zu behaupten, das Bestehen auf Abschaffung der Tradition dagegen mit dem Bestreben, einen akzeptablen *Status quo* zu erreichen.

Wenn man von der politischen Theorie einmal absieht, wird man sagen dürfen, daß die lockesche Philosophie außer bei der Formulierung des Erfahrungskriteriums nicht eben originell ist. Die Frage, wie der politsche Neuerer Locke von politischen Interessenten (v. a. auf dem Kontinent) nachträglich auch noch zum philosophischen Neuerer hochstilisiert worden ist, böte Gelegenheit zu eher delikaten Geschichten. Die Mehrzahl der Elemente dieser Philosophie ist nicht von Locke selbst entwickelt worden. Er rezipierte sie u. a. aus der konzeptualistischen Schulphilosophie, die er gelernt hatte, und aus den Schriften Gassendis. Wieviel darüber hinaus z. B. von Tendenzen und Hypothesen der Oxforder Gruppe, der er angehörte und aus der sich später die Royal Society entwickelte, in seine Philosophie übergegangen ist, läßt sich beim gegenwärtigen Stand der Arbeiten nicht exakt bestimmen, doch dürfte es nicht wenig sein. Mehr als in der Originalität ihrer Elemente scheint jedenfalls die Bedeutung der lockeschen Philosophie darin zu liegen, daß sie für die S-Wirklichkeiten der neuen Wissenschaft einen Erklärungskontext redigiert, der zugleich zur Begründung von Forderungen des Bürgertums geeignet ist. Der Erklärungskontext des Cartesianismus wird für unzureichend erklärt, und in der Tat deckt sein Kriterium der klaren und deutlichen Erkenntnis eher den Bereich des Möglichen als den des Wirklichen ab.

Daß bei seiner Einsetzung die Erfahrungswirklichkeit geradezu institutionell nicht zu ihrem Recht kommt, muß gerade dem Chemiker deutlich werden, dem es zu glauben schwerfällt, daß sich die Vielzahl der Stoffe und ihrer Eigenschaften, über die er sich den Kopf zerbricht, auf nur drei Kategorien reimen soll (auch in Deutschland bezeichnet ja der Chemiker Leibniz die Aussagen Descartes' über Stoffe der Chemie trotz dessen klarer und deutlicher Erkenntnis als *«pitoyables»*). Wenn Locke demgegenüber als Wirklichkeitskriterium die Beobachtung und als indirektes Kriterium die Rückführbarkeit auf Beobachtung einführt, so impliziert er bewußt, daß uns das innerste Wesen der Dinge, weil wir es nicht beobachten können, verborgen bleibt, auch wenn wir über Eigenschaften und Wirkungen gelegentlich verläßliche Äußerungen machen können. Diese Art von Skeptizismus ist aber wiederum für seine Politik sehr nützlich.
Es gab im 17. Jahrhundert eine eindrucksvolle Erfahrung, die die Entwicklung einer empiristischen Erkenntnislehre nahelegte. Fast alles, was die Wissenschaft Jahrtausende lang für wahr gehalten hatte, erwies sich angesichts der Ergebnisse einer bestimmten Art von Naturbeobachtung als unhaltbar. Eine solche Naturbeobachtung wäre freilich schon lange möglich gewesen, und die Pointe scheint nicht darin zu liegen, daß man sie nunmehr machen konnte, sondern darin, daß man sie plötzlich für nötig hielt. Diese Veränderung der Wünsche war ein Indiz dafür, daß sowohl das Kriterium der Überliefertheit als auch das Kriterium der klaren und deutlichen Erkenntnis als unbefriedigend empfunden wurde und gefährdet war. Das Ergebnis einer neuen Art von Beobachtung sprengte die überlieferte und die cartesische S-Welt und ließ zuerst den überlieferten und dann den cartesischen Erklärungskontext als unbrauchbar erscheinen, wie viele Details aus der Masse des Abgetanen man später auch in die neuen Systeme übernahm. Trotz dieser zweifachen Enttäuschung erwies der Mensch sich als fähig, noch einmal eine neue S-Welt und einen neuen Erklärungskontext zu konstruieren. Diese Neuerfahrung der Wirklichkeit und diese Neuformulierung der Wissenschaft, die zweimalige Bewältigung einer fundamentalen Desorientierung durch das Denken des 17. Jahrhunderts verriet eine vorher ungeahnte Elastizität und Gestaltungskraft auch des nachantiken Geistes. Sie mußte in jedem Fall die Institutionalisierung des neuen Wirklichkeitskriteriums durch die lockesche Philosophie überzeugend wirken lassen. Denn dieses Kriterium ging davon aus, daß der Mensch weder biologisch noch historisch festgelegt, sondern radikal lernfähig und immer wieder durch neue Erfahrung umformbar ist (dabei wurde freilich diese Seite der Sache ein wenig überschätzt). Es folgte

jedenfalls (und hierin lag der politische Reiz des neuen Kriteriums), daß es keine ewigen höheren Einsichten gibt, die man nur deshalb besitzt, weil man einer Gruppe angehört, die sie zu übermitteln befugt ist. Wissen kommt aus Erfahrung. Erfahrung wandelt sich, und Erfahrung hat jeder. Wenn jemand unter Berufung auf die höhere Einsicht seiner königlichen, adligen oder klerikalen Gruppe eine Behauptung, die seinen Interessen entsprach, für unumstößlich erklärte, brauchte ihn der Bürger unter dieser Voraussetzung nur noch um Auskunft zu bitten, auf welche individuelle Erfahrung sich diese Behauptung stützte.

Zugleich erwies der lockesche Empirismus die Angemessenheit der Forderung nach Toleranz, und Toleranz war eine der Methoden, mit denen zahlreiche Autoren (im Gegensatz zu der eher etatistischen Meinung Descartes') die konfessionellen Kriege zu beenden hofften. Das Durchspielen eines empiristischen Modells, aus dem sich die Unerkennbarkeit des wirklichen Wesens der Dinge ergab, mußte nämlich zu dem Ergebnis führen, daß beinahe alle Aussagen der Metaphysik und Religion nicht durch Beobachtung gerechtfertigt werden können. Ein Staat, der Eingriffe zur Begünstigung einer (traditionellen oder nichttraditionellen) Religion oder Metaphysik für angemessen hielt, schickte sich folglich zu einem Unternehmen an, das er theoretisch nicht zu rechtfertigen vermochte. Denn ob die Dinge sich wirklich so verhielten, wie er verfügte, wußte er genau so wenig wie die von seiner Verfügung Betroffenen. Hier zeigt sich der Zusammenhang von Skeptizismus und Toleranz. Toleranz ist ein Mittel, dem Bürgertum und solchen Gruppen, die ihm bei seinen Auseinandersetzungen nützlich werden können, ein ideologisches Großasyl zu verschaffen. Verständlicherweise ist sie v. a. für die Toleranzempfänger von Nutzen. Auf diese Weise wird der lockesche Empirismus, der theoretisch unzulänglich und im Ansatz unzutreffend ist, praktisch in mehrfacher Hinsicht zum großen Wurf. Er beschleunigt als methodologisches Korrektiv den Erfolg der Wissenschaften, nennt einen plausiblen theoretischen Grund für die Forderung nach Toleranz und fördert als Rechtfertigung für die Expansion politischer Urteilsfähigkeit zugleich den politischen und ökonomischen Aufstieg des Bürgertums.

II Die indirekte Einführung des neuen Kriteriums im "*Essay*" Lockes

Schon bei der indirekten Einführung des neuen Wirklichkeitskriteriums zeigt sich die angedeutete Verquickung theoretischer und politischer Interessen. Der lockesche „*Essay*" führt im Gegensatz zu Descartes sein Kriterium mit

Hilfe einer indirekten Argumentation ein. Während bei Descartes der methodische Zweifel die konkurrierenden Wirklichkeitskriterien für unbrauchbar erklärt, konzentriert sich das Erste Buch des lockeschen „*Essay*" auf einen S-Gegenstand, denn es erklärt, daß es keine angeborenen Ideen geben kann. Dadurch räumt es allerdings den Platz für das neue Kriterium Erfahrung frei. Dieses sonderbare Buch ist gleichsam der wohlüberlegte erste Zug, der ein neues Spiel eröffnen soll. Doch gibt es eine Anzahl von Rätseln auf. Bereits beim Nachdenken über seine theoretische Intention gerät man in Verwirrung, weil man zu fragen geneigt ist, gegen wen sich seine Polemik richten soll. Lockes Terminologie ist nicht sehr streng, aber auch nicht übermäßig vage. Er spricht von "*innate principles*", "*innate truths*", "*notions naturally imprinted*", "*native inscriptions*" und "*characters stamped upon the mind*". Das ist nicht schlimm, denn eins schließt hier das andere ein, "*since no proposition can be innate unless the ideas about which it is be innate*" (III 2, 18). Lockes Antwort auf die Frage, ob es angeborene Ideen oder Prinzipien gibt, wirkt auf den ersten Blick sehr klar: es gibt sie nicht. Wir bringen keine fertigen Ideen und praktischen oder theoretischen Prinzipien mit, sondern lediglich natürliche *faculties,* die uns zur Bildung von Ideen fähig machen. Wie die Textgeschichte zeigt, handelt es sich um das jüngste der vier Bücher des "*Essay*". Der erste Entwurf widmet der Frage nur einen einzigen Paragraphen. Entwurf B, ebenfalls von 1671, erweitert die Darstellung bereits auf dreizehn Paragraphen. In den Betrachtungen über die *Lex Naturae* von 1676, die später z. T. in den Essay übernommen werden, wird relativ ausführlich gezeigt, daß das natürliche Gesetz nicht angeboren ist. Aber erst in der Originalausgabe von 1689/90 findet man das jetzige Erste Buch. Es ist im Laufe von siebzehn Jahren ganz allmählich entstanden und wirkt bei näherem Hinsehen doch sonderbar unentschieden.

Denn die angeborenen *faculties* oder *powers* werden zwar von Locke ins Spiel gebracht, aber nicht charakterisiert, obgleich sie nach der Vermutung des heutigen Lesers das eigentlich Interessante sein müßten. Vernünftig wäre die Innatismusdiskussion nach seiner Vorstellung im Grunde nur, falls man eben diese *faculties* behandelte, die unser Geist schon hat, wenn er in einem anderen Sinn noch *tabula rasa* ist. Locke sagt: Wir bringen zum Erkennen zwar einiges mit, Erkenntnis haben wir jedoch nur durch Erfahrung. Aber man möchte gerade wissen, wie weit das eine und wie weit das andere reicht. Weil Locke darauf verzichtet, hier seine Meinung zu sagen, versieht er in den Augen des heutigen Lesers den Lehrsatz, an dem ihm liegt (daß unser Geist am Anfang ein *white paper* ist und alle Erkenntnis aus der Erfahrung hat), mit einem Handicap. Er läßt ihn unpräzise, und zwar so sehr, daß man angesichts der Texte nicht ohne weiteres behaupten mag, der Autor sei im Ernst ein „Empirist". In dem trojanischen Pferd der *faculties* könnten immerhin Überraschungen verborgen sein. Diese *faculties* setzt Locke ganz ungeniert voraus und erklärt es für terminologischen Mißbrauch, bei derartigen noch gar nicht aktuierten Vermögen von „angeborenen Ideen" zu reden. Nicht Weniges spricht dafür, daß er die analogen Stellen Gassendis kannte, z. B. *„Disqu. Metaph."* (Med. 5, Dub. 1, art. 5, Ed. Rochot S. 489): „Dieses alles, was von dir oder anderen über die angeborenen Ideen behauptet wird, beweist nichts anderes, als daß es in uns eine angeborene Fähigkeit zur Erkenntnis der Dinge gibt." Über das Wesen dieser Fähigkeit äußert sich auch Gassendi nicht deutlicher als Locke. Es wird sich zeigen, daß dies für den heutigen Leser etwas ärgerlicher als für den des 17. Jahrhunderts ist, der sich daran erinnern konnte, wie die genannte Fähigkeit in den Schulbüchern des Konzeptualismus beschrieben wurde.

Selbst wenn man das in Rechnung stellt, sieht man noch keinen Grund, weshalb Locke das Erste Buch des *„Essay"* geschrieben hat. Richard Aaron schlägt in einem der besten Bücher über den *„Essay"* vor, Locke habe darin klarmachen wollen, wir dürften „von angeborenen Wahrheiten nicht sprechen, solange wir nicht den ganzen Weg zu gehen und uns die Meinung zu eigen zu machen bereit sind, daß ein Kind bereits bei seiner Geburt das Identitätsprinzip kennt" („John Locke", Oxford [2] 1963, S. 96). Diese Mahnung ist plausibel, doch fragt man sich, an wen sie gerichtet sein könnte. Schrieb Locke vielleicht das Buch nur aus literarischen Gründen (weil er nicht einfach ohne Vorwort mit der Tür ins Haus fallen wollte), schrieb er es aus Gründen der Vollständigkeit als eine Art Prolog, in dem teils zur Rechtfertigung des einzuführenden neuen Wirklichkeitskriteriums und teils auch nur der Ordnung halber gezeigt wird, daß uns kein Wissen aus Nicht-Erfahrung kommt, bevor gezeigt wird, daß uns nur Wissen aus Erfahrung kommt? Oder hat er sich gegen einen philosophischen Gegner wenden wollen? Er sagt zu Anfang: "*It is an established opinion amongst some men ...*" Diese Behauptung mag einleuchtend scheinen, solange man sie abstrakt läßt. Sobald man sie jedoch zu detaillieren versucht, bringt sie Verdruß. Locke nennt zwar namentlich Herbert von Cherbury (I 3, 15), doch leider zeigt der Kontext, daß dies eine spätere Beifügung ist, die das Buch nicht veranlaßt haben kann, weil sie die Existenz des Manuskripts voraussetzt. Die sogenannten Scholastiker, die bei Verlegenheiten mit der frühen Neuzeit so hilfreich sind wie der Keller von Skepsis bei Verlegenheiten mit Aristoteles, sollte man hier auf keinen Fall bemühen, obgleich David Hume das anregen wollte. Denn es gibt, soweit ich weiß, nicht einen einzigen Scholastiker, der angeborene Ideen in dem von Locke bekämpften Sinn vertreten hat.

Am häufigsten begegnet man der Ansicht, Locke habe im Ersten Buch Descartes und die Cartesianer treffen wollen. Sie hat erlauchte Verfechter: Leibniz entwickelt sie in den *«Nouveaux Essais»*, in denen er die Einwände Lockes mit denen Gassendis gegen Descartes' „Meditationen" in Verbindung bringt, und auch Voltaire äußert eine solche Vermutung. Nun könnte es tatsächlich eine Frage sein, ob Locke sein Erstes Buch als anticartesischen Traktat verstanden hat. Wenn er es wirklich tat, war er jedenfalls im Irrtum, denn Descartes hat nicht selten umrissen, was er unter „eingeborenen Ideen" verstehen will. Schon gegen Hobbes verweist er darauf (Resp. ad obj. 3), daß für ihn „eine angeborene Idee besitzen" nichts anderes bedeutet, als „daß wir in uns selbst eine Fähigkeit haben, sie zu bilden". In den *«Notae in Programma»* verwahrt er sich ausführlich dagegen, daß man unter „eingeborenen Ideen" in seinem Sinn etwas versteht, das von dem Denkvermögen verschieden ist: er meine etwas Ähnliches wie Leute, die behaupten, bei einigen Familien sei Großmut oder die Veranlagung zu bestimmten Krankheiten angeboren. Schon in der Dritten Meditation wird der Gedanke nahegelegt, die angeborene Gottesidee sei bloß die „Signatur, die der Künstler seinem Werke eingeprägt hat", und brauche von diesem Werk nicht verschieden zu sein. Weil Gassendi insistiert, geht der Autor so weit, metaphorisch zu sagen, es genüge, wenn das Bild so vollkommen sei, daß man schließen müsse: es kann nur von Apelles stammen („*Disqu. Metaph.*", Med. III, dub. 10, art. 5, Ed. Rochot 383, 387). Gewiß sind andere cartesische Texte über angeborene Ideen weniger präzise und lassen sich in dem einen wie in dem anderen Sinne deuten. Aber wenn ein Autor so genaue Anweisungen gegeben hat, wie seine Texte zu verstehen sind, besitzt man weniger Freiheit der Interpretation als in jedem anderen Falle. Man braucht wahrscheinlich keine Bedenken zu haben, noch heute die alte These von G. Geil zu vertreten, daß es in der Frage der eingeborenen Ideen zwischen Descartes und Locke überhaupt keine Meinungsverschiedenheit gibt.

Solche Erwägungen bringen den Interpreten des Ersten Buchs in die verdrießliche Lage, über eine philosophische Polemik zu sprechen, die anscheinend gegen niemanden polemisiert. Es war vermutlich kein überzeugender Ausweg, wenn Cassirer erklärte, Locke habe im Ersten Buch nur einen imaginären Gegner aufbauen und bekämpfen wollen. Zwar dürfte es eine vernünftige Annahme sein, daß jeder Gegner in wissenschaftlichen Kontroversen gewissermaßen fingiert ist, aber hier soll in Hinsicht auf Locke viel mehr behauptet werden, und dieser Behauptung wird man sich schwerlich anschließen dürfen. Den besten Ausweg schien schließlich die Meinung zu bieten, Locke habe sich im Ersten Buch gegen die Cambridger Platoniker wenden wollen, denn sie ist verbreitet und alt. Der spätere Reichskanzler Georg von Hertling hat allerdings bereits vor 100 Jahren gezeigt, daß sie in dieser allgemeinen Form nicht haltbar ist, weil ein Teil der *Platonists* die Lehre von den angeborenen Ideen ausdrücklich bekämpfte. Auch Gibson waren solche Autoren bekannt.

1956 hat schließlich John Yolton, der Hertlings Buch nicht kennt, in einer bemerkenswerten Untersuchung an literarischen Beispielen nachgewiesen, daß in den Jahren vor 1688 der Innatismus in England sowohl in einer naiven als auch in einer sich auf Dispositionen berufenden Form nicht selten vertreten wurde und daß sich Locke bei seiner Gedankenführung im Ersten Buch dem Anschein nach auf dispositions-innatistische Arbeiten Parkers, Burthogges, Mores und Culverwells stützt. Damit hat Yolton einen Stand des Wissens herbeigeführt, der die Interpretation noch schwieriger macht. Es fiele schwer, wie D. J. O'Connor zu sagen, man könne nun alle historischen Fragen zum Ersten Buch endgültig von der Tagesordnung streichen. Z. B. empfindet man auch heute noch Lust zu fragen, woher es kommt, daß Locke auf den von ihm bekämpften Innatismus nicht mit den originellen Gegengründen des Vertreters einer neuen Ära des Geistes reagiert, sondern sich in Argumentation und Terminologie wie jemand verhält, der fleißig in konzeptualistischen Scholastiklehrbüchern studiert hat. Was durch Yoltons Verdienst zu Tage gefördert wurde, ist vermutlich nur die oberste Schicht einer Auseinandersetzung, die man schon lange vor Lockes „*Essay*“ geführt hat und die keine innerbritische Angelegenheit ist. Eine zweite Frage, die man auch heute noch stellen möchte, ist diese: Wie kommt es, daß Locke die Auseinandersetzung in dieser Breite und Undifferenziertheit führt, obgleich seine eigene Stellungnahme sich sachlich kaum von dem unterscheidet, was Yolton “*dispositional innatism*“ nennt? Auf beide Fragen bekommt man vermutlich keine befriedigende Antwort, solange man den „*Essay*“ ausschließlich als Theorie und nicht als Ideologie versteht. Wenn man ihn aber als Ideologie versteht, bringt man ihn mit Lockes politischen Intentionen in Verbindung. Soweit ich sehe, enthält das Erste Buch des „*Essay*“ nicht eine einzige Polemik, sondern mindestens zwei. Die erste betrifft die Natur der Ideen, die zweite ihr angebliches Angeborensein. In beiden geht es nur indirekt um den Komplex „angeborene Ideen“. Die eine ist unmittelbar theoretisch, die andere ideologisch. Bei der unmittelbar theoretischen geht es weniger um angeborene Ideen als um Ideen überhaupt. Bei der ideologischen geht es nur dem Anschein nach um Angeborensein, denn Locke macht deutlich, daß er, indem er über angeborene Ideen redet, bestimmte Interessen verfolgen will.

III Das Erste Buch reproduziert konzeptualistische Thesen

Die Eröffnungserklärung, daß es keine angeborenen Ideen gibt, ist, theoretisch verstanden, eine Aussage über die S-Welt. In dieser Weise zu behaupten, daß angeborene Ideen nicht zum Bereich der Wirklichkeit gehören, ist nicht besonders originell. Locke hat im Ersten Buch allem Anschein nach (theoretisch gesehen) bloß konzeptualistisches Lehrgut an die Neuzeit tradiert. Das scheint er in anderen Fällen genauso getan zu haben — von Aspekten der Ideenlehre bis zu der sonderbaren These vom "*sensitive knowledge*", in der Ockhams intuitive "*notitia sensitiva*" wieder aufzutauchen scheint, von der Erinnerungslehre bis zu dem Universalienkapitel mit seiner beinahe schamlos konventionellen Behauptung, das Universale sei ein "*figment of the understanding*". Genaue Herkunftsangaben sind im Augenblick nicht möglich, weil es bis heute keinen systematischen Nachweis der Rezeption gassendistischer Elemente, die weitgehend konzeptualistisch sind, und unmittelbar konzeptualistischer Elemente im „*Essay*" gibt. Der zweite Nachweis wäre mit dem bloßen Aufzeigen von Analogien zwischen Locketexten und Ockhamtexten, mit dem ich mich begnügen werde, noch lange nicht erbracht, denn wenig spricht dafür, daß Locke jemals ein Buch von Ockham gelesen hat. Man braucht vielmehr exakte Angaben über Vorhandensein und Art des Konzeptualismus bei Schulphilosophen wie Case, Argall, Flavell, Smith, Powell und Crakanthorpe, und man braucht zuverlässige Auskunft darüber, welche Lehrstücke der Philosophie der junge Locke bei ihnen und ihresgleichen in Oxford hat lernen müssen. Erst wenn solche Angaben verfügbar wären, ließe sich Genaueres sagen.

Das Kennzeichnende an der Ideenlehre Ockhams ist die Ablehnung der Behauptung, daß in unserem Geist durch den Erkenntnisakt bleibende Repräsentativentitäten hervorgebracht werden, die nach diesem Akt irgendwo (nach der gebräuchlichen Meinung im okzipitalen Gedächtnisschrein) deponiert, zum Zweck des Erinnerns ins Vorderhaupt transportiert und danach im Hinterhaupt wieder abgelegt werden. Die Lehre, daß beim Erkenntnisakte Species hergestellt werden, behauptet, es gebe neben dem Denkakt und

gleichsam physisch von ihm verschieden die Idee als eine den Denkakt überdauernde Entität. Gegen diese Meinung hat Ockham etwas einzuwenden, v. a. dies, daß sie gegen das Ökonomieprinzip verstößt: „Alles, was sich mit der Species halten läßt, läßt sich auch ohne Species halten: folglich besteht keine Notwendigkeit, sie zu vertreten“ (In 2 qu. 14/15 D). Denn: „Durch den Intellekt und das erkannte Ding kann ohne jede Species intuitive Erkenntnis zustandekommen“ (ebd. O). Was Ockham sagen möchte, kann man sich an der Metapher des Sprechaktes provisorisch deutlich machen. Das Sprechen eines Wortes ist eine Realität, die von den Sprechorganen hervorgebracht wird und zugleich mit der Tätigkeit der Sprechorgane vergeht. Es ist nicht so, als wäre das hörbare Wort vor dem Sprechen etwa in einem Kehlsack aufbewahrt, in dem wir es nach dem Sprechen zur Aufbewahrung wieder deponieren. Ganz ähnlich ist für den späteren Ockham der Denkakt eine physische Realität mit der Eigenschaft, durch seine jeweils besondere Beschaffenheit jeweils Besonderes zu repräsentieren, und insofern nennt man den Denkakt „Idee“. „Ein Ähnlichwerden (des Geistes) vor dem Erkenntnisakt durch die Species ist nicht erforderlich, sondern es genügt sein Ähnlichwerden durch den Erkenntnisakt, der dem erkannten Dinge ähnlich ist“ (ebd. HH). Für Ockham ist also die Idee nur quasizusammengesetzt aus physischem Denkakt und nichtphysischer Bedeutung, und wegen der eigenartigen Realität der Bedeutung im Denkakt, die sicher keine physische ist, spricht er von ihrem bloßen Gedachtsein. Das heißt in seiner Sprache: die Bedeutung ist eine Hervorbringung des Verstandes, sie hat nur ein *esse obiectivum,* sie ist ein *fictum,* und deshalb ist jeder Begriff eine *fictio intellectus* – eine Äußerung, die beinahe wörtlich in Lockes Universalienlehre als “*workmanship*“ und “*creature*“, aber auch als “*figment of the understanding*“ wiederkehrt. Sobald der Denkakt vorüber ist, ist nach Ockham – im Gegensatz zu den Speciesphilosophen – die Idee überhaupt nicht mehr da.
Hier liegt allerdings ein bestimmter Einwand nahe. Wie können wir uns eines Gegenstandes ohne seine erneute Präsenz erinnern, wenn seine Idee laut Behauptung überhaupt nicht mehr da ist? Für die *notitia abstractiva,* unter die die Erinnerung und die Universalienerkenntnis fällt, gibt Ockham zu: „Man muß notwendigerweise zwischen dem Objekt und dem Verstand etwas Früheres ansetzen“ (Q), und zwar etwas, das den Akt der intuitiven Erkenntnis überlebt hat. Dieses Frühere ist aber keineswegs die Idee, sondern nur die *Fähigkeit* unseres Denkvermögens, die vorher im Denkakt gehabte Bedeutung erinnernd zu reproduzieren. Diese Fähigkeit gehört zu der Klasse der Habitus: „Was übrig bleibt, ist keine Species, sondern ein Habitus ... Alles,

was man durch die Species erklären kann, kann man durch den Habitus erklären; also ist der Habitus erforderlich und die Species überflüssig" (ebd. R). Man wird annehmen dürfen, daß dieser Habitus gewisse sachbezogene Informationen enthält: „Der Habitus ist genau so vollkommen ein Ebenbild der Sache wie die Species oder der Akt" (ZZ).

Lockes Ansichten über die Natur der Ideen sind denen Ockhams erstaunlich ähnlich. Dürfte man annehmen, daß er hier als jemand spricht, der konzeptualistische Gnoseologie gelernt hat, dann müßte er mit einiger Wahrscheinlichkeit auch ohne einen konkreten philosophischen Gegner die Vorstellung, es gebe so etwas wie angeborene Ideen, für falsch und unannehmbar erklären, sobald sie aus irgend einem Grunde auftaucht. Er müßte es aber weniger, weil bei ihr von *„angeboren"* die Rede ist, als weil sie die aktualistische Natur der Idee verkennt, indem sie so tut, als gäbe es Ideenentitäten, die den Denkakt überdauern. Lockes philosophischer Anstoß daran müßte viel ursprünglicher und prinzipieller sein als sein Anstoß an dem bloßen Akzidens des Angeborenseins. Diese Vermutung bewährt sich in der Tat, wenn man die lockesche Ideenlehre genauer betrachtet. Man muß sich dabei auf ein bestimmtes Kapitel des Zweiten Buches konzentrieren. Denn wie man bei Platon von der Anamnesis sprechen wird, wenn man erklären soll, was Ideen sind, erhält man auch bei diesem nach Leibniz Platon so fernen Autor genauere Auskunft über die Natur der Ideen in der *Memory*-Lehre.

Ideen, die wir nicht mehr aktuell denken, heißt es im *„Essay"* (II 10, 12), werden deponiert. „Deponieren" ist die klassische Metapher der Specieserinnerungslehre, aber Locke weiß das sehr gut und gibt zu verstehen, daß er sie metaphorisch benutzen will: *Have been, as it were, laid aside out of sight.* Auch die zweite große Metapher der Specieslehre erscheint in diesem Text, das Thesaurusbild; und sie wird ebenfalls durch *"as it were"* als Metapher gekennzeichnet: *"Memory, which is, as it were, the storehouse of our ideas"*. Trotz dieser Kautelen hat John Norris in seinen *"Cursory Reflections"*, dem Anhang zur *"Christian Blessedness"* von 1690, die Stellen so mißverstanden, als gäbe es nach Locke im Geist Ideen, *"which it perceives not"*. Deshalb fügt Locke in der zweiten Auflage des *„Essay"* einen berühmten Satz hinzu, in dem er zeigt, weshalb die genannten Metaphern das Wesen der Sache nicht sauber treffen. Sie tun es deshalb nicht, weil Ideen für Locke (wie für Ockham) keine deponierbaren Entitäten sind, sondern nur im aktuellen Perzipieren bestehen: *"our ideas being nothing but actual perceptions in the mind"*. Sie existieren nicht länger als der repräsentierende Akt und *"cease to be any thing when there is no perception of them"*. Deshalb bezeichnet nach Locke die metaphorische Rede vom *memoriae thesaurus* genaugenommen nicht mehr als den Umstand, *"that the mind has a power, in many cases, to revive perceptions which it has once had"*. Die Ausübung dieser *power* führt bei Locke – wohl in Erinnerung an Ockhams *notitia habitualis* – zum *habitual knowledge* (IV 1, 8.2).

Locke hat in diesem Punkt (trotz der mit geringerer Vorsicht eingeführten Metaphern) in beiden *Drafts*, wie die Texte annehmen lassen, von Anfang an nicht geschwankt – anders als beispielsweise bei der Frage nach der Existenzerkenntnis, bei der er sich erst spät für das *sensitive knowledge* (analog der intuitiven *notitia sensitiva* Ockhams) entschieden hat, das freilich in einem System, welches die Frage der Repräsentation ganz anders als Ockham löst, unlösbare Schwierigkeiten bereitet. Es heißt z. B. schon in *Draft B* von 1671, § 12 (entsprechend I 4, 2): „Da Gott den Menschen mit denjenigen Erkenntnisvermögen ausgestattet hat, die er besitzt, war es für die Vollkommenheit des Menschen so unnötig, daß er seinem Geist jene angeborenen Ideen einpflanzte, wie daß er ihm Brücken oder Häuser baute, obgleich er ihm Vernunft, Hände und Baustoffe gegeben hatte." Die Pointe des philosophischen Anstoßes von Locke an der Behauptung, es gebe angeborene Ideen, liegt offenbar primär bei „Idee" und erst sekundär bei „angeboren", und der Hinweis auf die *faculties* als Gegensatz zu den *constant impressions* ist im Ersten Buch entsprechend häufig. Es gibt keine Idee unabhängig vom aktuellen Denkakt. Nicht deshalb also, weil es nichts Angeborenes geben kann, sondern weil es keine Ideen im Sinn von deponiblen Species gibt, ist die Annahme eingeborener Ideen absurd. Die Annahme von Angeborenem als solchem ist dagegen für Locke überhaupt nicht absurd: er hat ja (wie Gassendi) nicht das Geringste gegen die Annahme angeborener *faculties* des Geistes einzuwenden, er operiert vielmehr mit ihnen. Daraus wird man zunächst einmal schließen dürfen, daß es in dieser Polemik, sofern ihr Gegenstand theoretischer Natur ist, weniger darum geht, was Locke gegenüber bestimmten Philosophen glaubt vorbringen zu müssen, als darum, was ein Angehöriger der Gruppe der Ockhamisten assoziiert, sobald das Reizwort „angeborene Ideen" fällt. Es fällt zunächst im *Entwurf A* ganz beiläufig, aber in allen späteren Stadien bleibt Locke, wie man beobachten kann, gerade bei diesem Wort hängen – er stolpert gleichsam über es. Man wird also sagen dürfen, daß das Erste Buch das Ergebnis einer Eskalation des Assoziierens bei einem gelernten Ockhamisten ist.

Aber damit gerät man auch an die Grenze dessen, was die bloß theoretische Betrachtung leisten kann, und an den Punkt, an dem der Übergang zur Betrachtung des Buches als Ideologie sich empfiehlt, wenn überhaupt noch etwas gesagt werden soll. Unglücklicherweise gibt es nämlich bei dem genannten ockhamistischen Schulgut die Schwierigkeit, daß eine theoretische Kontroverse darüber nicht erforderlich ist, weil sich die Kontroverspunkte schon durch eine geeignete Übersetzung aus der Welt bringen lassen. Der Ockhamist gibt zu, daß sein rekordativer Habitus bestimmte sachliche Informationen umfaßt. Der Speciesphilosoph kann darauf sagen: gerade diese Restinformationen bezeichne ich als „Species". Pedro de Fonseca geht sogar noch weiter und definiert die Species geradezu als "*habituales rerum similitudines*" (Metaph. I 2, q. 3, sect. 4). Auf dieser Grundlage könnte man sich wahrscheinlich ohne weiteres einigen, denn zwischen den beiden Theorien besteht nun schwerlich noch ein sachlicher Unterschied. Die Formulierung ist zwar unterschiedlich, doch die semantische Bemühung, die diese verbale Divergenz überbrückt, wird man von Philosophen verlangen dürfen. Man hätte sich also ohne weiteres einigen können, aber man hat es nicht getan. Die Theorie bietet keine hinreichende Erklärung für das Fortbestehen des Dissenses. Man hat daher nach einer anderen Erklärung zu suchen. Eine analoge Situation wird uns bald auch über die Annahme hinausführen, Locke hätte im Ersten Buch des „*Essay*" nur die theoretische Pflichtübung eines Konzeptualisten absolviert. In Wirklichkeit hat er mehr getan.

Man hat sich bei dem scholastischen Disput über die zur Rede stehenden Sachverhalte wahrscheinlich deshalb nicht geeinigt, weil es den Kontrahenten nicht allein um Sachverhalte ging. Bisweilen führt man eine scholastische Kontroverse aus anderen Gründen. Man trägt seine Thesen unter bestimmten Umständen nicht lediglich deshalb vor, um ihren Inhalt im Kopf des Opponenten präsent zu machen, sondern um andere und, von der Theorie her gesehen, sachfremde Wirkungen zu erzielen. Es handelt sich um diffizile Situationen, und man wird der Einfachheit halber an einem etwas kindischen Beispiel klarmachen dürfen, was hier gemeint ist. Wenn man unterstellt, daß *Respondens* und *Opponens* konkurrierenden Gruppen angehören, muß es in der Regel für jeden von beiden nützlicher sein, das letzte Wort zu haben, als zu einer Einigung zu gelangen, weil durch die Einigung der Gegner Chancen erhielte, die er gar nicht haben soll. Z. B. angenommen, der Herzog von Medina-Sidonia wüßte nicht, ob er einen Dominikaner oder einen Franziskaner zum Beichtvater wählen soll. In dieser Situation muß der Dominikaner um jeden Preis versuchen, sämtliche Disputationen mit Franziskanern zu gewinnen, über die der Herzog informiert wird, um ihm die richtige Wahl zu erleichtern. Es wäre trotz allen semantischen Anlässen sehr töricht von ihm, sich mit einem Franziskaner zu einigen, weil dann der Herzog ohne die Entscheidungshilfe bliebe, die er dringend braucht. Interessen können bei solchen Disputen viel effizienter sein als der rein theoretische Gehalt der Kontroverse.

Genau so, wie man Fonsecas Formulierung "*Species est habitualis rerum similitudo*" mit Ockhams Formulierung "*Habitus perfecte est similitudo rei*" in Einklang bringen könnte, könnte man aber auch die entsprechenden Formulierungen Lockes mit denen Descartes' und der dispositionellen Innatisten in Einklang bringen, obgleich Locke gar nicht daran denkt, sich auf eine solche Einigung einzulassen. Zuletzt hat noch La Forge in jenem Buch, das Locke als einer der besten britischen Kenner des Cartesianismus ausdrücklich zur Lektüre empfiehlt, unmißverständlich dargelegt, daß sich die Ideen in unserem Geist nicht wie Bilder in einer Galerie befinden können. Deshalb ist es im Grund kein Wunder, daß David Hume nicht sieht, was diese ganze Kontroverse soll ("*Enqu. Underst*". sect. II, § 17, Anm.): „Um ehrlich zu sein, muß ich mich zu der Meinung bekennen, daß Locke sich durch die Schulmänner in diesen Disput hineinlocken ließ, die undefinierte Termini benützen und dadurch die Dispute widerlich in die Länge ziehen, ohne je den Punkt zu berühren, der zur Debatte steht. Eine ähnliche Zweideutigkeit und Herumrederei scheint sich durch die Überlegungen dieses Philosophen zu ziehen."

Für einen Leser, den je die Weitschweifigkeit eines lockeschen Kapitels frustrierte, mag diese Anregung eine Genugtuung sein. Die Frage ist, ob sie den Gegenstand erschöpft. Fest steht, soweit ich sehe, daß Locke sich, theoretisch gesehen, die Kontroverse in dieser Form hätte sparen können. Er erliegt darin der Lockung eines Reizworts und reagiert, wie ein Konzeptualist zu reagieren hat – ein nicht sehr inspirierender Prozeß. Doch neben dieser Möglichkeit, der Hume den Vorzug gibt, hat man vermutlich eine andere. Sie besteht in der Annahme, daß Locke die Kontroverse nicht nur um eines theoretischen, sondern auch um eines praktischen Interesses willen geführt hat und daß er, indem er wie ein Konzeptualist assoziierte, gut wußte, daß diese Assoziationen ihm Metaphern boten, die er brauchte. So wurde ihm die konzeptualistische Lehre zur Ideologie. Eine Metapher ist ein Ausdruck, der sich geradezu von Amtes wegen für unterschiedliche Pragmata einsetzen läßt. Angenommen, hier käme Metaphorik ins Spiel: für welchen praktischen Zweck setzt Locke seine Aussage über die S-Welt ein, die er aus der konzeptualistischen Tradition übernahm, nachdem das Reizwort „angeborene Ideen" ihm in die Feder geflossen war? Der Text legt einige Vermutungen nahe, die als Antwort auf diese Frage dienen könnten.

IV Das Erste Buch des *„Essay"* hat auch eine politische Intention

Wenn Lockes Aussage über die S-Welt, die den Gegenstand des Ersten Buches bildet, nicht nur theoretischen Interessen entspringt, sondern auch bestimmte praktische Zwecke verfolgt und dadurch zur Ideologie wird, dann ist es nicht erstaunlich, daß Locke das Erste Buch geschrieben hat, obgleich es aus Gründen bloßer Theorie nicht hätte geschrieben werden müssen, weil sein Gehalt an theoretischer Information dem eines Konglomerats konzeptualistischer Schulassoziationen entspricht. Locke scheint neben dieser theoretischen Polemik v. a. eine zweite, nicht unmittelbar theoretische führen zu wollen (die ich im übrigen genau so wenig zwingend nachweisen kann wie die konzeptualistische Herkunft der philosophischen Thesen des Buches). Sie ist an einem Aspekt orientiert, der im Text nicht als selbständiges Thema, sondern nur als Parenthese erscheint. Dies aber wiederum könnte dafür sprechen, daß sie Locke erst allmählich beim Assoziieren in den Blick geraten ist. Der Übergang zur Ideologiebetrachtung ist übrigens im Zusammenhang mit Locke nichts Neues.

Denn daß es im Ersten Buch nicht bloß um Gnoseologie, sondern außerdem auch um Interessen geht, wird allgemein zugestanden – ein Indiz dafür, daß die Interpretation des Ersten Buches als einer reinen Darstellung theoretischer Sachverhalte durchweg als unzureichend empfunden wurde. Schon v. Hertling erklärt, Locke sei es weniger auf bestimmte philosophische Thesen als auf die „den verschiedenen gemeinsam zugrundeliegende dogmatistische Tendenz" angekommen, und er wende sich im Ersten Buch gegen eine Denkweise, „welche alle Prüfung und Untersuchung abschneidet, indem sie gewisse Lehren oder Meinungen für angeboren erklärt" („John Locke und die Schule von Cambridge", Freiburg 1892, S. 285 f). Frazer legt in seiner Einleitung und seinem Kommentar zum *„Essay"* mehrfach den Gedanken nahe, es handle sich im Ersten Buch um einen Protest der Vernunft gegen die Tyrannei traditioneller Meinungen, die durch ihr vorgebliches Angeborensein gegen jegliche Verifizierung abgeschirmt werden sollen. Und Richard Aaron schreibt über die Polemik: „Sie wollte einen gezielten Schlag gegen den Obskurantismus jener Tage in Religion und Moral ausführen und erklärte auf diesen Gebieten frisches Denken für wesentlich" („John Locke", Oxford [2] 1963, S. 98).

Diese Autoren sind also darüber einig, daß Locke, obgleich er von angeborenen Ideen spricht, im Grunde etwas anderes meint, gleichgültig, ob es geistige Bevormundung, Obskurantismus, Dogmatismus oder etwas anderes sein mag.

Sie glauben, Locke habe als Beleber und Aufklärer tätig sein und gleichsam das Mittelalter im Bildungsstand der Öffentlichkeit beenden wollen. Nun wird man glauben dürfen, daß er so etwas wollte, denn die Texte sagen es deutlich genug. Sie wenden sich z. B. gegen Pedanten, die in ihren eigenen Augen *the only masters of right reason* sind (3.20), und schildern, wie ein Ammenaberglaube, wenn man ihn lange genug verkündet, das Ansehen fragloser angeborener Wahrheit bekommt (3.22). Diese Art von Indoktrinierung ist sogar die Bedingung dafür, daß jede Richtung ihre eigenen, mit denen der Gegenrichtung konkurrierenden „angeborenen Prinzipien" haben und doch zugleich von sich behaupten kann, sie sei vom *consensus omnium* gedeckt. In Wirklichkeit besteht unter allen Richtungen nur über ein einziges Prinzip Konsens: "*that principles ought not to be questioned*" (3.25). Man kann also mit Billigung der Autoritäten in jedem Falle so viel sagen: Das Erste Buch ist nicht allein eine Abhandlung über Gnoseologie, sondern zugleich ein aufklärerisches Bildungslibell, und wenn darin von angeborenen Ideen die Rede ist, meint Locke „angeblich angeborene Ideen".

Yolton hat in "*John Locke and the Way of Ideas*" (London 1956) an Texten gezeigt, daß das Erste Buch des „*Essay*" in aktuelle religiöse Auseinandersetzungen in England eingreift. Selbst diese überzeugende Interpretation wird aber niemand mit Ausschließlichkeit vertreten sollen, weil man dadurch zu vielen anderen Interessen des wirklichen Locke nicht gerecht wird. Lockes starkes politisches Engagement spricht z. B. dafür, im Ersten Buch nicht lediglich das Bildungsanliegen eines „Aufklärers" zu entdecken, der es wunderbar fände, wenn die Leute endlich selbständig dächten und in wissenschaftlichen Fragen eine eigene Meinung bildeten (wobei zu bedenken bleibt, daß „die Leute" auf jeden Fall eine Minorität sind, und zwar eine bürgerliche). Und Lockes politisches Engagement spricht ebenso dafür, im Ersten Buch nicht lediglich die Äußerungen eines Liberalen zu entdecken, der bestimmte religiöse Ansichten unterstützen möchte. Das alles interessiert John Locke, doch ist zu vermuten, daß er niemals nur Bildung oder freie Konfessionsausübung und nichts anderes will, sondern daß ihn Bildung und freie Konfessionsausübung vor allem deshalb interessieren, weil man sie in die politische Waagschale werfen kann. Was Locke im Ersten Buch erklärt, dürfte nicht zuletzt mit seinem politischen Programm zusammenhängen. Man könnte insofern die Ideologieinterpretation, über die die Autoren sich grundsätzlich einig sind, ein wenig verschärfen und folgende Vermutung äußern: Das Erste Buch richtet sich nicht allein gegen rechthaberische Pedanten, die jeden anderen verdummen möchten, damit er weiter ihrer Klugheit folgt, denn täte es lediglich dies, dann wäre der *„Essay"* nur ein Buch unter Hunderten. Sondern das Erste Buch des *„Essay"* ist außerdem ein politisches Libell: es richtet sich gegen Männer, die ihnen nicht zustehende Macht über andere erschleichen oder behalten wollen und die dabei die Behauptung, es gebe angeborene Ideen, als Herrschaftsinstrument benützen.

Wenn aber auch darin das pragmatische Interesse des Ersten Buches liegt, steht es in unmittelbarem Zusammenhang mit der Tendenz der *"Treatises of Government"*. Auch scheint eine solche Verschärfung der Interpretation deswegen nützlich, weil sie ein erhellendes Licht auf den *„Essay"* als Ganzes wirft. Und schließlich scheint sie durch den Text gerechtfertigt zu sein, denn Locke assoziiert in den Kapiteln 3 und 4, und zwar besonders an ihren Höhepunkten, auffällig oft Ideen wie Pression und Machtausübung (ich zähle sechsundzwanzig Stellen, also für jeden zweiten Paragraphen eine). Z. B.: Wer träge hinnimmt, was Interessenten zu angeborenen Ideen erklären, versklavt seinen Geist *"to the dictates and dominion of others"* (4,23). Was das bedeutet, wird am konkretesten im Vierten Buch gesagt: *"The parties of men cram their tenets down all men's throat whom they can get into their power"* (IV, 3.20). Analoge Stellen sind in I,3 und in I,4 nicht selten. Deshalb wird man annehmen dürfen, daß es hier nicht allein um geistige Frische und unkonventionellen Bildungsbetrieb, sondern auch um Macht geht — direkte Macht der Krone und indirekte Macht der Interessenten, die auf sie setzen, seien sie nun in einer Kirche oder in einer Partei zu finden. Der von beiden geförderte Aberglaube, es gebe angeborene Prinzipien, die, weil sie angeboren, von Gott und der Natur sanktioniert und folglich unantastbar sind, stützt die herrschende Macht, sobald sie ihre eigenen Doktrinen für angeboren erklärt. Wer aber diesen Aberglauben widerlegt, betreibt zwar Aufklärung, doch die Pointe seiner Aufklärung liegt darin, daß sie die Mächtigen schwächt und schwächen soll.

Locke schreibt z. B.: „Es war von keinem geringen Nutzen für die, die vorgaben, Meister und Lehrer zu sein, daß sie dies zum Prinzip der Prinzipien machten, man dürfe Prinzipien nicht in Zweifel ziehen; denn nachdem sie diese Ansicht einmal aufgerichtet hatten, daß es angeborene Prinzipien gibt, stellten sie ihre Gefolgsleute vor die Notwendigkeit, eine Reihe von Thesen unbesehen hinzunehmen; das aber hieß, daß man ihnen den Gebrauch ihrer eigenen Urteilskraft benahm und ihnen lediglich Glauben und vertrauensvolles Hinnehmen beließ: in einer solchen Haltung blinder Gläubigkeit ließen sie sich von jener Sorte Menschen, die die Geschicklichkeit und auch das Amt besaß, sie zu lenken und zu leiten, leichter regieren" (4.25). Wenn man mit angeblich angeborenen Ideen, die gleichsam als Leertitel für die den Machthabern angenehmen Überzeugungen dienen und sie unantastbar machen, das Selberdenken der Unterworfenen unterbinden kann, dann wird die Machtausübung leichter. Wenn man aber das Herrschaftswissen, das solche Operationen befiehlt, aus dem Dunkel der *arcana imperii* ans Licht zieht, dann wird die Machtausübung schwerer. Und darauf zielt vermutlich die lockesche Art von Aufklärung: weniger auf Befreiung von geistiger Bevormundung, damit der Bürger ungeniert so räsonieren kann, wie es ihm heute oder morgen paßt, als auf Befreiung von politischem Meinungsdruck, z. B. deshalb, damit es in England nie mehr einen absoluten Monarchen gibt.

Locke schreibt: „Auch ist es keine geringe Macht, die es einem Menschen über andere gibt, daß er die Autorität besitzt, Prinzipien zu diktieren, über jede Diskussion erhabene Wahrheiten zu lehren und die Menschen das als eingeborenes Prinzip hinunterschlucken zu lassen, was dem, der es verkündet, Nutzen bringt (4.25)". Ganz ähnlich versteht denn auch William Molyneux die Polemik in einem Brief an Locke von März 1696/7, den Yolton hervorhebt (a.a.O. S. 9): „Ich nehme an, ich errate sehr gut, was einige Männer an Ihrem *Essay* schädlich finden: daß er den Unwissenden die Augen öffnet, die Denkmethoden berichtigt und dadurch vielleicht rezipierte Irrtümer untergräbt und das Reich der Finsternis abkürzt: in welchem zwar die Unterworfenen beklagenswert leben, die Herrschenden aber ihren Profit und Vorteil haben."

In solchen Passagen erscheint das Erste Buch als das politische Libell eines Stuartfeindes, ein bürgerliches Instrument politischer Befreiung, ein Nachhall der Glorreichen Revolution, das politisch dieselbe Tendenz verfolgt wie beispielsweise beide "*Treatises of Government*", wenn sie gegen das göttliche Recht der Könige polemisieren.

Der Zweite "*Treatise*" enthält übrigens in § 112 ein Beispiel für das, wogegen sich das Erste Buch des „*Essay*" zu wenden scheint: „Man dachte nicht im Traume je daran, die Monarchie sei *jure divino*; davon haben wir nie unter Menschen gehört, bevor es uns die Theologen der letzten Jahre offenbarten." Hier erscheinen zwar die Metaphern „Offenbarung" und „geoffenbartes göttliches Recht", die zunächst etwas anderes bezeichnen als die Metapher „Angeborensein". In praktischer Hinsicht leisten aber beide dasselbe, denn sie versehen die Inhalte, die sie bestimmen, gleichermaßen mit dem Siegel der Unverletzlichkeit. Was Gott der Seele eigens von Anbeginn einschreibt, wird ihm ebenso am Herzen liegen wie das, was er nach der Schöpfung speziell offenbart. Deswegen hat beides den Menschen gleichermaßen heilig zu sein. In den "*Treatises*" kommt übrigens die Metapher „angeborene Ideen", soweit ich sehe, nirgends vor, und man sollte sich nicht darüber wundern. Wenn nämlich Peter Lasletts These richtig ist, sind sie entgegen der früheren Ansicht nicht nur bereits vor Lockes Remigration im Jahre 1688, sondern darüber hinaus bereits vor 1683 und damit vor seiner Emigration geschrieben worden. Das bedeutet jedoch, daß sie unter dem Stuart-Regime im Angesicht des Todes verfaßt worden sind – keine Übertreibung, denn wenn ein Whig gegen Filmer polemisierte, stand die Präsumption für seine Sympathie mit der Rye-House-Verschwörung. Das zeigt der Prozeß gegen Algernon Sydney, der ebenfalls gegen Filmer geschrieben hatte und im Dezember 1683 hingerichtet wurde. Daß man in einem solchen Buch zur Sache kommt und, wenn man schon Metaphern benutzt, nur auf solche Metaphern eingeht, die der Gegner selbst ins Spiel gebracht hat, ist beinahe selbstverständlich.

Wenn die Deutung des Ersten Buches als einer politischen Ideologie zutreffend ist, dann müßte John Lockes zunächst gnoseologische Aussage „Es gibt keine angeborenen Ideen, doch gibt es angeborene *faculties* des Denkens" in der gegebenen Situation die praktische Implikation enthalten: Man soll eine Behauptung politischer Interessenten auf keinen Vorwand hin glauben, sondern mit der Urteilskraft selbst überprüfen, z. B. Behauptungen wie diese: Der Mensch ist von Natur nicht frei, Adam war *jure divino* der absolute Herrscher der Welt, die heutigen Monarchen sind die legitimen Nachfolger Adams, *ergo* ist ihre Monarchie göttlichen Rechts und absolut. So scheint sich schon im Ersten Buch, sofern es eine konzeptualistische These mit einer politischen Intention verknüpft, die Eigentümlichkeit der Philosophie des "*Essay Concerning Human Understanding*" zu zeigen, daß sie eine bestimmte Wissenschaftssituation des späten 17. Jahrhunderts im Auge hat und zugleich geeignet ist, politische Forderungen des Bürgertums zu begründen.

V Übereinstimmung des Ersten Buches mit der politischen Tendenz des „*Essay*".

Die Behauptung über die S-Welt, die das Erste Buch erörtert, impliziert im Grunde schon das neue Wirklichkeitskriterium, das im Zweiten Buch des „*Essay*" eingeführt und begründet wird. Denn wenn kein Wissen angeboren ist, kann Wissen nur aus der Erfahrung kommen. Da dieses neue Kriterium der Tendenz nach antitraditionalistisch ist (denn es kann Tradition bestenfalls als öffentlich registrierte Privaterfahrung verstehen), ist es nicht nur für die wissenschaftsgeschichtliche, sondern auch für eine politische Situation von Bedeutung, in der die Tradition zum allgemeinen Problem geworden ist. Das 14. und 15. Jahrhundert hatte ihr gegenüber eine gewisse Unbefangenheit entwickelt, doch wurde sie durch Reformation und Gegenreformation von neuem zum obligatorischen Thema. Wer nachweisen konnte, daß er von der wahren Tradition nicht abwich, befand sich im Besitz der Rechte, um die die Gegenseite mit ihm konkurrierte. Das galt für die christlichen Konfessionen, die alle *recte* die Offenbarung tradieren wollten. Es galt für die ihnen zugrunde liegenden Theologien, d. h. für konkurrierende Philosophien. Und schließlich galt es für die Inhaber der weltlichen Gewalt, die unter den Konfessionen wählen mußten, denn gegenüber einem häretischen Herrscher waren die Gläubigen laut Naturrecht nicht im Gewissen zum Gehorsam verpflichtet und durften ihn wie einen Tyrannen behandeln. Schon deshalb war es für einen Herrscher empfehlenswert, kein Häretiker zu sein, d. h. sich mit Traditionen zu schützen. War aber der Herrscher geschützt, dann herrschte Friede. Theoretisch gesehen konnte so die Tradition als Mittel zur politischen Stabilisierung erscheinen. Praktisch stand dem entgegen, daß die Entscheidung, was als Tradition betrachtet werden durfte, auf Interpretation beruhte. Durch Interpretation ließ sich eine große Zahl von Aussagen mit Traditionsautoritäten decken. Eins der bekanntesten Beispiele ist, daß der Jansenismus genau wie die Gnadenlehre der Gesellschaft Jesu in der literarischen Selbstdarstellung als Ergebnis der Augustinusinterpretation erschien. Man konnte sehr verschiedene Ansichten haben und sie dennoch durch Interpretation derselben Autoritäten als Tradition markieren. Aber dadurch wurde die Tradition in Wirklichkeit zu einer Variablen, also zu einer Quelle politischer Unsicherheit. „*Tanta traditionum inter se pugnantium varietate*“, klagte Locke schon 1676 (“*De Lege Naturae*“ II) und wollte sagen: Die Tradition stabilisiert zwar, aber lediglich innerhalb des Geltungsbereiches und der Geltungsdauer eines Interpretationsmonopols. Das ist zu wenig. Es bedeutet, wie man im 17. Jahrhundert immer deutlicher einsieht, daß das große europäische Experiment der Stabilisierung durch Tradition gescheitert ist. Dann aber kann die Forderung nach Verzicht auf Innovationen im Interesse der Tradition als des Garanten des Friedens überhaupt nicht mehr gerechtfertigt werden, und insofern empfiehlt der führende Kopf der Whigs aus völlig einleuchtenden Gründen das Selbsterfahren des Individuums als neues, Innovationen begünstigendes Faktizitätskriterium, das überdies zunächst in der Lage scheint, allen Beteiligten durch den Rekurs auf öffentlich zugängliche Sachverhalte interpersonal kontrollierbare Gewißheit und damit die Chance des Friedens durch Einigung in gemeinsamer Einsicht zu geben.

Instanz des Selbsterfahrens als des Prinzips, das an die Stelle des Traditionskriteriums zu treten hat, ist der Verstand. Locke sagt (*„De Lege Naturae“* II): Die Tradition vernehmen wir zwar, aber „was wir andere sagen hören, mag unser Verhalten vielleicht in der richtigen Weise bestimmen, nur ist es in unseren Augen ein Spruch der Menschen und nicht des Verstandes“. Weshalb soll aber gerade der Verstand maßgeblich sein? Weil er, wie man anfangs glaubt, durch Berufung auf allgemein erfahrbare Sachverhalte den Individuen überprüfbars Wissen vermittelt. „Da man keinen Grund nennen kann, weshalb man eher diesem Menschen als jenem, der das genaue Gegenteil behauptet, die Autorität der Tradition der Alten zusprechen soll . . ., solange nicht der Verstand an den tradierten Inhalten einen Unterschied feststellt: so ist dies freilich nicht mehr Glauben an die Tradition, sondern Urteilen über die Dinge selbst. Das hebt jedoch die Autorität der Tradition vollkommen auf“ (ebd).

Für Autoren des 17. Jahrhunderts bedeutet Tradition mehr als für uns. Sie ist erstens das, was man noch heute darunter versteht, und zweitens ein Mittel zur Produktion von Legitimität, und zwar von jener traditionellen Legitimität, gegen die sich Autoren wie Locke nun wenden, weil sie politische Stabilität nicht hat herstellen können, obgleich sie versuchte, ihre Unantastbarkeit zu verdoppeln. Was sich als Tradition ausgewiesen hat, ist ohnehin durch seine – reale oder fiktive – Herkunft von den Vorvätern und durch sein ehrwürdiges Alter geheiligt. Wenn man außerdem die Inhalte der Tradition zu angeborenen Prinzipien erklärt, baut man gleichsam noch einen Zaun um das Gesetz der Tradition, sanktioniert ihre Sanktion: Gott selber hat es so gewollt, dies ist das Gesetz der Natur, und es ist *contra naturam,* etwas anderes zu wollen. Durch dieses Argument erreicht man sozusagen eine Doppelheiligung der Tradition. Locke kennt dieses Verfahren der Herrschaftstechnik und hält es nicht für überzeugend: „Hätten wir das Gesetz der Natur aus der Tradition zu erkennen, dann wäre es eher Glaube als Wissen, da es mehr auf der Autorität des Redenden als auf der Evidenz der Sache selbst beruht“ (*„De Lege Naturae“* II).

Die Überwindung der Tradition, sofern sie lediglich ausgediente Wissenschaft enthält, ist für das 17. Jahrhundert nicht das Problem. In ihrer Überwindung, sofern sie politisch relevant ist und von den Trägern der Herrschaft verteidigt wird, liegt die Schwierigkeit und das persönliche Risiko. Dieser Schwierigkeit war Descartes auf seine unnachahmliche Weise begegnet. Er hatte als *gentilhomme français,* der sich dem Allerchristlichsten König zur Loyalität verpflichtet wußte, die direkte Widerlegung der Tradition umgangen, indem er zeigte, daß man zumindest an ihr zweifeln kann, und zugleich in die Wissenschaft die Konvention einführte, daß man von Dingen, an denen man zweifeln kann, nicht reden darf – gleichsam ein Mord an der Tradition im Sinne des vollkommenen Verbrechens. Locke geht einen viel direkteren Weg. Indem er behauptet, daß wir allein aufgrund von individueller Erfahrung sicheres Wissen bekommen, spielt er die Tradition, die jedenfalls nicht *individuelle* Erfahrung ist, vom Feld und liefert zugleich dem Bürger durch seine Theorie der gemischten Modi ein Instrument zur Verwerfung des nicht auf individuelle Erfahrung gegründeten Wissens, das viel praktikabler ist als Descartes' etwas unkonstantes Kriterium des Vor-lauter-Klarheit-nicht-mehr-zweifeln-Könnens. Ein gemischter Modus ist nach Lockes theoretisch geschmähter, aber taktisch ungemein effizienter Lehre sein eigener Archetyp, er hat kein Urbild in der Außenrealität, sondern wird vom jeweiligen Subjekt *ad placitum* hergestellt. Wenn jemand von mir verlangt, daß ich einen für ihn nützlichen gemischten Modus rezipiere, kann er fortan nicht mehr mit innerem Zwang zur Rezeption aufgrund der menschlichen Natur, der Natur der Sache oder des Willens Gottes argumentieren, sondern wird mir nachweisen müssen, daß eine Rezeption seines privaten Modus auch für mich von irgend einem Vorteil ist.

Diese Theorie der gemischten Modi ist wahrscheinlich der wirksamste Aspekt der Anwendung des Atommodells auf die Welt der Ideen. Sie liefert dem Bürger eine Methode zu Analyse so hochkomplizierter Modi, wie sie die religiösen und politischen Traditionen des 17. Jahrhunderts enthalten. Die Analyse wird gleichsam als Test verstanden. In diesem Test ermittelt man die einen gemischten Modus zusammensetzenden Gedankenatome oder *simple ideas*, die aus der schlichten Erfahrung stammen, und kann danach in Ruhe prüfen, ob die in der komplexen Idee gegebene und durch den Namen fixierte Anordnung dieser Atome auf irgend eine Weise durch die Erfahrung gerechtfertigt oder zumindest bei vernünftiger Betrachtung von bilateralem Nutzen ist. Komplexe Ideen wie z. B. „göttliches Recht der Könige" müssen letzten Endes aus einfachen Ideen zusammengesetzt sein, die aus der Erfahrung stammen. Durch Analyse ermittelt man diese sie zusammensetzenden Gedankenatome. Ihre Kombination zu einem Komplex wie „göttliches Recht der Könige" muß entweder ebenfalls durch die Erfahrung nahegelegt oder von den Interessenten herbeigeführt worden sein. Man braucht im zweiten Fall nur noch zu prüfen, ob der Nutzen der Interessenten dem eigenen Nutzen entspricht. Wie verheerend solche Analysen das Feld des als verbindlich Hinzunehmenden dezimieren und welche Art von Begriffen durch sie am härtesten betroffen wird, liegt auf der Hand. Es geht jetzt nicht mehr um die Auseinandersetzung zwischen höherer Wahrheit und Wahrheitsempfänger, sondern zwischen Interesse und Interesse. Mit der Akzeptierung des lockeschen Wirklichkeitskriteriums, nach dem die individuelle Erfahrung die Quelle auch der praktisch relevanten Gewißheit ist, ist trotz ihrer zusätzlichen Heiligung die Tradition als Tradition überwunden. Selbstverständlich wird man auch weiterhin die richtigen Thesen akzeptieren, die in der Tradition enthalten sind – aber nicht, weil sie in der Tradition enthalten sind, sondern weil sie den lockeschen Atomtest überstanden haben oder auch, weil man vergessen hat, sie diesem Test zu unterziehen (ein Malheur, das unglücklicherweise bisweilen passiert ist).

Wenn eine solche Deutung richtig ist, dann müßte man das Erste Buch des „*Essay*" als eine Abfolge von Variationen über eine Metapher für die doppelt geheiligte Tradition als Quelle der Legitimität ansehen. Es handelte sich um Variationen über die Metapher „angeborene Ideen". Diese Metapher nimmt Locke jedoch, bevor er sie ideologisch einsetzt, zunächst einmal theoretisch so ernst, daß er gegen den von ihr bezeichneten Sachverhalt mit Gründen argumentiert, die Konzeptualisten seit Ockham zur Verfügung stehen. Versteht man das Erste Buch des „*Essay*" in dieser Weise, dann wird man schließlich finden, daß Locke in seiner nicht unmittelbar theoretischen Polemik mit dem Topos „angeborene Ideen" eine angemessene Metapher einführt und daß zwischen der semantischen und der pragmatischen Seite seiner Polemik keine nennenswerte Diskrepanz besteht. Wenn er von angeborenen Ideen spricht, sooft er die Regulierung der *opinion* durch vorgeblich unantastbare Maximen meint, substituiert er nicht irgend etwas, denn der Inbegriff angeblich unantastbarer Maximen ist in der gegebenen Situation die Tradition als politisches Instrument. Der Begriff der Tradition erfüllt jedoch im Raum des Sozialen dieselbe Funktion wie der der angeborenen Ideen beim Individuum. Betrachtet man die tradierende Gruppe, so ist die Tradition gleichsam der Inhalt ihres Kollektivhirns: sie umfaßt, was die Gruppe als Gruppe denkt und weiß. Wer in die Gruppe hineingeboren wird, dem stehen die Inhalte der Gruppentradition bereits vor allem eigenen Denken zur Verfügung. Er findet sie immer schon vor, genau so, wie er angeborene Ideen immer schon vorfände, wenn es sie gäbe. Wegen dieser Analogie dürfte die herrschende Metapher des Ersten Buchs der Sache, um die es dort praktisch geht, ganz angemessen sein.

Wenn man freilich praktizieren wollte, was der „*Essay*" in Übereinstimmung mit seinem Wirklichkeitskriterium als Methode zur Überwindung der Tradition empfiehlt, dann erführe man, daß er ähnlich wie die cartesischen „Meditationen“ ein Ort der geistigen Reinigung ist, und zwar ein Ort der Reinigung von Vorurteilen. Er vollbringt durch die Gedankenanalyse, die bei den gemischten Modi und bei den Universalien immer auch Sprachanalyse ist, die Destruktion der dunklen, undeutlichen, phantastischen, inadäquaten und falschen Ideen, die in den durch die Tradition perennierten Vorurteilen praktisch wirksam werden. Aber auf der anderen Seite gibt er zugleich Richtlinien für den Aufbau einer besseren Welt aus jenen *simple ideas,* die endlich durch die Komplexanalyse aus unzweckmäßigen Verbindungen befreit worden sind, und (wie er hofft) zur Gewinnung einer unzweideutigen Terminologie. Untersucht man freilich die bessere Welt genauer, so muß man erkennen, daß sich in ihr gewisse Mängel der vorigen wiederfinden — schon weil John Locke für einen Mann, der auf die individuelle Erfahrung schwört, fatal viel weiß. Das spielt vermutlich, sofern das Erste Buch ein politisches Libell ist, kaum eine Rolle, denn hier ist das Kriterium die Wirkung. Wenn man dagegen von Lockes politischem Interesse absieht, könnte das theoretische Ergebnis nach einem so fanfarenreichen Auszug aus der Tradition in die Mündigkeit des vernünftigen Individuums ein wenig peinlich wirken. Locke rezipiert nämlich ockhamsche, baconsche, gassendische, cartesische und Gott weiß welche Traditionen in einem einfach schulphilosophischen Ausmaß — quantitativ besteht hier kaum ein Unterschied. In Wirklichkeit gibt es aber einen formalen Unterschied, und auf diesen Unterschied kommt es vermutlich an. Die Elemente der neuen S-Welt, woher sie immer stammen mögen, werden in der Annahme rezipiert, daß sie dem neuen Wirklichkeitskriterium der individuellen Erfahrung genügen. Zur Überprüfung solcher Annahmen braucht man einige Generationen. Diese Zeit hat der Empirismus bekommen. Man könnte im lockeschen *„Essay“* (mit seinen schönen nautischen Metaphern) eine Robinsonade vor Robinson sehen. Der Erforscher des eigenen Verstandes erbaut sich auf der Insel seiner Abgeschiedenheit ohne all das hilfreiche Inventar, das die Gesellschaft ihm durch ihre Traditionen fertig böte, Steinchen um Steinchen eine neue bewohnbare Welt aus Gedankenatomen. Robinson, dem etwas Ähnliches aufgegeben war, erschuf sich seine Robinson-Welt nicht nur aus Eigenem. Er fand in dem gestrandeten Schiff eine reduzierte Zivilisation und hätte sonst vermutlich gar nicht überleben können. Auch Locke hat etwas wie ein gestrandetes Schiff gefunden: in seinem Essay spielt die Tradition eine eindrucksvolle Rolle. Aber diese Tradition ist gleichsam entschärft, weil sie mit ihrem bloßen Überliefertsein nicht einen einzigen Anspruch mehr legitimieren darf: „Dies ist nun freilich nicht mehr Glauben an die Tradition, sondern Urteilen über die Dinge selbst – und das hebt die Autorität der Tradition vollkommen auf" *(„De Lege Naturae"*, II). So kommt die Tatsachenbehauptung des Ersten Buches, die schon das neue Wirklichkeitskriterium impliziert, wahrscheinlich auch den politischen Tendenzen des Philosophen Locke entgegen.

VI Reaktionen

Die Veränderung des Wirklichkeitskriteriums, die durch den lockeschen *„Essay"* markiert ist, hatte unabsehbare Folgen. Wenn sich das Individuum der Tradition nicht mehr zu beugen hatte, sondern das Recht besaß, sie seinem privaten Urteil zu unterwerfen, dann war sein Freiheitsraum außerordentlich erweitert. Zugleich war es jedoch mit Gefährdungen und Mühen belastet, vor denen es früher der schützende Erfahrungspool und die entlastende Kraft der Tradition behütet hatten. Mit den Chancen des Bürgers war auch sein Risiko und zugleich das Risiko der Gesellschaft gewachsen. Der lockesche Zug im Kontextspiel hatte jenen Stand des Verhältnisses zur Tradition herbeigeführt, der noch für die Gegenwart bezeichnend ist. Das lockesche Kriterium, das im Gegensatz zum cartesischen nicht elitär war, war zwar noch nicht ein Experimentalkriterium im späteren Sinn, doch wurde in der Aufforderung zum Erfahrenwollen die Tendenz zu Experimenten unübersehbar. Jetzt herrschte prinzipielle Innovationsfreundlichkeit, und Wörter wie „neu" galten gleichsam selbstverständlich als positiv wertende Attribute. Der lockesche Empirismus implizierte die Bereitschaft, wenn nicht die Freude daran, sich überraschen zu lassen und etwas Neues zu sehen. Diese Attitüde war zunächst eher harmlos, doch wurde sie schon in den nächsten Generationen nach der Erfüllung einiger Zusatzbedingungen zum Nährboden so folgenreicher Phänomene wie z. B. der Industrialisierung. Die industrielle Technik besitzt aus technischen und ökonomischen Gründen eine prinzipielle Tendenz zu Innovationen, die erst unter den Bedingungen der neuen Ideologie akzeptabel erscheinen konnte. Die Technik erstrebt Kraft- und Zeitersparnis, zwei Ziele, die man aus Prinzip nie optimal verwirklichen kann, und die Ökonomie erstrebt durch Innovationen steigende Gewinne, denn sie erzeugt, weil die Bedürfnisse des Menschen aus Prinzip keine Schranke haben, immer neue Bedürfnisse, durch deren Befriedigung mit Hilfe von Innovationen sich steigende Gewinne realisieren lassen. Dies wird bereits von Hegels „Rechtsphilosophie" im § 190 und im Zusatz zum § 191 beschrieben. Ohne die ideologische Vorbereitung der Gesellschaft durch die empiristische Ausschaltung der Tradition und Aufwertung der Innovationen, bei der zunächst an etwas wie Technik noch gar nicht gedacht war, hätte man solche Zielsetzungen keinem als vernünftig geltenden Menschen auch nur vorschlagen können. Das erklärt vielleicht z. T. den überaus sonderbaren Zeitplan der Technikgeschichte.

Prinzipielle Innovationsfreundlichkeit bringt aber nicht nur Fortschritt, sondern auch Probleme. Sie führt z. B. nicht nur zur progressiven Abschaffung traditioneller Gehalte durch Innovationen, sondern auch zur progressiven Abschaffung dieser Innovationen durch immer noch neuere Innovationen. Durch die Abschaffung der Traditionen und älteren Innovationen wird die Kontaktfläche zur Vergangenheit, die für die Individuen und Gruppen so etwas wie eine Rückendeckung ist, immer schmaler. Die Vergangenheit, die in der Kraft der Tradition beschützen und entlasten könnte, wird disqualifiziert als jene Epoche, die die Probleme in die Welt gebracht hat, um deretwillen man jetzt innovieren muß. Wer innovieren will, der schaut nach vorn, blickt in die Zukunft. Denn ihm ist die Zukunft aufgewertet als die Epoche, die die gegenwärtigen Probleme gelöst haben wird. Durch eine solche Fixierung des Blicks auf eine bessere Zukunft wird aber das Verhältnis zur Gegenwart problematisiert. Sie bekommt den prekären Status eines Tunnels, an dem das Wesentliche nur ist, daß man hindurch muß. Dieser Durchlauf ist nach Möglichkeit schnell vorzunehmen, und deshalb wird Ruhen zur Torheit. Nun kann man bald z. B. gegen Konservativismus einwenden, daß er Ruhe („Stillstand“) erstrebt. Die Vergangenheit verblaßt zum ungeliebten Schemen, und die Gegenwart gilt als radikal therapiebedürftig. Sie wird zur Quelle permanenten Unbehagens, das die Individuen zum beschleunigten Verlassen der Jetztpunkte motiviert. Dem Blick bleibt nur die Zukunft beachtenswert. Aber die Zukunft hat man nicht: wer in die Zukunft schaut, der sieht nichts Wirkliches. Wenn er zugleich die Vergangenheit und die Gegenwart nicht mehr anschauen mag, dann sieht er überhaupt nichts Wirkliches mehr. So führt der durch das neue Kriterium veranlaßte Wille zu Innovationen nicht nur zum Verlust der Tradition, sondern auch zu einem fortschreitenden Verlust an Realität und Präsenz. Das Individuum hat nun alles auf eine Karte gesetzt, die noch im Stoß liegt und die kein Trumpf sein muß.

Das wirkliche Ausmaß der Folgen, die die Wendung zu dem neuen Wirklichkeitskriterium hervorrief, war zunächst noch nicht erkennbar – dazu brauchte man mehr als zweihundert Jahre Zeit. Doch gab es sofort sehr heftige Reaktionen gegen den lockeschen Erklärungskontext, die zwar an unterschiedlichen Stellen zugriffen, denen aber ein unverhohlenes Unbehagen angesichts der neuen Wendung gemeinsam war. In der Tat war wieder ein Teil der Festigkeit der S-Welt verlorengegangen. Traditionalistische Systeme funktionieren nach einem ruhenden Wissensmodell. Was Menschen wissen können, ist in der Tradition verwahrt. Mit nennenswerten Veränderungen der S-Welt ist nicht zu rechnen — man steht auf festem Land. Auch der Angriff des Cartesianismus auf die Tradition ist noch keine öffentliche Katastrophe. An seinem neuen Kriterium vermögen nur wenige Gelehrte zu partizipieren, und bevor das Publikum bemerkt, daß sich die S-Welt verändert hat, ist nach Descartes' Erwartungen bereits der neue Erklärungskontext zu einer gesicherten Tradition institutionalisiert. Es gibt kein öffentliches Erlebnis des Umbruchs, die alte feste Welt wird gleichsam durch einen ordentlichen Verwaltungsakt von der neuen Welt ersetzt, die wegen ihrer schwindelerregenden kosmischen Wirbel und zerbrechlichen Korpuskeln zwar weniger fest als die alte ist, die aber ebenfalls nicht mit revolutionierenden Überraschungen droht — man kennt ja das Prinzip. Einen radikalen Wandel, der von größeren Bevölkerungsgruppen perzipiert wird, bringt erst das lockesche Kriterium, das jedem Bürger zur Verfügung stehen soll, das also große Teile der Öffentlichkeit in Unruhe und Bewegungsdrang zu versetzen droht. Locke gehört zu den Autoren, auf die die Aufklärung sich berufen wird. Das neue Wissensmodell ist nicht mehr ruhend, sondern mobil. Die Welt gerät in Fluß. Jeden Tag kann man etwas völlig Neues erfahren. Kein Mensch weiß heute, was der nächste Tag enthüllt. Diese S-Welt kann nicht mehr zu einer schützenden Hülle des Menschen erstarren — alles Wissen ist vorläufig. Der Bereich des Abenteuers und der Ungewißheit dehnt sich aus. Die Menschen haben keinen festen Boden mehr. Doch nun erheben sich Stimmen, die bezweifeln, daß eine Gesellschaft ohne festen Boden leben kann.

Aus den unterschiedlichen Reaktionen auf Locke ist das Erschrecken über die permanente Labilität, die seine Philosophie herbeizuführen droht, noch heute herauszuhören. Ich erwähne aus der Fülle solcher Reaktionen drei: die Polignacs, ein Detail der leibnizschen Polemik und die Erwiderung George Berkeleys. Die Stoßrichtung ist äußerst unterschiedlich: Polignac bekämpft Lockes Unterstellung, daß prinzipiell Materie denken kann und daß es Atome und Vakuen gibt. Leibniz verurteilt in dem Detailaspekt seiner Reaktion, der hier erwähnt wird, die emanzipatorische Tendenz des neuen Kriteriums, das jedermann ein Recht zu geben scheint, herabzusetzen, was er nicht versteht; dabei wird offensichtlich auf den Zusammenhang zwischen der lockeschen Abwertung der Tradition und dem *free thinking* angespielt. Und Berkeley greift den lockeschen Skeptizismus an, weil er ihm zu Skrupellosigkeit und allgemeinem Unglück zu führen scheint. Auch die Taktik der Angriffe ist sehr unterschiedlich. Polignac bedient sich des Cartesianismus, weil er akzeptiert ist und dadurch die Diffusion des Angriffes garantiert. Leibniz argumentiert auf dem Boden seiner eigenen Physik und Metaphysik, die auf der Höhe des Standes der Wissenschaft steht, zugleich jedoch die Tradition als unentbehrlichen Teil des Weges zu diesem Stand erweist. Berkeley schließlich übernimmt weitgehend die lockesche Philosophie und sucht sie durch innere Korrekturen unschädlich zu machen. Den drei Reaktionen ist es jedoch gemeinsam, daß sie auf dezidierten Befürchtungen hinsichtlich der moralischen und politischen Folgen des lockeschen Erklärungskontextes beruhen. Es ist bezeichnend und wohl auch gerecht, daß sie sich jeweils auf Elemente der neuen empiristischen Philosophie konzentrieren, deren Erfindung oder Akzeptierung gerade nicht durch Erfahrung gerechtfertigt werden kann: das neue Wirklichkeitskriterium, die dogmatischen Prinzipien der Erkenntnislehre und den Atomismus.

Die Reaktion des Kardinals Melchior de Polignac, die ich zuerst skizzieren will, ist u. a. deshalb bemerkenswert, weil bei ihr (ganz ähnlich wie im Ersten Buch des lockeschen „Essay") die theoretischen Argumente sichtlich im Dienste praktischer Interessen stehen. Polignacs Epos *„Antilucretius"*, das u. a. gegen Locke gerichtet ist, erscheint erst 1747, ein Jahr vor Humes Erstem *„Enquiry"*, posthum im Druck. Schon lange vorher zirkulieren aber Manuskripte bei Hof und in Gesellschaften und bereiten den ungewöhnlichen Erfolg des Buches vor, das bald (nicht ohne Unterstützung Gottscheds) auch dem deutschen Publikum in der lateinischen und in einer deutschen Fassung zugänglich wird.

Die Einwände Polignacs entsprechen in der Regel cartesianischen Schulaxiomen, sofern man in dieser späten Zeit vom Cartesianismus als einer Schule noch sprechen kann. Auch Polignacs eigener Cartesianismus ist ja durch Aufnahme newtonscher, leeuwenhoekscher, malebranchischer und boerhaevianischer Elemente modifiziert. Selbst in der Physiologie entfernt er sich insofern von Descartes, als er die Möglichkeit der Existenz von Tierseelen offen läßt und den Mechanizismus als bloße Hypothese einführt. Daß er für den Fall der Übernahme dieser Hypothese zugleich in Analogie zu dem bewährten naturphilosophischen Modell der *tutrix animalium* eine Intelligenz postuliert, die die organischen Bewegungen der Tiere steuern soll und die mit Gott identisch ist, läßt sich vermutlich als Poetisierung des cartesianischen Grundsatzes von der Herstellung der Gesetzlichkeit in den Naturbewegungen interpretieren. Trotz solcher Modifizierungen hält sich Polignac in dem damals neuralgischen Punkt des Cartesianismus, dem Occasionalismusstreit, auffällig zurück und formuliert für das Leib-Seele-Verhältnis so allgemeine Deskriptionen und Hypothesen, daß Cartesianer aller Richtungen sie ohne Bedenken akzeptieren können.

Noch auffälliger als eine solche Vorsicht ist allerdings der Umstand, daß sich am Ende des 17. Jahrhunderts oder noch später ein so informierter Autor wie Polignac überhaupt zum Cartesianismus bekennt. Das allein schon legt die Vermutung nahe, daß hier ein Pragma im Spiel ist, dem gegenüber theoretische Schwächen an Bedeutung verlieren. Auch ist es nicht schwer, die Intention zu sehen. Das polignacsche Epos richtet sich zwar nominell gegen Lukrez und Epikur. Wer aber im 17. und 18. Jahrhundert „Epikur" sagt, der meint Gassendi und die Folgen. Diese Folgen sind insular, sofern sie durch Hobbes und Newton repräsentiert sind. Locke, der im Epos nicht häufig erwähnt ist, wird dort mit Argumenten in die Front insularer Ideologien eingebaut, die um die Mitte des 18. Jahrhunderts schon konventionell geworden sind. Polignac hat (wie Leibniz) v. a. etwas dagegen, daß Locke die Denkfähigkeit der Materie als Möglichkeit konzediert und so den Glauben an die Immaterialität und die Unsterblichkeit der Seele gefährdet. Daß er darüber hinaus im Gegensatz zu den frommen Prinzipien des Cartesianismus Naturkräfte zuläßt, rückt ihn in die Nähe der naturvergötzenden newtonschen Attraktionstheorie, und daß er mit der Existenz von Vakuen die von Atomen (wenngleich ohne lauten Enthusiasmus) schlicht unterstellt, beweist, daß er zu den Autoren gehört, gegen die der *„Antilucretius"* sich wendet. Daß man gegen eine Gefährdung des Seelenglaubens etwas einwenden kann, ist heute noch unmittelbar verständlich. Daß man aufgrund bestimmter christlicher Traditionen die Zulassung von Naturkräften für unangemessen halten kann, wurde im Zusammenhang mit der Physik des Cartesianismus erklärt. Wodurch dagegen ein auf den ersten Blick so indifferenter S-Gegenstand wie das Vakuum einen solchen Aufwand an Gegenargumenten rechtfertigen könnte, ist auf den ersten Blick schwer einzusehen. Zwar ist die Zulassung von Vakuen sowohl mit der aristotelischen als auch mit der cartesischen Physik unvereinbar, doch Polignacs Engagement geht über das Maß hinaus, das bei theoretischen Implikationen dieser Art noch verständlich wäre. Die Intensität seines Angriffs leuchtet erst ein, wenn man sich vergegenwärtigt, daß S-Gegenstände wie Vakuen und Atome in Polignacs Augen mit der christlichen Schöpfungslehre nicht vereinbar sind.

Für Polignac (und nicht für Polignac allein) führt die Annahme eines Vakuums unmittelbar zum Atomismus, Atomismus unmittelbar zu Atheismus, Atheismus unmittelbar zu Moralverfall und Moralverfall unmittelbar zu öffentlichen Verwirrungen und privater Unglückseligkeit. Ob hier die Kausalitäten richtig gesetzt sind, mag fraglich sein. Daß der weitere Weg *de facto* ungefähr so gewesen ist, wie Polignac ihn vorausgesehen hat, ist keine Frage. Dies dürfte auch das Thema sein, um dessentwillen er seine physikalischen Kontroversen im Grunde geführt hat. Wer die Existenz des leeren Raumes behauptet, der sagt, daß es etwas gibt, das Gott nicht erschaffen hat. Wer die Existenz von Atomen behauptet, der nimmt etwas Ewiges, Einfaches und Unzerstörbares neben Gott an und wird dadurch zum Gottesleugner. Zugleich gerät er in Gefahr, die Immaterialität der Seele zu bestreiten. Die Anerkennung des unendlichen Daseins Gottes und der Unsterblichkeit der Seele ist aber für Polignac die einzig sichere Grundlage der Religion, und die Religion ist die einzig sichere Grundlage privater und öffentlicher Moral. Nur der Glaube an die Existenz des Schöpfers und an die Unsterblichkeit der Seele, aber keineswegs der Glaube an Staats- und Gesellschaftsverträge oder gar an Motive des eigenen Nutzens vermag nach Polignac eine ausreichende und belastungsfähige Motivation für die Staat und Gesellschaft erhaltende Beherrschung der Begierden zu liefern, in der er noch (wie Descartes und Spinoza) das Hauptgeschäft der Ethik erblickt.
Der erfahrene Politiker Polignac sieht wie der erfahrene Politiker Leibniz voraus, daß die britischen Innovationen zu ideologischen Konsequenzen führen, die Staat und Gesellschaft von Grund auf erschüttern können. Er sieht zugleich, daß man das Rad auf keinen Fall weiter zurückdrehen kann als bis zu dem von der Öffentlichkeit akzeptierten Stand des Wissens. Deshalb verzichtet er darauf, die ausgemusterten Scholastiken zu reaktivieren, verhält sich also effizienter als später seine Kirche. Statt dessen entscheidet er sich für den Cartesianismus und setzt den britischen Neuerungen ein System entgegen, das inzwischen akzeptiert ist und gegen dessen mögliche Nebenfolgen Religion und Moral sich als immun erwiesen haben. Vermutlich weiß er schon, daß der Cartesianismus als Vehikel wissenschaftlicher Fortentwicklung keine Chance mehr hat, aber wissenschaftliche Fortentwicklung ist nicht das Wichtigste. Wer vor einer großen Öffentlichkeit gegen so gefährliche Ideologie-Elemente wie Vakuen und Atome argumentieren will, kann es nun, nachdem der Aristotelismus suspekt geworden ist, vermutlich nur mit cartesianischen Argumenten tun, die dem Publikum inzwischen vertraut sind. Man kann vielleicht in kleinen Zirkeln auch anders argumentieren, z. B.

leibnizisch. Daß Polignac aber gerade cartesianisch argumentiert, macht deutlich, wie sehr ihm daran liegt, auf eine große Öffentlichkeit zu wirken. Vermutlich ist hier der Grund dafür zu suchen, daß er bei der Behandlung des *Commercium mentis et corporis* so etwas wie eine Unionsformel für die zerstrittenen cartesianischen Gruppen entwickelt. Denn öffentlich überzeugend kann auf die Dauer nur ein Cartesianismus ohne innere Fronten sein.

Obgleich sich Polignac des Cartesianismus mit größter Sachkenntnis bedient, sollte man die Frage stellen, ob er sich nicht bereits der theoretischen Schwächen cartesianischer Argumente bewußt sein mußte. Bezeichnenderweise sagt der posthume Herausgeber des Epos im Vorwort: „Er war im Philosophieren kein solcher Neuling, daß er nicht wußte, welche Meinung über diese Dinge inzwischen herrschte." Wahrscheinlich ist Polignacs Scheu vor der Publikation seines Werkes, an dem er Jahrzehnte lang gearbeitet hat, auf Einwände zurückzuführen, die der Naturwissenschaftler Polignac gegen den Politiker Polignac erhob. Wenn dieser aber am Ende selbst schwach gewordene cartesianische Argumente dem Schweigen vorzog, liegt die Vermutung nahe, daß es hier weniger um Physik als um etwas noch Wichtigeres, nämlich um Religion, Politik und Moral ging. Er war überzeugt, daß man einen neuen Erklärungskontext erst dann dem Publikum überlassen darf, wenn es mit Sicherheit in der Lage ist, mit dessen religiösen, politischen und moralischen Konsequenzen fertig zu werden. Erst Kant entwirft später eine Methode, die Metaphysik und Moral von den Veränderungen des Tatsachenwissens unabhängig macht. Polignac (der vermutlich schon durch eine bloße Umdeutung des Raumbegriffs einige seiner Ziele hätte erreichen können) glaubt aber an eine solche Methode nicht, und deshalb wird unter seinen Händen der Cartesianismus zur Barriere gegen die Überflutung des kontinentalen Publikums durch die britischen Ideologien einschließlich der lockeschen Philosophie, deren moralische und religiöse Auswirkungen ihm gefährlich scheinen. Hier wird mithin noch einmal ein theoretisches System im Wege der Quasinichtbewährung aufgrund seiner praktischen Nebenfolgen verworfen. Polignac hat dabei nicht von der Praxis her argumentiert. Vielmehr tritt seine Attacke gerade im Gewand eines theoretischen Angriffes auf und bringt die praktischen Argumente in Parenthese. Sein Unglück ist, daß die Zeit der Theorie, die ihm allein Erfolg versprechen konnte, schon abgelaufen war und daß von einem Erfolg seiner Gegenaktion allenfalls bis zur Großen Revolution die Rede sein konnte, deren bloßer Ausbruch den schließlichen Mißerfolg des „Antilukrez" bewies.

Die Tendenz des polignacschen Angriffs ist aber um die Jahrhundertwende keineswegs vereinzelt, und daraus geht hervor, daß in ihm nicht lediglich ein isoliertes Individuum, sondern ein Sektor der Gesellschaft zu Wort kommt (der Sektor, der später verloren hat). Die Befürchtung, daß die Freisetzung der Individuen, mit der die lockesche Philosophie beginnt, eine Lawine von Libertinage und Gottlosigkeit auszulösen und zum Ruin des gemeinen Wesens zu führen droht, begegnet dem Leser in der ersten Hälfte des 18. Jahrhunderts nicht selten und findet noch den Beifall führender Autoren der Restauration, die aufs neue der Überzeugung Ausdruck geben, daß die beschränkte private Erfahrung beliebiger Individuen nicht zu einer angemessenen Würdigung der durch überindividuelle Erfahrung entstandenen Regelsysteme befähigen kann, von deren Beachtung der Fortbestand komplizierter sozialer Organisationen abhängt. Unter dieser Voraussetzung muß es als eine Gefährdung der Grundlagen des staatlichen und gesellschaftlichen Zusammenlebens erscheinen, wenn jedes Individuum unter bloßer Berufung auf seine private Erfahrung und seinen privaten Verstand das Recht haben soll, das in der Tradition Verwahrte beliebig zu kritisieren und aus dem Verkehr zu werfen. Eine der überzeugendsten Formulierungen des Mißtrauens gegen diese Freistellung der Individuen von ihren traditionellen Bindungen, als deren Vorkämpfer dem Kontinent John Locke erscheint, findet man im 16. Kapitel des Vierten Buches der gegen Locke gerichteten *«Nouveaux Essais»* von Leibniz. Die Grundtendenz entspricht der des polignacschen *„Antilucretius“*. Die Stelle wurde, wie Erich Hochstetter vermutet, unter dem Eindruck der Persönlichkeit des Freidenkers John Toland verfaßt, der sich (gewiß nicht zum Vergnügen Lockes) auf Locke berief und gern als Folgephänomen der lockeschen Philosophie beurteilt wurde.

In dem scharfsichtigen und gleichsam prophetischen § 4 des genannten Kapitels, aus dem ich hier nur auszugsweise zitiere, ist die Rede von ungesicherten, doch vehement geäußerten neuen Meinungen über praktisch relevante Inhalte der Tradition wie Vorsehung, Unsterblichkeit, Moral und Politik. Théophile erklärt: „Ich weiß, daß ausgezeichnete und wohlgesonnene Männer behaupten, diese theoretischen Meinungen hätten weniger Einfluß auf die Praxis, als man denke, und ich weiß ebenfalls, daß es Personen von ausgezeichneter Veranlagung gibt, bei denen diese Meinungen nie eine ihrer unwürdige Handlung veranlassen könnten ... Aber diese Argumente werden meistens bei ihren Schülern und Nachbetern gegenstandslos, die sich der lästigen Furcht vor einer wachsamen Vorsehung und vor einer bedrohlichen Zukunft entledigt glauben, ihren tierischen Leidenschaften die Zügel schießen lassen und sich anschicken, die übrigen zu verführen und zu verderben ... Derartige Meinungen verschaffen sich allmählich Zutritt zum Geist von Männern der großen Welt, die die anderen lenken und denen die Staatsgeschäfte obliegen. Sie schleichen sich in die Modebücher ein, bereiten alles vor für die allgemeine Revolution, von der Europa bedroht ist, und zerstören schließlich, was in der Welt von den großmütigen Empfindungen der alten Griechen und Römer noch blieb, die die Liebe zum Vaterland, das öffentliche Wohl und die Sorge für die Nachfahren höher als das Vermögen und selbst als das Leben schätzten ... Wenn man sich jetzt noch von der epidemischen Krankheit des Geistes befreit, deren böse Wirkungen schon sichtbar werden, ist diesen Übeln vielleicht ein Riegel vorgeschoben; aber wenn sie sich weiter verbreitet, dann heilt die Vorsehung die Menschen notfalls durch die Revolution, die daraus entstehen muß." Die große ideologiekritische These der französischen Restauration wird es später sein, daß die Revolution durch individualistische Philosophien wie die John Lockes heraufgeführt worden ist. Die Vertreter solcher Philosophien pflegten diese These nicht zu bestreiten, sondern waren stolz auf sie.

VII Berkeleys Kritik

Während Autoren wie Polignac und Leibniz die lockesche Philosophie gleichsam von außen her bekämpfen, nimmt George Berkeley, der ähnliche praktische Interessen verfolgt, mehr oder weniger den lockeschen Kontext hin. Im Grunde scheint er ihm nur einer einzigen fundamentalen Korrektur zu bedürfen. Es gibt sehr viele Möglichkeiten, eine Theorie in Praxis umzumünzen, und diese Erfahrung bestätigt sich hier. Berkeley verwirft nicht das lockesche Erfahrungskriterium, im wesentlichen auch nicht die lockesche Erkenntnislehre. Er kritisiert jedoch die These, daß Ideen Außendinge repräsentieren können. Seine Wendung gegen Locke vollzieht sich zunächst allein im Grundthesenbereich, und zwar durch eine neue Definition des Wirklichen. „Sein" bedeutet entweder „Perzipieren" oder „Perzipiertwerden", und eine dritte Bedeutung gibt es nicht. Wirklich sind daher nur Vorstellungen (Ideen) und Geister, die Vorstellungen haben. Damit ist materielle Außenexistenz für unmöglich erklärt, und einige weitere Modifizierungen der S-Welt und des Erklärungskontextes werden fällig, bei denen Berkeley freilich eher abschafft als schafft. Wenn es keine S-Wirklichkeit Materie gibt, dann gibt es auch keine S-Wirklichkeiten Atome. Wenn nur existiert, was man wahrnimmt, dann gibt es nichts Infinitesimales, und die neueste Mathematik erweist sich als ein unnützes Spiel. Wenn Ideen durch die Eigenschaft des Wahrgenommenwerdens hinlänglich charakterisiert sind, dann müssen alle Dingideen passiv sein, es gibt also keine Kräfte in den Dingen der Natur (schon Locke und Newton pflegten solche Kräfte mit Vorsicht einzuführen). Im Arsenal der Sachverhaltsverknüpfungen ergibt sich eine bedeutende Vereinfachung. Die Kausalrelation oder Quasikausalrelation zwischen Objekt und Subjekt beim Erkennen wird auf die Relate Gott und Seele umgelegt, von denen das menschliche Erkennen Gewißheit besitzt. Die zahlreichen Relationen, die in der lockeschen S-Welt zwischen den Objekten bestanden, werden sämtlich auf diese Grundverknüpfung zurückgeführt. Gott operiert aus Güte in den Subjekten mit Zeichen (Ideen), und zwar nach selbstgesetzten Regeln, die man „Naturgesetze" nennt. Die berkeleysche Grundthesenoperation führt also zu einer klassischen Einfachheit des Erklärungskontextes, die nicht nur Berkeley selbst zu rühmen pflegte und die ein weiteres Beispiel dafür liefert, daß die konkurrenzlose systematische Geschlossenheit eines philosophischen Systems keine hinreichende Bedingung für seine Akzeptierung ist. Dieselbe Operation führt aber zugleich zu einer Reihe neuer Fragen, die Berkeley nicht zu lösen weiß oder die er zu lösen vergißt, z. B. zu der Frage nach der Verknüpfungsweise der S-Wirklichkeit Idee mit den Perzeptoren Gott und Mensch oder nach der Vertretbarkeit des Geistcharakters des menschlichen Perzeptors trotz seiner Passivität bei der Mehrzahl seiner Perzeptionen. Denn diese Passivität steht in klarem Widerspruch zu Berkeleys vermutlich vom Cartesianismus übernommener Definition von „Geist" durch „Aktives".

Die Bestreitung der S-Wirklichkeit materieller Körper, auf der die große Einfachheit des berkeleyschen Erklärungskontextes beruht, ist nun kein abenteuerlicher Einfall. Es handelt sich nicht um den eigenbrötlerischen Handstreich eines jungen Mannes, der gordische Knoten zerhauen möchte. Die Bestreitung der Materie liegt vielmehr ganz nahe, wenn man in so berühmten Autoren wie Locke und Malebranche die Philosophie zu finden meint und zugleich einen Blick für Bruchstellen in Systemen besitzt. Locke behauptet ja z. B. in dem Passus IV 2, 14 des *„Essay"*, daß uns die besondere Gegebenheitsweise der Ideen körperlicher Dinge die zweifelsfreie Gewißheit ihrer materiellen Außenexistenz vermittelt. Diese Gewißheit wird mit einem ockhamistischen Ausdruck als *„sensitive knowledge"* bezeichnet. Ihre Beschreibung bei Locke ist aber theoretisch sehr unzulänglich. Bezeichnenderweise bringt er sie, wie die Textgeschichte zeigt, erst verhältnismäßig spät in sein

System, dem sie daraufhin erhebliche Konsistenzschwierigkeiten bereitet. Wenn Wissen in der Perzeption der Übereinstimmung von Ideen besteht, wie die lockesche Wissensdefinition erklärt, dann kann man überhaupt kein Wissen von Außenexistenz besitzen, denn Außenexistenz ist keine Idee. Unmittelbares Wissen über Außenexistenz wäre die Perzeption der Übereinstimmung zwischen einer Idee und einem Ding bzw. dem Zustand eines Dinges, aber nicht die Perzeption der Übereinstimmung zwischen einer Idee und einer anderen Idee. Nach der allgemeinen lockeschen Wissensdefinition kann man kein Wissen von wirklicher Existenz, sondern lediglich Wissen von der Vorstellung wirklicher Existenz besitzen. Wenn Locke, um verständigerweise die Möglichkeit empirischen Wissens zu vindizieren, am Ende kurzerhand das *sensitive knowledge* einführt und dadurch seine offizielle Definition des Wissens desavouiert, stellt er unausgesprochen zwei unterschiedliche Wissensdefinitionen einander gegenüber. Entweder ist also nicht klar, was „Wissen" bedeutet, oder es gibt kein empirisches Wissen. Der Leser des *„Essay"* wird mit diesem Dilemma in den Skeptizismus entlassen.

Zu ähnlichen Schwierigkeiten gelangt man durch die lockesche Wahrheitsdefinition, nach der die Wahrheit im Verbinden und Trennen von Zeichen entsprechend der Übereinstimmung oder Nichtübereinstimmung der durch diese Zeichen bezeichneten Dinge besteht. Denn wenn die lockesche Repräsentationslehre zutreffend ist, nach der uns die Dinge nicht unmittelbar, sondern nur durch Zeichen gegeben sind, dann kann man gesicherte Aussagen allein in Hinsicht auf Zeichen und nicht in Hinsicht auf Dinge machen, denn Dinge sind laut Voraussetzung nur insofern verfügbar, als Zeichen sie repräsentieren. Überprüfbar ist also allein die Übereinstimmung von Zeichen mit anderen Zeichen, nicht ihre Übereinstimmung mit Dingen. Wenn die lockesche Definition von Wahrheit richtig ist, dann kann es bei empirischen Aussagen über die Außenwelt keine überprüfbare Wahrheit geben. Auch in dieser Hinsicht muß für Berkeley die lockesche Philosophie wie eine Anleitung zum Skeptizismus wirken. Skeptizismus ist aber in Berkeleys Augen der sicherste Weg zu Indifferentismus und Freidenkertum. Freidenkertum untergräbt die Moral und damit die Chance des Menschen, wirklich glücklich zu sein. Daher ist die lockesche Philosophie in dieser Form ein sicherer Weg zum Unglücklichsein und sollte verbessert werden.

Wie kann sie aber verbessert werden? Die moralischen und theoretischen Gefährdungen, die sie erzeugt, beruhen sämtlich auf ihrem Abgleiten in Skeptizismus, das seinerseits auf der Unterstellung der Existenz einer materiellen Außenwelt beruht. Diese Unterstellung geht weit über alles hinaus, was das

Erfahrungskriterium zu decken vermag. So liegt es einigermaßen nahe, den genannten Gefährdungen kurzerhand durch den Verzicht auf diese Unterstellung zuvorzukommen. Das ist der Schritt, zu dem sich Berkeley entschließt: der Immaterialismus soll das lockesche System zugleich konsistent und moralisch unverfänglich machen. Zu einer solchen Entscheidung kann aber der Zustand der Außenweltlehre bei Malebranche nur ermuntern, dem zweiten der Autoren, die für Berkeley die Philosophie bedeuten. Denn Malebranche unterscheidet die sichtbare Welt, die wir erleben, weil Gott sie aus Güte in unserer Vorstellung erzeugt, von der wirklichen materialen Außenwelt, die für uns ganz unerkennbar ist und von deren Existenz wir weder intuitive noch natürliche demonstrative Gewißheit besitzen (ihr Dasein ist nur deshalb anzunehmen, weil Stellen der Heiligen Schrift ihre Existenz implizieren). In dieser aufwendigen Konstruktion einer erkennbaren Welt von Phänomenen, die der berkeleyschen Welt entspricht, und einer unerkennbaren Welt der Körper, deren Unterstellung die Schrift verlangt, ist die Position der materiellen Welt sehr schwach. Berkeley kann überzeugt sein, daß ihr Überleben bei Malebranche allein auf dessen Anhänglichkeit an das cartesianische Dogma von der Zweiheit geschaffener Substanzen beruht. Er sieht in der Körperwelt ein bloßes Schulrelikt, zumal die einzige Funktion, die ihr bei Malebranche noch verbleibt (daß sie Gott reizt, uns Vorstellungen einzugeben), sich in Berkeleys Augen als eine Scheinfunktion erweist. Wenn nämlich Dingideen völlig passiv sind, dann können sie nicht einmal occasionieren (und weshalb sollten sie auch, da Gott doch solcher Erinnerungen nicht bedarf?). Wenn aber bei den beiden exemplarischen Autoren, bei Malebranche und Locke, die Annahme der materiellen Außenwelt so schwach fundiert ist, spricht nichts dafür, sie aufrechtzuerhalten. Wenn man sie aufgibt, entzieht man Skeptizismus, Freidenkertum, Libertinage und Unglück des Menschen den Boden. Man bewahrt Europa davor, in unnötige Krisen zu treiben.

Diese verhältnismäßig geringfügige Modifizierung des lockeschen Kontextes durch Berkeley führt nun zu einer erstaunlichen Veränderung des Timbres. Locke propagiert im wesentlichen die theoretische Bescheidung mit Erfahrbarem. Er sieht voraus, daß die Konzentration des Geistes auf die Erfahrungswissenschaften, die diese Bescheidung hervorruft, zu bedeutenden politischen und ökonomischen Konsequenzen führen muß. An Gläubigkeit ist er nur mäßig interessiert, auch überzeugt er sich (außer in wenigen Einzelfällen) von der Unerreichbarkeit theoretischer Gewißheit in Metaphysik und Physik. Er ist zugleich überzeugt, daß die politische und ideologische Stärkung des Bürgers, verbunden mit zunehmender Prosperität zur Befriedigung individueller Bedürfnisse, als ein Ziel ersten Ranges zu gelten hat. Später spräche man bei einem solchen Programm von „Konzentrierung auf die Innerweltlichkeit". Für Berkeley gibt es dagegen kein dringenderes Bedürfnis des Bürgers, als Gottes Willen zu tun. Auch gibt es für ihn im Grunde nicht so etwas wie Innerweltlichkeit, denn Gott wirkt alles in allem. Weil Gott auch unsere Erkenntnis wirkt, braucht dieser Autor die Gewißheitsfrage nicht radikal zu stellen. Daher ist für ihn die Forderung nach Gläubigkeit gleichsam von der Theorie gedeckt – Gott garantiert das eine wie das andere. Es dürfte auch schwer zu entscheiden sein, ob Gläubigkeit für Berkeley ein bloßer Indikator oder nicht vielmehr die notwendige Bedingung für richtiges Philosophieren ist. Die ungläubigen Philosophien der von Locke zum Skeptizismus ermunterten *free thinkers* unterhöhlen Gewißheit, Moral und Religion. Diese Philosophien *à la mode* machen ihre Jünger borniert, unmoralisch und unglücklich, wie jedermann erfahren kann und wie außerdem Berkeleys *„Alciphron"* an vielen Beispielen zeigt. Die Folgen ihres Skeptizismus sind Unruhe, politische Labilität und Skrupellosigkeit. Daher sind diese modischen Systeme im Interesse der Philosophie, der Moral wie der Religion durch jenes System zu ersetzen, das zugleich die richtige Philosophie enthält, die christliche Moral unterstützt und den Glauben theoretisch deckt. Dieses Interesse wird in Berkeleys literarisch schönstem Werk *„Alciphron"* am deutlichsten sichtbar. Es zeigt sich aber auch schon in den ersten Paragraphen der Einleitung zu den *„Principles"*.

Berkeleys Erklärungskontext versteht sich als Erledigung des Skeptizismus. Er bringt wieder feste Verhältnisse in die Philosophie und stellt sich dem hektischen Abenteuer der Innovationsphilosophen entgegen. Wer sein Erkenntnismaterial von Gott aus erster Hand bezieht, hat keinen Grund dafür, an der Erreichbarkeit endgültiger Gewißheit in Metaphysik und Physik zu zweifeln. Einer der Gründe, die Berkeley so etwas sagen lassen, ist der Umstand, daß er mit einer Metaphysik oder Physik viel schneller zufrieden sein kann als Descartes oder Locke. Denn er erwartet von ihr viel weniger. Sie soll die Welt nicht radikal verändern, denn radikale Veränderungen der Welt sind töricht. Das Wunschbild maximaler Bedürfnisbefriedigung, das zu solchen Veränderungen verleiten könnte, gehört nicht zu Berkeleys Programm. Die neue Wissenschaft soll allenfalls für einige ganz arme Leute (besonders in Irland), deren Elend man nicht länger mitansehen kann, gewisse Erleichterungen möglich machen – aber erst an vierter oder fünfter Stelle. Daß die Physik den Betrachter der Natur zur Verehrung der Herrlichkeit

Gottes bewegt, ist aufs Ganze gesehen viel wichtiger. Sie hat zuallererst der Moral und Erbauung zu dienen. Wenn sie darüber hinaus die Lage ganz armer Leute erleichtert, so ist dies schön und dankbar hinzunehmen. Einer solchen Strategie scheint noch das Verhältnis zwischen der Beschreibung von Teerwasser-Therapien (Anwendungen von verdünnter *pix liquida,* wie sie in etwas anderer Form die Homöopathie noch heute kennt) und frommer Naturphilosophie in Berkeleys „*Siris*" zu entsprechen. Im übrigen kann die Wissenschaft die Lage armer Leute erst erleichtern, wenn ihnen klar geworden ist, daß sie selbst dabei die wichtigste Funktion zu übernehmen haben. Jede dauerhafte Verbesserung ihrer Lage hängt nämlich ab von einer prinzipiellen Attitüdenänderung durch Hinwendung zu Ordnung, Fleiß und Sparsamkeit. Das soziale Problem ist also für Berkeley weniger ein Problem der Veränderung äußerer Verhältnisse als ein Problem der Veränderung von Attitüden. Seine gesellschaftspolitische These ist die These der bürgerlichen Verlierer. Hier liegt wohl einer der Gründe für seinen historischen Mißerfolg.

Die zweite Pointe der berkeleyschen Geneigtheit, in Metaphysik und Physik verhältnismäßig schnell Evidenz anzusetzen, ist der Umstand, daß Lockes Skeptizismus unmittelbar mit seiner Forderung nach Toleranz zusammenhängt. Berkeleys Antiskeptizismus hängt demgegenüber unmittelbar mit einer anderen Einstellung zur Toleranz zusammen. Neben diese erste berkeleysche Dissonanz zur Ideologie des expandierenden Bürgertums tritt eine schlimmere. Den neuen Skeptizismen mit ihren Zweifeln an der Erkennbarkeit transzendenter Ziele entsprechen von Anfang an hedonistische Ethiken mit deutlich utilitaristischen Tendenzen (Zufriedenheit und Nutzen der Individuen gelten zunächst als relativ leicht definierbar). Diese Tendenzen haben klare ökonomische Konsequenzen. Dadurch, daß Berkeley, der kein Skeptiker ist, sich mit dem bürgerlichen Wunsch nach Prosperität und Profit genau so wenig identifizieren kann wie mit dem bürgerlichen Wunsch nach Toleranz, isoliert er sich von jenem Publikum, das ihn zumindest in der gegebenen Situation erfolgreich machen könnte. Dieses Publikum hat sich längst für so etwas wie Liberalismus entschieden und träumt im Grunde schon vom 19. Jahrhundert. Seine ideologischen und ökonomischen Hoffnungen sind Berkeley fremd, wenn nicht zuwider. Der Autor der „*Queries*", des „*Ruin of Great Britain*" und des „*Word to the Wise*" wendet sich energisch genug gegen neue bürgerliche Formen der Bereicherung unter Umgehung von Arbeit. Für ihn ist Arbeit der maßgebliche Produktivitätsfaktor, und Steigerung der Produktivität scheint ihm v. a. durch Steigerung der Arbeitsleistung möglich.

Wenn sich jemand unter Vermeidung von Arbeit bereichert, dann bereichert er sich in der Regel auf Kosten der Fleißigen. Berkeley erstrebt beinahe nichts von dem, was die ökonomischen Pioniere des Bürgertums erstreben, und vermutlich eher deshalb als wegen seiner sonderbaren, jedoch im Kontext höchst effizienten grammatischen Regel „,Ding' ist ein Synonym für ,Idee'" verzichtet das bürgerliche Publikum darauf, ihn zu akzeptieren. Man sieht in seiner Art der Wendung gegen den Strom keine Chance. Er stellt sich nicht den bürgerlichen Hoffnungen entgegen, weil er über sie hinaus etwas noch Besseres verheißt, sondern weil er hinter sie zurückgehen möchte. Er hält den Wunsch nach maximaler Bedürfnisbefriedigung in dieser Welt für einen Irrtum, der auf Illusionen über die Geneigtheit der Menschen zur Zufriedenheit beruht. Wer mit Hilfe der wahren Philosophie das Wirken Gottes erkennt, durchschaut die Ideale der neuen Autoren und wendet sich von ihnen ab.

Diese antibourgeoise Position wirkt heute, da alles schon geschehen ist, beinahe skurril und *a limine* chancenlos. Sie bringt aber immerhin ein Problem zur Sprache, das nie befriedigend gelöst worden ist. Berkeley erkennt nicht erst als Bischof die Schwierigkeiten der Vereinbarkeit von Bourgeoisie und Christentum. Der neue bürgerliche Traum bedeutet für ihn: Konzentration auf eine vermeintliche Innerweltlichkeit, Drang nach politischer Partizipation (wenn nicht noch mehr), Verlangen nach Toleranz, das sich auf Skeptizismus beruft, und Sucht nach maximaler Bedürfnisbefriedigung auf Kosten fleißiger Leute mit Hilfe von Gewinnen, die nicht Gewinne aus Arbeit oder aus direkten Warengeschäften sind. Solche Wünsche lenken die Seele von der Betrachtung der Herrlichkeit Gottes nur ab, die allein das Leben des Menschen mit dauerhaftem Glück erfüllen kann. Sie verkörpern sich aber gerade in John Locke, dem Whig-Politiker, dem skeptischen Philosophen, dem Organisator der Kolonisation und dem gewiegten Spekulanten. Der fromme und begabte junge Mann vom Land erkennt, daß hier trotz christlicher Beteuerungen in religiöser und moralischer Hinsicht wohl einiges nicht in Ordnung ist. Er erkennt zugleich mit größerem Scharfsinn als die Mehrzahl der Philosophierenden, daß an bestimmten Stellen der lockeschen Philosophie auch theoretisch einiges nicht in Ordnung ist. Zugleich bekommt er den Einfall, der seine bleibende Arbeitshypothese wird. Was auf den ersten Blick wie eine doppelte Schwäche der lockeschen Philosophie erscheint, das ist in Wirklichkeit nur eine einzige. Lockes moralisches und religiöses Handicap geht ursächlich auf Lockes theoretisches Handicap zurück, das ihm am Ende nur den Übergang zum Skeptizismus offen läßt, und kann zugleich mit ihm behoben werden. Die praktischen und religiösen Konsequenzen dieses Skeptizismus sind aber für Christen nicht haltbar. Er veranlaßt letzten Endes den Abfall vom Christentum zum *free thinking* mit seinen bedenklichen Folgen für den Staat, für die Gesellschaft und für die Individuen, die er um ihre einzige ernst zu nehmende Hoffnung betrügt – um ihre Rettung. Wenn man sich diese Situation vergegenwärtigt, dann sieht man ein, daß es für Berkeley kaum darauf ankam, eine neue S-Welt oder einen neuen Erklärungskontext zu erfinden. Deshalb sind die verbreiteten Klagen über seine geringe philosophische Originalität vermutlich verfehlt. Es war für ihn weniger wichtig, noch eine neue Philosophie zu machen, als das, was in seinen Augen die Philosophie war, zu korrigieren und dadurch die Welt vor dem Unglück zu bewahren, das ihr die Wünsche des neuen Bürgertums zu bringen drohten. Bekanntlich hat die Welt keinen Wert darauf gelegt, sich bewahren zu lassen.

VIII Ausblick

Der Rest des Weges ist bekannt. Europa entschied sich gegen den Rat nicht weniger Autoren für das neue Kriterium und machte zunächst bei dem Zusammenhang von Empirismus und Revolution und dann bei dem Zusammenhang von Empirismus und ökonomischem Liberalismus die Probe aufs Exempel. Es hatte in der Folgezeit noch eine Reihe weiterer Proben aufs Exempel zu machen, bei denen verwirrende Phänomene zum Vorschein kamen – z. B. die Parallelität einer geradezu explosiven Zunahme empfundener Humanität mit einer ebenso explosiven Zunahme praktizierter Brutalität, der gegenüber die Verfahren der immer noch gern beschworenen Inquisition philanthropisch wirken. Auf der anderen Seite brachte die Entscheidung für das neue Kriterium eine bemerkenswerte Steigerung der Lebenszeiterwartung und eine erstaunliche Expansion von Ausbildung und Konsum, in mancher Hinsicht sogar eine Expansion persönlicher Freiheit. Daß man für solche Steigerungen und Expansionen, die zunächst auf theoretischen Innovationen beruhen, einen hohen Preis zu zahlen hat und daß diesen Preis nicht eine einzige Klasse zahlt, wird erst allmählich klar. Je intensiver die nunmehr zur Kasse Gebetenen die Höhe des Preises als unangemessen empfinden, desto größer wird ihre Desorientierung. Diese Desorientierung wird nicht mehr in nennenswertem Umfang von schützenden Traditionen abgefangen, denn die meisten Traditionen sind „abgebaut“. Die Gegenwart erscheint bereits aus Mangel an Vergleichsobjekten als schlechthin unerträglich, denn die Geschichte ist durch die Unterstellung eines unaufhaltsamen Fortschritts belanglos geworden. So bleibt der Progressismus, die bedingungslose Flucht in die Zukunft. Er wird von Hoffnungen getragen, im Vergleich zu denen die Heilserwartung der religiösen Generationen geradezu realistisch war.

Wenn man in solche Situationen durch Kontextänderungen hineingerät, dann müßte auch die Untersuchung der Gesetzlichkeit von Kontextänderungen einen Ausweg zeigen. In der Tat lehrt eine Theorie theoretischer Innovationen, wie sie anläßlich der Untersuchung von Kontextspielen gewonnen werden könnte, daß solche Situationen kein fremdes Verhängnis sind, sondern auf Entscheidungen von Menschen über ihren Kontext beruhen. Entscheidungen werden durch Gegenentscheidungen aufgehoben. Sofern eine Situation auf Entscheidungen beruht, kann sie mithin durch Gegenentscheidungen verändert werden. Allein die Untersuchung der Vergangenheit kann aber Hinweise geben, auf welchen Entscheidungen über den Kontext die Gegenwart beruht und welche Intentionen für diese Entscheidungen maßgebend waren. Hält man diese Intentionen noch heute für unaufgebbar, dann hat man zu den früheren Kontextentscheidungen zu stehen. Hält man sie nicht für unaufgebbar, dann kann man beginnen, die früheren Kontextentscheidungen zu überprüfen. Allein die Untersuchung der Gegenwart kann aber Hinweise geben, welche Kontextentscheidungen durch Gegenentscheidungen revidiert werden dürfen und welche aufgrund inzwischen entstandener Sachzwänge als Ausgangsbedingungen hinzunehmen sind. Bestimmte Gegenentscheidungen sind erst zu treffen, wenn man die wichtigsten Alternativen durchgespielt hat. Denn auch sie haben Folgen und Nebenfolgen, die bei der Auswahl zu berücksichtigen sind.

Ein solches Alternativkonzept zum Progressismus oder zur bedingungslosen Flucht in die Zukunft ist leider ebenso einleuchtend wie abstrakt. Es ist erstens deshalb abstrakt, weil die Regeln des Kontextspiels nicht bekannt sind; und die Regeln des Kontextspiels sind v. a. deshalb nicht bekannt, weil das Genauere, das über Auslösung, Diffusion und Institutionen zu sagen wäre, bislang noch nicht gesagt worden ist und möglicherweise nie gesagt werden kann, ferner, weil es bisher keine Formel zur Deduktion von Folgen und Nebenfolgen, ja nicht einmal bewährte Erfahrung in dieser Hinsicht gibt. Das Alternativkonzept ist zweitens deshalb abstrakt, weil es davon absieht, daß Individuen, auch sehr gescheite, nur noch begrenzt effizient sind; der volkstümliche Trend zur Demokratisierung geht zwar davon aus, man könne die Partizipation von Individuen (wie beispielsweise dem Verfasser und den Lesern dieses Buches) an Information und Entscheidung signifikant erweitern, doch nimmt bei zunehmender Größe und Kompliziertheit der Informationsmechanismen die relative Durchschnittsinformation der Individuen und bei zunehmender Vergesellschaftung politischer Entscheidungen das Durchschnittsgewicht politischer Entscheidungen von Individuen unweigerlich ab. Das Alternativkonzept ist drittens abstrakt, weil es nicht einkalkuliert, daß auch bei optimaler Information politische Entscheidungen erforderlich bleiben, die nicht durch entscheidbare Aussagen, also auch nicht durch vorzügliche Informationen über das Kontextspiel, vorweggenommen werden können. Und es ist viertens deshalb abstrakt, weil es verschweigt, daß die theoretisch nicht uninteressante Frage, wer solche Entscheidungen treffen darf, sich nicht theoretisch, sondern nur politisch beantworten läßt. Eine anläßlich der Betrachtung von Kontextspielen gewonnene Theorie theoretischer Innovationen könnte also, konkret gesehen, bei weitem nicht leisten, was sie abstrakt zu leisten verspricht.

Auf der anderen Seite können theoretische Innovationen außerordentlich folgenschwer sein, und diese Einsicht, wie vage sie ohne die Kenntnis der Regeln des Kontextspiels auch bleiben mag, hat man in Rechnung zu stellen. Nun ist eine solche Ermahnung, politisch gesehen, nicht mehr als die Äußerung einer Binsenweisheit — so sehr, daß die gegenwärtigen politischen Richtungen sich *de facto* anhand ihrer Verhaltensmuster gegenüber theoretischen Innovationen definieren ließen. Was eine Theorie des Kontextspiels (oder eine Skizze dazu), von Sonderkonstellationen abgesehen, unter diesen Umständen leisten kann, liegt im Bereich der Vermittlung politischer Entscheidungen an und durch Individuen und Gruppen der Gesellschaft. Wenn Individuen umrißhaft erkennen, auf welchen Kontextentscheidungen der Vergangenheit die Gegenwart beruht, dann wissen sie etwas über den Weg des Menschen. Das ist zunächst ein schlicht theoretisches Resultat, wenngleich ein Resultat, das dem Menschen wohl ansteht. Es hat jedoch gewisse praktische Aspekte. Wer den permanenten Abstand zwischen Entscheidungsintention und geschichtlichem Resultat gesehen hat, neigt ein für allemal zu der Unterstellung, daß der Mensch vor allem ein Wesen ist, dem Malheurs passieren. Die Lösungen, die er erreichen kann, pflegen weder seinen Wünschen zu entsprechen noch optimal zu sein — er scheitert also selbst, wenn er erfolgreich ist. Eine solche Beobachtung vermittelt eine Art von Bescheidung, die praktisch relevant werden kann. Denn die Alternative zu ihr ist die Neigung, optimale Lösungen dennoch zu beschließen. Der Versuch, sie durchzusetzen, führt unausweichlich zu Überforderung und Brutalität. Die Untersuchung von Kontextspielen lehrt demgegenüber Geduld und Schonung, ja manchmal Sympathie

für Mängelwesen. Politische Entscheidungen, die die Herbeiführung optimaler Lösungen bezwecken, können an und durch Individuen, die zu der genannten Unterstellung neigen, nicht mehr vermittelt werden.
Wem der Zusammenhang von Innovation und Folgelast vertraut geworden ist, der erkennt die theoretische Dürftigkeit des Progressismus, der eine optimale Endlösung verspricht. Er neigt zu der Vermutung, daß der Progressismus nur eine einzige nennenswerte Chance hat – nicht die, eine optimale Endlösung herbeizuführen, sondern die, akzeptiert zu werden. Wer hinreichend oft das Wechselspiel von Welt und Kontext beobachtet hat, der erkennt darüber hinaus, daß die Fixierung ideologischer Credos im Augenblick kaum eine Chance bietet, zu akzeptablen Verhältnissen zu gelangen. Sie kann zwar in kumulativen Phasen für einige Generationen erfolgreich sein, es spricht aber wenig dafür, daß wir im Augenblick oder in absehbarer Zeit in einer kumulativen Phase leben. Ein Konservativismus mit Chancen kann also seine Aufgabe nicht in der Fixierung eines ideologischen Credos sehen. Er wird zwar unter Berufung auf die bisherige Erfahrung von der Annahme ausgehen, daß alle erreichbaren Lösungen nicht optimal sind, sich aber darüber hinaus vom Progressismus v. a. durch sein Verfahren unterscheiden: daß er Verbesserungen nur unter dem Aspekt der Realisierbarkeit erwägt, daß er die Zumutbarkeit von Konsequenzen vorsichtig einschätzt, daß er die Neigung hat, den weniger radikalen Methoden den Vorzug zu geben, und daß bei ihm der Mißerfolg schon im Kalkül vorkommt.
Die Untersuchung von Kontextspielen hat also die mittelbar praktische Folge, daß sie eine Anzahl von Individuen abgeneigt macht, Progressismus und Ideologiefixierung für empfehlenswerte Programme zu halten. Dadurch wird die Vermittlung ihrer Tendenz nach progressistischer oder ideologiefixierender politischer Entscheidungen und die Akzeptierung entsprechender Systeme erschwert. Der verinnerlichte Zwang zu Innovationen oder zu Ideologiefixiertheit entfällt. Darüber hinaus kann die Untersuchung von Kontextspielen gewisse Informationen über die Technologie theoretischer Bewahrung und Veränderung verfügbar machen. Und schließlich kann sie Alternativen zeigen, denn sie läßt an den Entscheidungspunkten damals verworfene Alternativen zu späteren Realitäten wieder sichtbar werden, von denen einige inzwischen wieder praktikabel, ja vorzuziehen sein dürften.
Nun ist das alles wohl enttäuschend wenig. Die Quintessenz der vorliegenden Skizze des Kontextspiels scheint nämlich zu lauten: Wir wissen zwar, daß theoretische Innovationen gravierende praktische Konsequenzen haben, wir wissen aber nicht sicher, welche, und deshalb sollte man bei der Entscheidung

für oder gegen theoretische Innovationen nicht sorglos sein. Die auffällige Dürftigkeit dieses praktischen Resultats hängt sicherlich damit zusammen, daß hier nur eine vage Skizze und keine Theorie geboten wurde. Denn eine Theorie des Kontextspiels müßte immerhin Prognosen wie diese ermöglichen: „Wenn man sich für a entscheidet, dann hat man c in Kauf zu nehmen; wenn man sich dagegen für b entscheidet, dann erspart man sich c, hat aber dafür d in Kauf zu nehmen." Das wäre zweifellos schon etwas mehr und dürfte einige Entscheidungen erleichtern. Es könnte aber, und das muß klar sein, nicht eine einzige Entscheidung ersparen, denn die Lücke zwischen Theorie und Praxis wird auch die beste Theorie nicht überspringen. Die Transparenz von Entscheidungen hat prinzipielle Grenzen. Solange es Entscheidungen gibt, bleiben Risiken, die eine Theorie nicht beseitigen, sondern allenfalls, wenn sie gut genug ist, beschreiben und erklären kann. Deswegen ist es (wenn auch nicht taktisch, so doch strategisch) unzweckmäßig, das große Risiko, das alle Risiken beendet, auf irgendein Programm zu setzen. Weil Menschen, wenn sie nicht sterben wollen, Entscheidungen zu treffen haben, enthält ihr Leben Risiken. Daher gibt es für ein Buch wie dieses (gleichgültig, ob es eine vage Skizze oder eine vollständige Theorie des Kontextspiels enthält) kaum einen besseren Schlußsatz als den, der an das Ende von Hegels „Philosophie der Geschichte" geraten ist. Er lautet: „Ich wünsche Ihnen, recht wohl zu leben."

Personen- und Sachverzeichnis

Rainer Specht
Commercium mentis et corporis

Über Kausalvorstellungen im Cartesianismus

Giorgio *Tonelli,* State University of New York at Binghamton, in „Journal of the History of Philosophy“ (Vol. X, Nr. 1, Januar 1972):

„This book is an important addition to that much needed revival of studies on Descartes' school, which finds its expression in the works of H. Kirkinen (*Les origines de la conception moderne de l'homme-machine,* Helsinki, 1960) and of R. A. Watson (*The Downfall of Cartesianism, 1673-1712,* The Hague, 1966). Founded on a sound and extensive documentation based on the original sources, this research has been undertaken with an exemplary critical spirit: the author is very careful to make clear when the connections he suggests are merely hypothetical, as they frequently are, in order both not to mislead the reader and to stimulate his constructive reactions.

The first chapter is an inquiry into the possible origin of Descartes' mechanical conception of organic bodies. The author's main (and hypothetical) thesis is that Descartes might have been influenced by sixteenth-century angelology, chiefly Spanish: the 'bodies' or personifications of incorporeal spirits were not conceived as 'organic' bodies, but as mere mechanical puppets. In other words, they were not thought of as organic bodies (whose matter is organized and animated by the intrinsic 'form' of a soul), but as bodies of merely mechanical structure which performed, although only partially, analogous operations with the incorporeal spirit 'pulling the wires.‘ This thesis is certainly daring, and might be difficult to prove conclusively. Nevertheless at least one doubt about it could probably be dispelled based on the knowledge Descartes might have of the angelological theories in question. My feeling is that these theories were diffused in that time, and afterwards, that it is unlikely an omnivorous reader such as Descartes could be entirely unaware of them. But, of course, more precise research in the field would be needed to establish this conclusion.

The second chapter contains a very careful semantical analysis of the term ‘cause’ and of related terms, as *occasio, dispositio, condicio praesentia,* in their various uses prior to Descartes and in Descartes’ philosophy. It is impossible to underestimate the importance of this kind of philological research, which is in fact one of the basic foundations for the history of philosophy, and which helps the author to make a significant contribution to the clarification of Descartes’ use of these terms and of their meaning in the subsequent development of Cartesianism.

Furthermore, the author tries to reconstruct the rise of ‘occasionalism‘ properly. As I cannot examine his account of the history of this problem in detail, I will confine myself to some general consideration. It is highly instructive, from the point of view of the history of terminology and of philosophical ideas, to pursue, as the author does, the different meanings given to the term *occasio* by the great Cartesians. As happens in many other cases, the meaning of this term is sometimes so ambiguous and so blurred that it must be established case by case through inferences which are not always completely conclusive. This should teach the historian of philosophy to use some cautions which are not frequently exercised, and to refrain from making clear-cut distinctions between different schools of thought, which in many cases do not withstand closer examination. Exchanges, minimal differences, partial confluences between different schools of thought should be paid more attention.

Another of the author’s main theses is that we cannot speak of ‘occasionalism‘ properly in the cases of Clauberg and La Forge. Cordemoy, in his opinion, is the first true occasionalist, prior to Geulincx and Malebranche. In fact, Cordemoy is the first to assume that not only the interaction of physical bodies and the action of the human body on the soul are made possible through God’s intervention, but also that the action of the soul on the body is directly mediated by God. The author is aware that this conclusion depends on the definition we give to the term ‘occasionalism‘; but

I think that, on the basis of his definition, his point is very well taken. Moreover whatever different definition of 'occasionalism' may be introduced subsequently, his remarks on the subject should be recognized as revealing a turning point in the history of this doctrine. A marginal note: Malebranche's first name is not Nicole (pp. 104, 178, 183) but Nicolas.

I warmly recommend this work to all persons interested in seventeenth-century philosophy as a sound, comprehensive and stimulating piece of scholarship, whose implications reach far beyond the limits imposed by the author to his research."

Friedrich Frommann Verlag Günther Holzboog KG
Stuttgart-Bad Cannstatt · Postfach 460